JN452187

머리말

국제통상환경은 고여있지 않고, 늘 변해 왔다. 언제나처럼 지금도 변하고 있다. 그런데 그 변화의 폭과 깊이가 예전과 사뭇 다르다. 국제통상의 중심축이 서양에서 동양으로 변하고 있다. 산업혁명 이후 지속되었던 서양자본 중심의 서양의 시대에서 아시아자본 중심의 아시아 시대로 국제통상환경이 급변하고 있다. 그리고 아시아 시대의 중심에 중국과 화교가 있다.

한국사회에서 화교는 낯선 개념이 아니다. 화교는 한국사회에서 분명 낯선 개념은 아니지만, 화교에 대한 정확한 개념이 정립되어 있는 것은 아니다. 화교는 전 세계 거의 모든 나라에 거주하고 있는데 동남아에 80% 이상이 거주하고 있고 세상의 주목을 받고 있는 화교자본도 대부분이 동남아 화교와 연관되어 있다. 화교를 정확히 이해하려면 동남아 화교를 알아야 한다.

본서는 화교란 무엇인가에서 부터 출발하여 화교의 탐구를 인문학적 요소와 경영학적 요소를 접목하여 다채롭게 다루고 있다. 화교를 알아가는 과정이 너무 학술적 탐미주의에 빠져 무겁거나 또는 화교의 상술과 처세술에 편중되어 가볍게 되지 않도록 인문학과 경영학을 조화롭게 엮었다.

본서의 내용중에 상당부분은 저자가 동남아 10개국에서 직접 만난 화교들과 이야기하고 확인한 내용들이다. 동남아 화교를 친근하고, 생동감있게 이해할 수 있도록 동남아 화교사진을 많이 수록하였다. 본서에 수록된 사진은 저자가 동남아 현지에서 직접 촬영한 사진과, Chinatown Heritage Center, NTU Chinese Heritage Center, Singapore National Museum, Perenakan Museum, Archipelago Press 등에서 저자가 촬영한 것을 발췌하였다.

본서가 화교를 이해하는 흥미로운 안내서가 되길 기원한다.
아시아 시대 한국과 화교가 협력하여 아시아의 주역이 되었으면 한다.

Young Moon(젊은 달)

무역학자가 화교를 연구한 이유

한국무역에서 최고의 파트너는 중국이고, 두번째는 동남아이다. 그런데 동남아경제와 상권은 화교가 장악하고 있다. 결국 한국무역은 본토 중국인과 동남아 화교와 상당부분 이루어지고 있다. 무역학자인 저자가 화교에 관심을 갖는 이유가 여기에 있다.

동남아를 이해하는 키워드중에 하나는 화교이다. 동남아 어느 나라를 가도 화교가 있고, 화교는 그 나라 경제권을 장악하고 있다. 동남아 국가에 따라 화교의 경제력은 다소 차이가 있으나 동남아 어느 국가나 화교가 상업과 경제에서 두각을 나타내고 있다.

동남아 어느 특정국가나 동남아 일부지역에서만 화교가 그 나라 경제를 장악하고 있다면 이는 특정 국가나 일부 지역의 독특한 정치·사회적, 문화·종교적, 인종적 요인에 의한 현상으로 일정 부분 이해될 수 있는 부분도 있지만, 동남아 거의 모든 국가에서 화교가 경제를 쥐락펴락하는 상황은 화교의 일반적인 특징과 동남아의 비즈니스 환경에 대한 이해없이는 체계적으로 설명할 수 없다.

동남아에서 화교는 이방인이다. 이방인이 낯설고 물선 타국에서 부자가 되기도 쉽지 않은데 한 나라의 경제를 장악한다는 것은 쉬운 일이 아니다. 내국인도 자신이 태어난 나라에서 부자가 된다는 것은 어려운 일이다. 그런데 내국인도 하지 못한 경제장악을 이방인인 화교가 어떻게 했을까?

동남아는 인류박물관이라고 할만큼 동남아 국가들은 주류종족뿐만 아니라 수 많은 소수민족이 함께 어우러져 살고 있다. 동남아 어느 나라도 그 나라에서 태어나고 자란 소수민족이 그 나라 경제를 장악한 경우는 없다.
그런데 이방인인 화교는 어떻게 가능했을까?

목 차

제5부 중국의 동남아 정책과 화교

제6부 화교의 동남아 이주 이야기

제7부 서구 열강들의 식민정책과 화교

제8부 동남아 화교의 자본 형성과정

제9부 화교의 경영전략

제11부 화교 비즈니스 네트워크

제12부 중국통상과 화교

제13부 도서부 동남아 화교비즈니스

Check Point

제1부

동남아에서 만난 화교와 화교문화

starring
SMU

LT 28
Block S1 (EEE)
Block S2 (EEE)
Block S4 (RSIS)
School of Humanities and Social Sciences
School of Physical and Mathematical Sciences
Medical & Dental Centre
Lee Kong Chian LT
LT 22 - 23
LT 24 - 25
LT 26 - 27
Canteen B

Transit

SCHOOL OF
SOCIAL SCIENCES

02:16 PM
4
Jurong East
3 mins

SMU
Lee Kong Chian
School of
Business

FORGE
OF
OLYMPU
NUS
OUR LEGS

B02 Opp. Hon Sui Sen Memorial Library

제2장 동남아 화교문화

華裔館
CHINESE HERITAGE CENTRE
NIKE
AIR

Durian
3 FOR $10
D24
SULTAN DURIANS
甘榜
KAMPONG
榴 槤
猫山王
红虾
甘榜榴
D24

제2부

사진과 글을 통한 화교의 이해

제1장 화교 포토에세이

1. 화교는 중국인인가?

화교는 우리가 흔히 말하는 중국인은 아니다. 화교는 해외에 거주하고 있는 중국 혈통의 사람들이다. 이들중에는 해외에 거주하면서 중국국적을 갖고 있는 사람도 있고, 해외 거주국의 국적을 갖고 있는 사람도 있다. 화교의 대부분은 해외거주국의 국적을 갖고 있다. 거주국의 국적을 갖고 있는 화교는 거주국의 국민이다. 즉, 중국 국민은 아니다. 따라서 화교의 정확한 표현은 거주국의 중국계 국민이라는 표현이 맞다. 예를들어 중국계 싱가포리언을 중국인이라고 하지는 않는다. 그들은 싱가포르 국민이고 자신을 Chinese Singaporean이라고 말한다. 중국계 싱가포리언인 리콴유 싱가포르 전 총리가 중국을 방문했을 때 중국의 마오쩌뚱이 리콴유에게 우리는 같은 중국인이다고 친근함을 표시하자 리콴유는 다음 같이 말했다.

"I'm not Chinese, I'm Singaprean"

2. 만약 화교가 경제적으로 성공하지 못했다면

전 세계가 화교를 주목하고 있다. 누군가는 화교에 대해 알고자 한다. 또 누군가는 화교를 배우고자 한다. 전 세계에 퍼져있는 화교 인구는 4천만명 이상이다. 어지간한 국가의 인구보다 많다. 세계가 화교에 주목하는 이유가 단순히 많은 인구때문일까? 정답은 NO이다. 세계가 화교를 주목하는 이유는 화교자본 때문이다. 금융자본주의 시대에 막대한 화교자본은 전 세계를 상대로 자본의 용트림을 하고 있다. 많은 국가들이 화교자본을 자국에 유치하기 위해 동분서주하고 있다. 차이나타운 없는 한국에 다시 차이나타운이 앞다투어 조성되고 있다. 만약 화교가 경제적으로 성공하지 않았다면, 한국에 차이나타운이 조성되고 있을까?

3. 동남아 경제가 낙후된 원인이 화교때문인가?

동남아 경제가 동북아에 비해 활성화되지 못하고 낙후된 원인을 동남아 화교기업들의 화교중심의 이기적인 경영방식에서 찾는 사람들이 있다. 화교기업들의 전근대적이고, 폐쇄적인 가족중심의 경영은 비효율적고, 세계화 시대 기업 경쟁력을 저하시키는 요인으로 작용하고 있다. 그러나 화교자본이 국가자본이고, 화교기업이 싱가포르 기업인 동남아의 대표적인 화교국가인 싱가포르 경제는 아시아를 넘어 세계에서도 최고 수준이다. 결국 동남아 경제가 동북아 경제보다 낙후된 원인을 화교가 동남아경제를 장악하고 있다는 이유 하나로 화교기업의 탓으로 돌리는 것은 맞지 않다. 무엇보다 동북아와 동남아의 경제 펀더멘털의 차이가 크고, 정치적 안정여부와 역사적 배경에서도 차이가 크다. 동남아의 많은 화교기업들은 최근들어 경영혁신을 도입하고 글로벌화하면서 경쟁력을 향상시키고 있다. 삼성은 한국경제의 바로미터가 되지만, 동남아 화교기업은 동남아 경제의 바로미터가 될 수 없다.

4. 화교인가 화인인가, 정작 그들은 관심조차 없다

해외거주하고 있는 중국계 사람들은 알고 있을까, 자신이 화교인지, 화인인지. 어쩌면 관심조차 없을지도 모르겠다. 타향에서 먹고살기 힘들어 앞만 보고 달려온 세월의 무게속에 화교면 어떻고, 화인이면 어떠하랴, 그들의 핏속엔 속속들이 중화의 정신이 흐르고 있는 걸...

5. 화교의 꿈

누구나 꿈을 꾼다. 꿈은 밥을 먹을 때도 걸을 때도 잠잘 때도 생각나고 기분을 좋게 해준다. 화교의 꿈은 무엇이었을까? 배고픔 때문에 조국을 떠난 그들에게 간절한 꿈은 무엇이었을까? 아마도 금의환향이었을 것이다. 이국 땅에서 빨리 돈벌어 가족이 기다리는 고향 땅으로 가는 꿈, 그 꿈이 그들을 독하게 일에 매진하게 했을 것이다.

6. 꿈이 있으면 초라하지 않는다

꿀리로 조국을 떠나 짐짝처럼 배에 실려 망망대해를 건널 때도 화교는 초라하지 않았다. 부두에서 고된 노동을 할 때도 동남아 벽촌을 행상으로 전전해도 고무농장과 주석광산에서 구슬땀을 흘려도 초라하지 않았다. 꿈이 있기 때문에 꿈에 한 발짝 다가서고 있기 때문에...

7. 부족하고 아쉬워야 채우려 한다

화교들은 대부분 홀홀 단신 무일푼으로 동남아에 와서 고무농장, 주석광산, 항만 개발 등의 단순노역으로 돈을 벌었다. 일부 화교들은 힘든 노동으로 번 돈의 상당부분을 중국에서 동남아로 올 때 발생한 중계비, 배삯으로 지불해야 했다. 더운 열사의 땅에서 화교들은 피땀 흘려 열심히 돈을 벌어도 항상 부족하고 아쉬웠다. 이러한 부족함과 아쉬움이 화교들을 더욱 노동에 매진하게 하였고 노동으로 모아진 값진 돈을 창업을 통해 더욱 채우려했다.

8. 지켜야 할 가치가 무엇인줄 아는

삶의 가치에 따라 해야될 일, 하지 말아야 할 일, 먼저 해야될 일, 나중에 할 일이 정해진다. 화교들에게 지켜야할 가치는 무엇이었을까?

돈, 명예, 권력...

이국만리 타국에서 화교들은 권력을 잡을 세력도 이유도 없었다. 열심히 돈벌어 조국으로 금의환향하여 가문의 명예를 높이는 것이 최소의 가치였을 것이다.

9. 기약 없는 약속

중국인의 동남아 진출의 역사는 12세기까지 거슬러 올라간다. 그러나 중국인의 본격적인 동남아 이주는 아편전쟁 이후다. 이 시기 가장 큰 동남아 이주 원인은 중국 남부지역의 빈곤, 자연재해 등의 먹고살기 힘든 요인이었다. 가난을 벗어나기 위해 중국을 떠날 때 그들은 기약 없는 약속을 하며 가족과 헤어졌다. 동남아에 이주한 화교중에는 돈을 벌어 중국으로 돌아가 약속을 지킨 사람도 있지만 많은 화교들은 동남아에 정착하여 기약 없는 약속은 그리움으로 지속되고 있다.

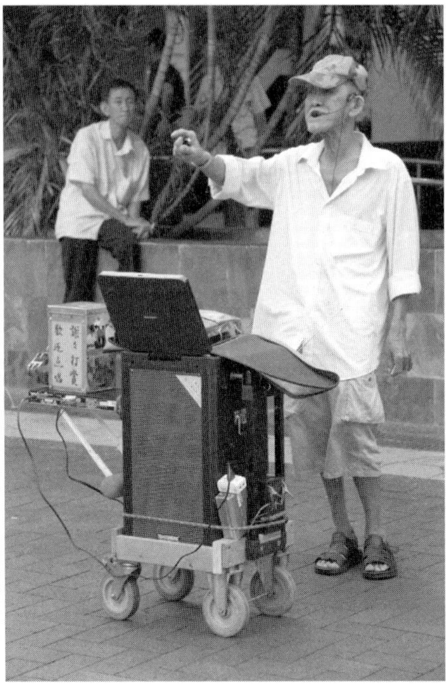

10. 어렵게 얻은 것 쉽게 잃는다

화교들은 조국을 떠나 동남아 현지에서 미래를 위해 일만하고 저축만 하였을까?

모두가 다 그렇지는 않았다. 화교중에 많은 사람들은 동남아에서 자수성가의 아름다운 꽃을 피웠다. 그러나 그중의 일부는 열심히 일하고 번 돈을 마약, 도박 등에 탕진한 사람도 많았다. 동남아 식민정부의 중요한 소득원 중의 하나는 화교들의 마약, 도박으로부터 거둬들인 세금이었다. 화교중 일부는 동남아에서 힘들고 어렵게 번 돈을 마약과 도박으로 쉽게 잃은 사람도 많았다.

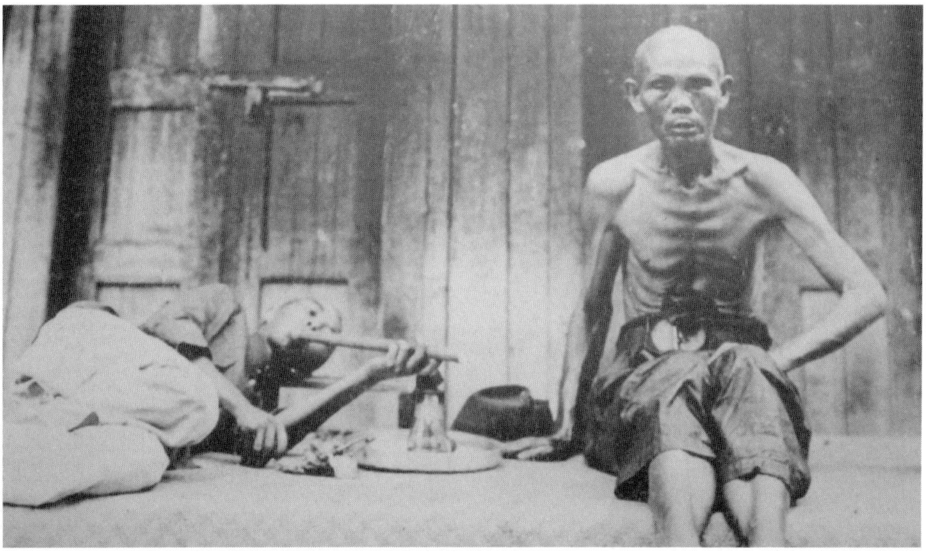

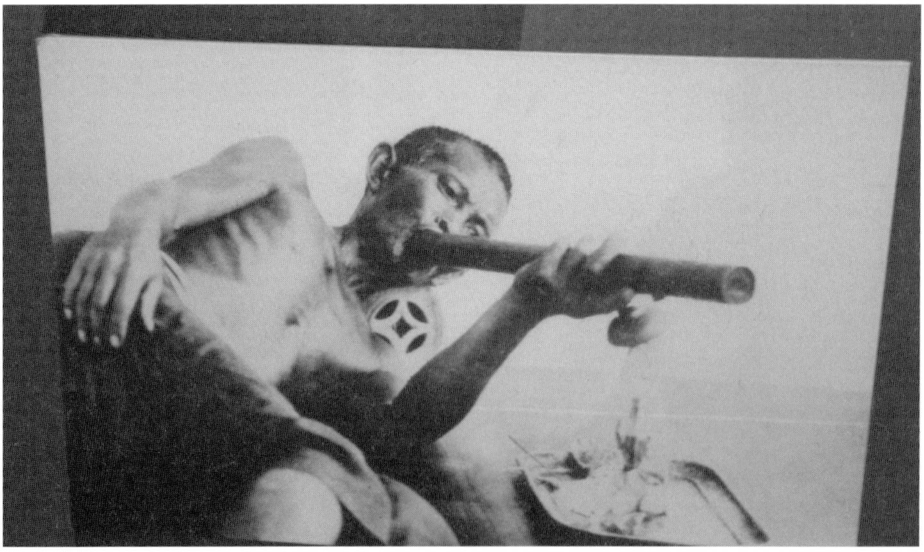

11. 낯선 땅에서 또다시 낯선 땅으로

화교들은 조국을 떠나 낯선 이국땅에 정착하지 못하고 돈벌 기회를 찾아 또 다른 타향으로 정처없이 지친 몸을 옮겼다. 동남아 해상무역의 거점의 변화에 따라 말라카에서 페낭으로 또 다시 싱가포르로...

식민정부의 대도시 건설에 꿈을 안고 인도네시아 작은 섬들에서 자카르타로...

낯선 땅에서 정처없이 또 다시 다른 낯선 땅으로 부초처럼 옮겨 다녔다.

12. 불안한 행복

화교들은 현금을 선호한다. 또한 지나칠 정도로 금을 모은다. 가장 큰 이유는 외국에서의 경제생활에 대한 불안 때문이다. 화교들은 동남아에서 큰돈을 벌었고, 돈이 주는 경제적 행복도 누렸다. 그러나 늘 불안한 행복이다. 근대화와 현대화 과정에서 부침 많은 동남아 상황과 툭하면 발생하는 반화교 정서가 화교들의 행복을 불안하게 하였다. 그래서 화교들은 현금과 금을 좋아한다. 아무 때나, 여차하면 들고 미련없이 떠날 수 있기 때문에...

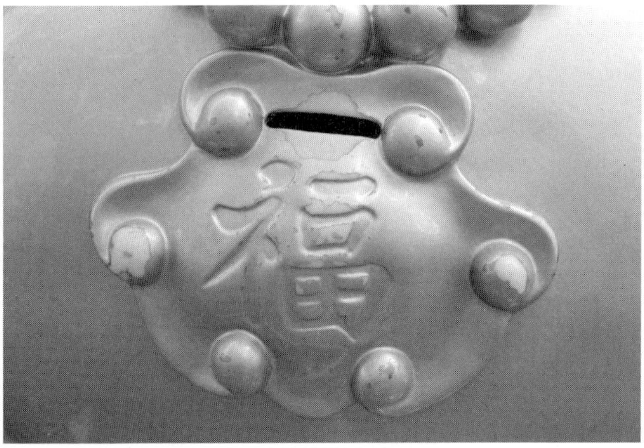

13. 화교의 힘자랑

화교는 초창기 중국 왕실로부터 보호는커녕 버려진 존재였고 현지국에서는 초라한 이방인이었다. 이러한 그들에게 홀로 자신을 보호할 수 있는 힘은 돈이었다. 돈은 화교 자신을 보호해 주었고 돈은 화교자신을 주류사회에 편입시켜주는 에스컬레이터가 되었다. 화교들은 근검절약하여 돈을 벌어 자신을 이국땅에서 지켰고 또한 돈을 통해 자신의 힘을 자랑할 수 있었다. 이국땅에서 화교들이 돈에 집착하는 이유는 돈이 자신을 지켜주는 든든한 동아줄이었기 때문이다.

14. 돈의 힘은 모든 걸 버릴 수 있게 하는가?

돈은 사람도, 사랑도, 물건도 버릴 수 있게 한다. 돈만 있으면 사람도, 사랑도, 물건도 다시 채울 수 있다고 생각하기 때문에...

돈의 맛을 경험한 사람들 그리고 돈벼락을 맞고 싶어 안달하는 사람들의 생각이다. 화교들도 이런 생각으로 돈에만 집착했을까? 그들이 걸어온 길, 남긴 유산을 보면 꼭 그렇지만은 않은 것 같다. 화교들은 이민 초창기부터 십시일반 돈을 모아 중국어학교를 세웠고 일본이 중국을 침략했을 때 조국을 위해 돈을 모았다. 또한 동남아에서 일본제품 불매운동을 했다. 돈이 모든 걸 버리게 할 수 있을 만큼 파괴력을 가졌지만 화교들의 조국에 대한 사랑, 이국 땅에서 후손들이 인간답게 살아야 한다는 신념만은 버리지 못하게 했는가 보다.

STURMEY
ARCHER
FOR EASIER AND
SAFER CYCLING
THREE SPEED GEARS,
BRAKES,
LIGHTING EQUIPMENT.

15. 답이 없을 때, 물러설 수 없을 때...

화교들은 동남아에서 무소불위의 식민세력과 피지배계층인 토착민의 중간에서 지배계층도 피지배계층도 아닌 이방인으로써 양쪽의 눈치를 살펴야 했다.

경제적으로 토착민보다 우위였지만 이방인으로서 본질적 한계는 극복하기 쉽지 않았다. 동남아 국가들의 독립 이후에는 토착민의 차별과 견제를 받아야 했다. 토착민의 차별에 이방인으로써 쥐고있는 경제력을 놓고 물러설수도 없었다. 때론 무릎을 꿇을 수밖에...

16. 화교는 누구의 편도 아니다

화교는 화교의 편이다. 화교는 누구의 편도 아니다. 식민지배자의 편도, 토착민의 편도 아닌 화교의 편이다. 화교에게 영원한 내편은 없었다. 화교자신 그리고 가족, 친족, 방언집단 이외에 모든 것은 변했다. 미래를 예견할 수 없는 동남아 현실에서 화교에게 영원한 내편은 없다. 화교를 빼고는...

17. 욕심을 이기는 건 더 큰 욕심

정확히 화교자본을 가늠할 수 없다. 그 이유는 정확히 어디까지가 화교인지 모르기 때문이다. 화교자본은 땀의 대가이고 성실함의 결과이다. 그러나 화교자본의 축척과정에는 땀과 성실함만이 있는 건 아니다. 때론 식민세력과 때론 군부 독재세력과 정경유착의 커넥션이 있었다.

돈을 벌겠다는 욕심, 번 돈을 지키겠다는 욕심을 외국 땅에서 성실함과 땀만으로 채울 수 없었다. 지배권력과 결탁이 필요했다.

18. 위선이 현실에선 최선

협상에 지러 나오는 사람은 없다. 야구경기에서 투수가 직구를 던질지, 커브를 던질지 타자에게 알려주지 않는다. 너무도 당연한 일이다. 비즈니스도 협상이고 게임이다. 승자와 패자가 있다. 누구든 승자의 길을 택한다. 식민지배하의 동남아, 군부독재하의 동남아의 비즈니스 환경 하에서 모든게 불확실한 화교들은 피땀 흘려 쌓아올린 재산을 지키기 위해선 야반도주도 부끄러운 일이 아니었다. 혼돈의 현실에서 진실만이 최선은 아니었으리라 때론 위선이 차선이 아닌 최선일수도 있다.

19. 자신을 지키기 위해 눈 감고, 귀 막고

화교들은 남의 일에 관심이 없다. 남의 일에 관심이 없다보니 남의 일에 쉽게 관여하지 않는다. 동남아는 동북아와 달리 다양한 문화, 종교, 인종이 뒤섞여 있는 복합사회이다. 문화간, 인종간, 종교간 크고 작은 다툼이 발생한다. 또한 동남아의 많은 국가들은 정치적으로 권위적이고, 반민주적인 성향 때문에 사회적 갈등이 발생한다. 동남아에서 발생되는 갈등과 다툼은 옳고 그름의 문제이기도 하고 차이에서 오는 몰이해가 원인이 되는 경우도 있다. 동남아 화교들은 사회적 갈등과 다툼에 관심을 갖지도 관여하지도 않는다. 사회적 갈등과 다툼의 불똥이 화교사회에 튀지 않기만을 바랄 뿐이다.

20. 무엇을 그리도 간절히 기원할까?

나이듦에 따라 하나, 둘 포기하고 타오르는 욕심을 내려 놓는 것이 삶인데, 타향에서 무얼 그리도 바랄까?

21. 뒤에서 오는 맹수는 피할 수 있어도 앞에서 오는 팔자는 피할 수 없다

화교는 동남아에서 서양 식민지배자의 이용과 탄압을 묵묵히 견뎌내야 했다. 화교는 동남아 지역의 지배권을 잠시 서양의 식민지배자로부터 뺏은 일본군국주의자들의 차별과 멸시도 버텨야 했다. 독립 이후 동남아 독재세력들의 회유와 버림도 인내해야 했다. 화교는 끝간데 없이 길었던 고난의 시간들을 잘 견디고, 버텨 동남아 경제를 장악하는데 성공했다. 그러나 온갖 풍파를 견딘 화교도 운명처럼 다가오는 흥망성쇠의 인생의 수레바퀴 앞에서는 어쩔 수 없었다. 화교들은 돈으로도 해결수 없고, 돈의 위력으로도 막을 수 없는 운명까지도 종교를 통해 매달린다. 동남아 어딜 가나 화교가 있는 곳이면 향불이 피어나고 있다. 그들의 염원을 담고 동남아 하늘에 퍼지고 있다.

22. 한치앞

한치앞도 모르는게 인간의 삶이다. 한치 앞도 모르기 때문에 현재의 삶이 고단해도 꿈을 꿀 수 있는지 모르겠다. 낯선 외국땅에서, 피붙이 하나없는 타향에서, 홀홀단신 외국 땅에 덩그러니 혼자 떨어진 화교들의 한치앞은 온통 낯설음과 불안함이었으리라. 자신을 편들어 줄, 자신을 보호해 줄 조국도, 가족도 망망대해 저너머 너머 너무 멀리 있는...

한치앞이 너무 아득했으리라...

23. 상도와 상술이 종교

화교는 동남아 지역에서 이방인이다. 이방인이 군사력을 기반으로 통치를 한 경우는 역사적으로 흔히 있는 일이다. 그러나 맨손으로 이방인이 한 국가도 아니고 특정지역의 경제력을 장악한 경우는 많지 않다. 유태인과 화교가 대표적이다.

유태인은 종교적 위력을 갖고 있으나 화교는 특정 종교인이라고 정의 할수 없다. 화교에겐 그들만의 상도,상술이 종교이고, 신념이다. 그들에겐 특정 신보다 복을 주고 돈을 벌게 해주는 기회가 더 중요하다.

24. 더 이상 잃을게 없는

산불나서 도망가는 사람이 멧돼지 한 마리 더 쫓아 온다고 두려울 건 없다. 딛고 일어날 바닥이 물이면 어떠하리 물이라도 딛고 일어나야지...

낯선 이국땅에서 가난에 쫓겨온 화교에게 더 이상 잃을게 없었다.

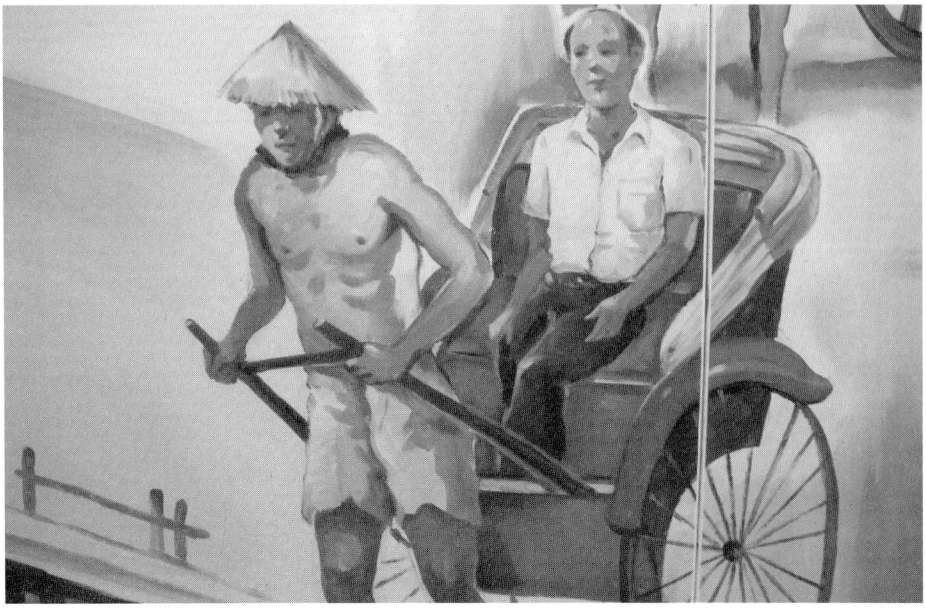

25. 전쟁에 지면 전리품도 없다

동남아 화교들은 대부분 중국 남부지역에서 동남아에 정착한 중국인들이다. 이역만리 타향에서 서로간에 얼마나 반가웠겠는가. 그렇지만 '돈' 이라는 물질 앞에서는 방언집단별로 나뉘고, 결속되어 치열한 이권다툼을 벌였다. 전쟁에서 지면 나누어 가질 전리품이 없기 때문에...

26. 작은 부자는 노력으로도 되지만 큰 부자는 신용이 낳는다

세상엔 노력만으로 안되는 것이 생각보다 많다. 그 중 하나가 큰 부자가 되는 것이다. 오늘날 화교의 삶의 모습은 어제의 화교가 살아온 삶의 결과이다. 열심히 노력한 화교들 중에 누구는 거부가 되었지만 또 누구는 장사꾼에 머무르기도 하였다.

노력의 대가가 다른 가장 큰 이유는 신용이다. 신용이 더 큰 사업기회와 돈을 가져다 주었기 때문이다. 화교비즈니스의 핵심은 신용이다.

27. 서류가 보증이고 돈이 약속

화교하고 비즈니스 할 때 이 말이 맞는가? 정답은 하나는 맞고, 하나는 틀리다. 화교에겐 종이조각의 서류보다 신용이 보증이고, 돈이 최고의 약속이다. 화교에겐 신용이 돈이고, 돈이 신용이다.

28. 거래인가 약속인가?

화교들은 한번 거래한 비즈니스 파트너를 잘 바꾸지 않는다. 화교들은 첫 거래에 신중에 신중을 기한다. 그러나 첫 거래가 만족스럽게 성사되고 거래 상대방에 대한 신뢰가 생기면 지속적인 관계를 유지한다. 화교에게 거래는 곧 약속이다.

29. 한번 말해 믿지 않는자 두 번 말해도 믿지 않는다

화교들은 의심이 많다. 이역만리 외국땅에서 믿을 사람은 자기 자신 밖에 없었으리라... 화교들과 비즈니스 할 때 믿음을 주는 것 만큼 중요한 것은 없다. 한번 믿음을 져버리면 화교와 비즈니스는 불가능하다. 믿음이 없는 사람의 애원은 화교에겐 공염불에 불과하다.

30. 칼을 들어 찌르는 자, 내려 놓는자

성공을 거머쥔 사람들은 참고 또 참고 때를 기다릴 줄 아는 사람들이다. 모든 건 다 때가 있다. 때가 오면 난공불락 같은 일도 쉽게 해결된다. 성공한 화교들은 느림의 미학을 곱씹는다. 만만디 만만디, 척박한 이국땅에서 서양의 식민지배자와 현지의 토호세력의 중간에서 차별과 멸시에 분노하여 칼을 들었지만 내려놓을 줄 알았다. 아직 때가 아니었기 때문에, 때를 기다릴줄 알았기 때문에 분을 내려 놓을 줄 아는 지혜가 화교에게 성공을 선물했다.

31. 가진 것에 감사할줄 아는

화교에겐 삼도라는 것이 있다. 고향을 떠날 때 들고 온 유일한 사업 밑천이다. 이발용 칼, 식당 칼, 양복점의 재단용 칼, 누구에겐 보잘 것 없는 쇳덩어리에 불과하지만 화교들은 이 보잘 것 없는 쇳덩어리에 감사하고 이를 기반으로 양복점, 식당, 이발소를 성실히 운영하여 큰돈을 벌 수 있는 기회를 만들었다. 화교들이 외국땅에서 현실에 불평불만만 늘어놓고 환경 탓만 하였다면 성공은 기대할 수 없었다. 화교들의 가진 것에 감사할 줄아는 마음은 성공의 씨앗이 되었다.

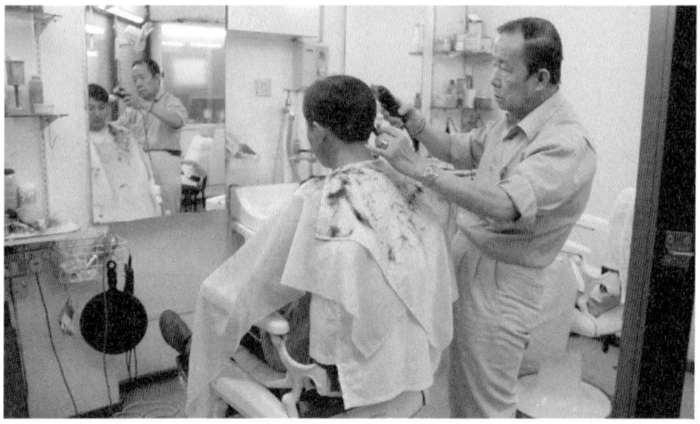

32. 저울이 안 맞는다

동남아의 화교 중에는 어떤이는 장사를 할때 3개의 저울을 사용 한다고 한다. 하나는 서양인과 장사를 할 때 또 하나는 현지인에게 또 하나는 동양인에게 그들은 3개의 저울을 단다. 저울이 맞을 때까지 저울이 맞지 않으면 장사를 하지 않는다. 저울은 상대하는 사람에 따라 무게를 달리한다.

33. 충고나 조언하지 마라

화교들은 자신들의 배고품을 해결하기위해 동남아에 발을 딛기도 했지만. 서구 열강들의 필요에의해 동남아에 떠 밀려온 경우도 많다. 식민지배자들의 충고와 조언이 화교들에게 돈을 벌 달콤한 기회도 주었지만, 쓰디 쓴 독이되어 물거품처럼 사라진 경우도 많다. 화교들은 그들의 가치관과 삶의 태도로 동남아의 더운 열기를 식혔다. 함부로 충고나 조언하지 마라. 화교들은 식민지배자도 홈그라운드의 토착민도 아닌 외로운 이방인이니까...

34. 악수한 사이에 손가락질 하지마라

서양 예법에서 악수의 의미는 내손에 무기가 없고 당신을 호의적으로 생각한다는 행위이다. 화교들은 식민지배 시기에는 서양 식민지배자의 악수에 손을 잡았다. 독립 이후에는 신생 동남아 거주국 정부의 악수에 손을 덥석 잡았다. 식민지배 시기나, 독립정부시기나 지배자들은 정치적으로, 경제적으로 어려워질 때 돌파구를 화교에서 찾았다. 자신들의 과오를 화교들의 탓으로 돌렸다. 악수한 사이에 손가락질, 돌발매질을 하였다.

35. 손에 쥔 것 놓지 않으면서 욕심없는 척하긴...

동남아 화교들을 동남아 현지인들은 어떻게 생각할까? 저자가 동남아 현지에서 만나 이야기해 본 동남아 현지인들은 화교에 대해 지나치게 이해타산적이고, 돈버는 것에 혈안이 되어 있다고 말한다. 그런데 자본주의 사회에서 돈의 위력, 편리함을 부정할 수 있나? 동남아 화교들은 이렇게 말한다. 동남아 현지인들도 적든, 많든 자신의 손에 쥔 것은 절대 놓지않으면서 욕심없는 척 한다고...

36. 굴러온 돌이 박힌 돌을 빼는

동남아 토착민들의 입장에서는 역사적으로 서양과 일본의 식민지배자들, 그리고 화교 모두 굴러온 돌이다. 동남아에 때론 상처를 주고, 기회를 준 굴러온 돌이다. 차이가 있다면 서양과 일본의 세력은 흘러간 물이되어 동남아에 고여 있지 않지만 화교는 아직도 앞으로도 동남아의 한 축으로 지속되고 있다. 화교라는 굴러온 돌이 없었다면 토착민의 박힌 돌이 화교의 역할을 할 수 있었을까?

굴러온 돌이 박힌 돌을 빼기만 했을까?

37. 세상만사 임자와 주인이 따로 있다

아메리카의 원래 주인은 아메리카 인디언이다. 그러나 그들은 지금 소수이고 비주류가 되었다. 아메리카는 이방인인 백인들의 땅이 되었다. 동남아에는 수 많은 소수민족과 각 국가별 주류민족이 공존하고 있다. 동남아 본래의 소수민족과 주류민족이 동남아의 본래 주인이다. 그러나 그들에겐 경제권이 없다. 이방인인 화교가 경제권을 쥐고 있다. 세상만사 임자와 주인이 따로 있다. 동남아의 경제를 이방인인 소수민족 화교가 쥐락펴락하고 있는걸 보면...

38. 자신에게 맞는 옷을 고르는 것도 재능

자신의 약점을 감추고, 장점을 극대화 할 수 있는 옷을 고를 수 있는 안목도 내공이고, 지혜이다. 동남아 각 국에 정착한 화교는 동남아 각 국의 다양한 현실에 직면했다. 십인십색의 낯선 외국의 환경은 화교에게 카멜레온의 변신을 요구했다. 부두노동자, 노점상, 소상인, 고리대금업자, 전당포주인... 화교는 자본을 축척해가는 과정에서 자신에게 가장 잘 맞는 옷을 골라 입었다. 마치 변검의 마스크를 순식간에 바꾸는 것처럼...

39. 화교는 소셜덤핑의 원조인가?

서유럽과 동유럽이 EU로 하나의 경제권이 되면서 동유럽의 저임금 인력들이 서유럽의 인력시장에 대거 진출하여 서유럽 노동자들의 실업이 속출하고 있다. 서유럽 노동자들은 저임금의 동유럽 노동자들이 소셜덤핑으로 서유럽 고용시장를 악화시키고 있다고 주장하고 있다. 화교의 동남아 진출도 동남아 고용시장에서 소셜덤핑의 문제를 유발하였나? 정답은 NO다. 동남아 토착민들은 전통적인 소규모 농업에만 관심이 있었고 플랜테이션에 동원되는 고된 노동과 부두노동자 등의 힘든 일을 할 마음이 없었다. 화교가 동남아 토착민들의 일자리를 빼앗지 않았다. 화교와 토착민들은 일자리가 처음부터 서로 달랐다.

40. 화교의 인 라인

세계 어디를 가나 표준어가 있고, 방언(사투리)이 있다. 소수민족이 많이 살고 있고, 정보통신과 교통의 발달이 뒤쳐져 국민들간의 커뮤니케이션이 잘되지 않는 아프리카, 중남미, 동남아 국가들 뿐만아니라 선진화된 미국,유럽의 국가들도 방언이 있다. 방언은 자연스러운 것이고 문화의 다양성을 위한 토대이다. 그런데 지역이 아닌 방언으로 특정집단이 구성되고 그 집단이 직업의 토태가 되는 경우는 흔치 않다.

동남아 화교의 인적 네트워크의 핵심은 방언집단이다. 특정 방언을 사용하는 사람들끼리 강력한 집단을 형성하고 이를 토대로 유사한 직업도 갖고 비즈니스 네트워크를 확대하고 있다. 화교의 인 라인은 학연도 지연도 아닌 방언이다.

41. 생존포인트

기업도, 산업도 우리의 인생처럼 싸이클이 있다. 도입기,성장기, 성숙기, 쇠퇴기 아무리 커보이는 태산같은 기업도 정도의 차이이지 예외는 없다. 단, 차이는 어떤 기업이 성숙기에서 최대한 오래 버티느냐 이다. 화교기업이 성숙기에 오래 머무를 수 있는 생존포인트는 네트워크이다. 화교는 업종간 글로벌 네트워크가 잘 갖추어져 있어 한 국가에서 수명이 다한 업종을 이제 걸음마 단계의 다른 국가에 투자함으로써 기업의 수명을 연장하고 있다. 화교비즈니스의 수명연장 생존포인트는 네트워크이다.

42. 개인을 동원하고 길들이는

동남아에 정착한 화교는 자신의 중국출신 지역에서 동일한 방언을 사용하는 동향 사람들을 동남아로 불러들였다. 홀홀단신 동남아에 온 화교들의 뒤에는 동향집단이 있었고, 동향집단은 비밀결사의 형태로 조직화되어있는 경우가 많았다. 동향집단은 고향에서 온 화교들을 동원하여 일자리를 알선해주고, 그들을 길들였다. 동향집단의 조직원으로...

43. 어린 망둥이가 개울물을 흐리지 않게 한다

법은 도덕의 최소한이다. 이 말은 법은 도덕적으로 이것만큼은 꼭 강제적으로라도 지키게 끔하는 역할을 한다는 의미이다. 인간이 인간으로서 지켜야 할 도덕을 누구나 다 지킨다면 법은 필요하지 않을 것이다. 동남아 화교사회에는 법으로 명시된 것은 아니지만 묵시적으로 지켜야 될 도덕적 관행들이 있었다. 이러한 관행들은 지금도 변함없이 준수되고 있다. 중국에서 막 건너온 화교들은 대부분 자신의 방언집단의 초청으로 동남아에 오고 동남아에 정착하는 과정 및 직업선택에서 방언집단의 지원을 받았다. 방언집단 화교들의 상부상조의 이면에는 상호간 지켜야될 관습들이 지켜지지 않았을 경우 집단에서 도태되고 지원이 중단됨이 묵시적으로 내포되어 있다. 법을 어기면 벌금을 내면 되지만, 집단에서 신용을 잃으면 타향에서 갈 곳이 없어진다.

44. 하늘 아래 새로운 것은 없다

동남아 화교사회는 중국의 전통과 문화가 바탕이 되고 있다. 화교의 몸은 조국을 떠나 왔지만 정신과 문화는 중국을 떠나지 않았다. 중국에 머물러 있다. 하늘아래 새로운 것은 없다. 중국의 하늘 아래이든, 동남아 하늘 아래이든 중화민족에게 새로운 것은 없다. 화교들은 동남아 거주국에 유교, 불교, 도교 사원뿐만 아니라 고향을 중심으로 한 다양한 향촌회관을 세워 중화의 정신을 이어가고 있다.

45. 다가서면 멀어지는...

화교들의 끼리끼리 비즈니스, 화교들만의 폐쇄적인 네트워크는 높은 비즈니스 진입장벽으로 인식되고 있다. 반대로 높은 진입장벽을 뛰어 넘으면 그들만의 화교 자본주의에 편입하게 된다. 세계 많은 나라들이 세계화상대회를 경쟁적으로 유치하려는 이유는 화교네트워크에 한발짝 다가서려는 전략이다. 많은 기업과 국가들이 화교네트워크에 다가서지만, 준비없는 접근은 오히려 그들로부터 멀어지게 하는 경우가 많다. 다가서면 멀어지는 화교, 그들안의 철옹성을 열게하는 비법은 없다.

화교들이 투자하고 싶은 경영환경, 생활환경을 만들어 놓고 초대하는 수밖에 없다. 화교 비즈니스는 철저히 Give and Take이다. 화교자본을 유치하기에 앞서 화교들에게 먼저 무엇을 줄 수 있는가 고민해야 한다.

46. 정보를 퍼트리는 것은 쉽지만 정보를 통제하는 것은 어렵다

화교의 가장 큰 힘은 네트워크이다. 네트워크는 화교들의 비즈니스 정보의 연계고리이다. 비즈니스는 정보전쟁이다. 전 세계 화교들은 거미줄처럼 연결된 네트워크를 통해 상호간에 정보를 주고받는다. 이들이 주고받는 비즈니스 정보에는 글로벌 시장의 알토란같은 정보들로 가득하다. 화교들이 거주하고 있는 국가들의 최신 정치, 경제, 기업정보 뿐만 아니라. 화교 자신의 경험적 정보까지 특히 특정기업, 개인에 대한 정보가 순식간에 글로벌 화교네트워크를 통해 지구촌 곳곳으로 퍼진다.

전 세계 어딜 가나 연기 나는 곳이면 화교는 있다. 한번 퍼트린 정보는 화교네트워크에 담긴 순간 통제불능이다. 그 정보가 사실이든 거짓이든 전 세계로 퍼진다.

47. 정보에 경제적 가치가 있다

화교는 성공할 확신이 없는 사업에 투자하지 않는 것으로 유명하다. 화교는 사업 투자를 개시하기 전에 시장조사와 비즈니스 상담을 일반적으로 화교집단을 통해서 실질적인 정보에 기초하여 치밀하게 한다. 전 세계적으로 정보화 시대가 도래하기 훨씬 전에 화교는 정보의 중요성을 알았고 정보를 환금화했다. 정보속에 수 많은 경제적 가치가 있다는 것을 화교는 알았다. 화교는 화교네트워크를 통해 새로운 시장을 개척하거나 새로운 사업을 전개할 때 현지의 화교로부터 정보를 직접 얻는다.

새로운 사업의 성패는 얼마나 정확한 시장조사를 했는냐에 달려있다. 일반적으로 낯선 해외의 시장조사는 많은 시행착오를 겪는다. 화교는 그들만의 네트워크를 통한 정확한 정보로 시행착오를 줄일 수 있다.

48. 구슬도 꿰어야 보배

화교네트워크의 정점엔 각국의 중화총상회와 상공회의소가 있다. 또한 세계 모든 화상들의 네트워크인 세계화상대회가 있다. 일반적으로 화교들의 집단은 화교들의 중국출신 지역별로 구성되어 있다. 특히 사용하는 방언별로 집단화되어 있다. 그런데 최근들어 폐쇄적인 방언네트워크가 세계화상대회를 계기로 개방적인 네트워크로 확대되고 있다.

49. 바람의 방향이 바뀌면 돛의 방향도 바꾸어라

화교들은 돈냄새를 잘 맡는다고 한다. 이 말은 화교들이 새로운 사업기회를 잘 찾는다는 말이다. 화교는 경영학에서 말하는 사업 다각화의 귀재이다. 화교는 역사적으로 기업환경의 변화에 능동적으로 대처하였다. 산업혁명, 스웨즈운하 개통, 제2차대전, 서구열강들의 식민지배, 동남아 국가들의 독립, 중국 공산화, 동남아 거주국의 수입대체산업, 수출지향정책. 외국인 투자정책, WTO 출범, 아시아 외환위기, 지식 정보화사회, FTA 확산 등 화교는 글로벌 통상의 바람의 방향이 바뀌면 과감히 돛의 방향을 바꾸었다.

50. 내미는 손

중국이 개혁개방의 성공스토리를 쓸 수 있었던 주역은 등소평이라는 통크고, 지혜로운 총감독이 있었기 때문이다. 그러나 성공스토리는 주연만으로는 안된다.

수 많은 조연이 필요했다. 주연인 등소평이 내미는 손을 잡은 것이 동남아의 화교들이다. 등소평의 중국에 투자해 주라고 내민 손을 동남아 화교들이 잡지 않았다면 중국의 개혁개방의 결과는 낙관하기 힘들었다. 동남아 화교들이 등소평이 내민 손을 덥썩 잡은 이유는 애국심일까, 비즈니스 마인드일까?

51. 머리가 시킨 일, 가슴이 시킨 일

개혁개방이후 세계의 공장 중국에 외국인투자는 급증하였다. 그런데 선두주자는 동남아 화교들이다. 특히 이들은 자신들이 떠나온 중국고향에 투자를 집중했다. 화교들의 중국 고향에 대한 투자는 애향심에 의한 가슴이 시킨 일일까? 투자위험을 줄이기 위한 머리가 시킨 일일까?

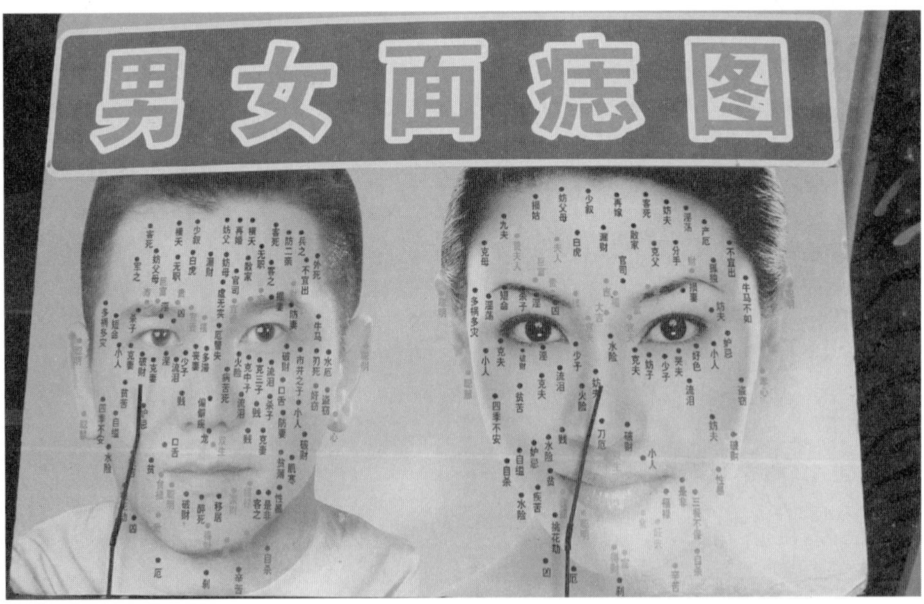

52. 이미 기운 저울 반대쪽에 모래 한줌 더 놓기

세상사 모두 영원한 것은 없다. 권력, 명예, 돈, 운까지도 영원 불멸인 것은 없다. 화교들은 근대화 시기 서양의 식민세력과 일본의 식민세력이 동남아에 놓고 간 사업기회들을 시의적절하게 자신의 것으로 만들었다. 또한 화교들은 최근 1997년 아시아 외환위기, 2008년 글로벌 금융위기로 인해 휘청거리는 기업과 사업들을 M&A를 통해 자신의 것으로 만들었다. 화교들은 이미 기운 저울을 방치하지 않고, 반대쪽에 모래 한줌 더 놓아 새로운 사업기회의 디딤돌로 만들었다.

53. 자기 안에서 세상으로 나오는

동남아 화교기업의 가장 큰 특징 중에 하나는 가족경영이다. 믿을 건 가족밖에 없다는 경험적 절박함이 폐쇄적인 가족경영을 더욱 공고히 했다. 그러나 세계화시대 무한경쟁의 가속화는 가족경영의 한계와 문제점을 노출하고 있다. 화교기업이 글로벌기업으로 부상하기 위해 자기 안에서 세상으로 나오고 있다.

동남아 화교들은 기업을 주식시장에 상장하고 전문고용인을 고용하여 스스로 칭칭감은 폐쇄적 울타리를 걷어 치우고 있다.

54. Yesterday and Today

화교의 어제는 중국 왕조 관점에서 보면 조국을 등진 범법자, 배신자였다. 중국왕실은 일반적으로 바다를 통한 자국민의 해외이주를 금하였기 때문에 화교에 대한 시선이 곱지 않았다. 동남아 거주국의 식민지배자와 토착민의 눈에 비친 화교는 값싼 외국인 노동자였다. 그저 토착민이 하기 싫어하는 힘든 일을 하는 이민족이었다.

화교의 오늘은 중국의 입장에서는 중국경제를 활성화시켜준 외국인 투자의 주역이고, 낙후된 고향을 돕는 수호천사이다. 동남아국가의 입장에서 오늘날 화교는 자국경제를 좌지우지 할 수 있는 경제의 큰손이고, 자국의 화교자본이 타국으로 유출될까 걱정하면서 타국의 화교자본이 자국에 투자되기를 바라고 있다.

55. 화교는 배은망덕의 대명사인가, 결초보은의 대명사인가

화교는 중국을 떠날 때 국가의 허가를 받지 않고 몰래 떠났다. 아편전쟁 이전까지 중국의 왕실은 바다를 통해 자국민이 외국으로 나가는 것을 불허하였다. 그 당시 중국왕실의 입장에서 화교는 범법자이고, 배신자였다. 그러나 화교는 동남아에 정착한 뒤에도 조국과 고향을 잊지 않았다.

조국과 고향이 어려울 때 모른척하지 않았다. 조국에 결초보은 하였다. 그러나 동남아 거주국의 입장에서 보면 동남아에서 번 돈이 중국으로 유입되는 상황이 달갑지 않았을 것이다. 배은망덕의 서운함이 들었을지 모른다. 동남아에 상존하고 있는 반화교 정서는 어쩌면 시기심보다는 서운함이 아닐까?

제2장 차이나타운 포토에세이

1. 차이나타운은 동남아속 중국

동남아 대도시의 한켠에는 차이나타운이 있다. 차이나타운은 사람들로, 물건들로 활기가 넘친다. 동남아 차이나타운은 모든 것이 넘쳐난다. 호객꾼의 손짓과 흥정하는 큰 목소리속에 생각을 놔버리면 이곳이 중국인지, 동남아인지...

가던 길 멈추고 차이나타운에 잠시 서면 동남아속 중국을 만난다.

2. 과거와 현재가 공존하는 차이나타운

차이나타운을 찬찬히 들여다 보면 동남아에 막 이주한 이방인 화교의 고된 삶의 흔적들을 만날 수 있다. 화교들이 낯선 타국에서 고향을 느낄 수 있는 곳이 차이나타운이었을 것이다. 차이나타운은 화교들의 많은 옛이야기들을 속삭여 준다.

현재와 과거가 한 공간에서 시공간을 초월하여 공존하는 차이나타운은 화교들의 이야기를 늘 담고 있다.

3. 화교들의 문화가 녹아 있는 차이나타운

차이나타운엔 화교들의 문화와 생활속 예술감각을 느낄 수 있다. 차이나타운에 자리잡고 있는 건물, 그 건물의 창문, 그 건물의 대문 모양, 색깔을 찬찬히 들여다 보면 화교들의 미적 감각을 살짝 들여다 볼 수 있다.

4. 오래된 검붉은 화교사당에서

세월의 때가 잔뜩 묻은 검붉은 화교사당 앞에서 가던 길 멈추고, 문득 떠올려 본다. 아득한 시간 전에 배고픔을 벗어나고자 조국과 고향, 그리고 가족을 뒤로하고 이역멀리 떠나와 정착한 낯선 땅에 한땀, 한땀 만든 중국인 사당... 삶이 고단했을텐데... 힘들었을텐데... 당장 먹고살기에도 빠듯했을텐데, 어떻게 이런 사당을 만들었을까. 근원적 외로움이, 피붙이에 대한 그리움이, 고국의 가족과 함께 하지 못한 아쉬움이 십시일반 모여 낯선 타향에 화교사당을 만들었나 보다.

5. 빗방울이 차이나타운의 창을 두드릴 때

후덥지근한 동남아의 한낮에 앞을 분간할수 없을 정도의 스콜이 퍼붓으면 시끌벅적하던 차이나타운의 풍경도 일순간에 고요해진다. 동남아의 더운 열기만큼이나 강렬했던 흥정도 호객행위의 손놀림도 빗속에 잠시 멈춘다. 차이나타운의 흥정의 열기도 빗님이 지나갈 때까지 잠시 멈춘다. 빗님은 차이나타운의 한낮 열기와 흥정도 모두 차분하게 만들어 준다.

6. 차이나타운은 과거형이 아닌 현재완료형

차이나타운은 화교의 과거가 아니다. 차이나타운은 화교의 과거가 현재까지 쉼없이 걸어온 징표다. 차이나타운은 화교의 과거모습과 그 과거모습이 경험이 되고 결과가 되어 지속되고 있다.

7. 차이나타운의 낯선 기분

동남아 어딜가나 공항에 내리면 동남아 특유의 분위가가 느껴지고, 공항을 빠져 나오면 동남아 풍광을 느낄 수 있다. 특히 늦은 밤 비행기를 타고 동남아에 도착하면 더욱 더 동남아틱한 경험을 할 수 있다. 예외가 있다. 싱가포르이다.

공항, 공항밖 풍경이 남부유럽처럼 이국적이다. 밤 분위기도 동남아 특유의 어둠이 없다. 대낮처럼 밝다. 동남아의 눈으로 보면 싱가포르는 낯설다. 동남아에서 동남아가 아닌 또 다른 낯선 풍경을 느낄수 있는 곳이 차이나타운이다.

이곳은 분명 동남아이지만 동남아의 초록 색깔이 온갖 중화의 붉은 물결에 자취를 감춰버린 듯 새빨갛다. 동남아의 불교국가뿐만 아니라 이슬람국가에서도 차이나타운은 지극히 중화적이고, 몇 발자욱만 벗어나면 펼쳐지는 이슬람의 바람이 빗겨 지나간 듯 지극히 중화적이다. 이곳은 동남아의 낯선 땅, 차이나타운이다.

8. 집도 오래되면 향기가 난다

오래된 집은 세월의 먼지만 쌓이는 것이 아니고 향기도 난다. 세월의 향기, 인간의 향기, 시간의 향기...

동남아 차이나타운은 중국의 향기가 그린파파야 향에 뒤섞여 중화의 꽃향기를 내뿜는다. 차이나타운의 전통 가옥들엔 중국의 색채와 동남아의 색채가 세월속에 잔잔히 녹아있다.

CONFUCIUS

金鸡彩鱼共
八方财神

제3부

화교를 알아가는 여정

제1장 화교를 알기 전에 생각거리

화교가 무엇인지 알기 전에, 화교를 좀 더 체계적으로 이해하기 위해 다음과 같은 질문에 잠시 생각을 고정 해보자.

1. 한번 생각해 보자

- 조선족은 한국과 중국이 축구경기를 하면 어느 국가를 응원할까?
- 고려인은 한국과 러시아가 농구경기를 하면 어느 국가를 응원할까?
- 재일교포는 한국과 일본이 한일전 축국경기를 하면 어느 국가를 응원할까?
- 재미교포는 한국과 미국이 야구경기를 하면 어느 국가를 응원할까?

2. 스스로에게 답해 보자

- 북한과 미국이 축구경기를 하면 당신은 어느 국가를 응원하겠는가?
- 당신은 조선족이 중국인이라고 생각하는가 한국인이라고 생각하는가?
- 당신은 고려인이 러시아인이라고 생각하는가 한국인이라고 생각하는가?
- 당신은 재일교포와 재미교포가 차이가 있다고 생각하는가?
- 당신은 북한동포, 조선족, 고려인, 재일교포, 재미교포 중에서 누가 가장 친근하게 느껴지는가?

3. 동남아 현지에서 화교와 토착민들에게 직접 문의한 질문

- 저자가 싱가포르에서 중국계 싱가포리언에게 만약 싱가포르와 중국이 탁구경기를 하면 어느 국가를 응원하겠는가?
- 저자가 말레이시아에서 중국계 말레이시언 학생에게 만약 말레이시아 국민인 말레이계 말레이시언하고 중국인이 싸운다면 누구편을 들겠는가?
- 저자가 태국에서 태국인에게 중국계 태국 총리인 탁신은 당신하고 똑같은 태국인이라고 생각하는가?
- 저자가 필리핀에서 조상이 중국계, 스페인계, 미국계가 섞인 필리피노에게 당신은 어느 민족이라고 생각하는가?
- 저자가 인도네시아에서 조상이 말레이계와 중국계가 섞인 페라나칸에게 당신

은 어느 민족이라고 생각하는가?

- 저자가 페라나칸에게 만약 말레이계 사람과 중국계 사람이 싸우면 누구편을 들겠는가?
- 저자가 브루나이에서 중국계 브루나이인에게 당신은 브루나이인이라고 생각하는가?
- 저자가 베트남에서 베트남 학생에게 중국계 베트남인을 베트남인이라고 생각하는가?

제2장 화교란 무엇인가

1. 해외에 살고 있는 중국계 민족을 부르는 다양한 명칭은 어떤 것들이 있나?

중국 이외의 나라에 거주하는 중국계 민족을 어떤 시각으로 볼 것인가에 따라 해외거주 중국인 또는 중국계 사람들은 다양한 호칭으로 불려지고 있다. 가장 중요한 잣대는 해외거주 중국계 사람들이 중국국적을 가지고 있는가, 오롯이 중국인 순수혈통을 가지고 있는가에 따라 호칭이 화교(華僑), 화인(華人), 화예(華裔), 화객(華客), 화상(華商) 등으로 다양하게 불리고 있다. 이러한 용어들은 중국 본토 이외에 거주하는 중국계 민족을 칭하는 용어들로 세분화되어 있고 의미에도 차이가 있다.

2. 화교 그들은 누구인가 ?

화華 = 중국, 한문화(漢文化) 또는 한족(漢族)
교僑 = 타국에 거주하는 중국계 민족
화교 = 해외에 거주하는 한민족계(漢民族系) 중국공민(中國公民)
화교(華僑) = 중국 밖의 나라에 거주하는 중국계 민족에 대한 광범위한 의미.

일반적으로 해외에 거주하는 중국계 사람들을 화교(華僑)라고 한다. 華는 中華의 화이며, 僑는 임시 사는 곳, 여행하는 신분이라는 의미를 포함하고 있다(이덕훈, 1998). 이처럼 화교의 본래 의미에는 일시적으로 조국인 중국을 떠나 있으나 언젠가는 중국으로 귀향할 사람임을 내포하고 있다.

1) 화교를 이해하는데 필요한 정의

화교는 해외거주 중국인 중에서 〈중국국적〉을 갖고 있는 중국계 사람들만인가? 화교는 타국과 해외지역에 〈임시〉로 거주하고 있는 중국인만을 의미하는가?

본래적 의미에서 화교는 해외 거주국에서 중국 국적을 유지한 채 해외에서 임시로 살고 있는 중국인을 의미한다, 화교의 본래 의미엔 일시적으로 중국을 떠나 있으나 언젠가는 중국으로 되돌아갈 것을 내포하고 있다. 즉, 화교는 외국에 임시로 거주하고 있지만 언젠가 중국으로 돌아 갈 사람들이란 언어적 뉘앙스가 있다. 당시에 화교란 용어는 해외에 거주하는 중국계 민족을 통칭하는 용어로 사용되었다.

▶▶▷ Check Point | 영구적으로 해외에 거주하는 중국인은 화교가 아닌가

화교의 의미는 시간적으로 단기간 출국하여 일시적으로 체류하고 있는 사람들은 물론 여러 세대에 걸쳐 해외에 거주하고 있는 중국인도 포함한다(김영래 외, 1999).

2) 화교의 법률적 의미

법률적으로 華僑(화교)는 해외에서 거주하고 있지만 중국 국적을 그대로 유지하고 있는 해외거주 중국인을 의미한다.

▶▶▷ Check Point | 화교의 정의에서 국적이 대두된 배경

화교는 시간적으로 단기간 출국하여 일시적으로 거주하고 있는 사람들은 물론 여러 세대에 걸쳐 해외에 영주하고 있는 중국인도 포함한다. 국적문제는 원래 무관했으나, 1949년 중화인민공화국이 수립되자 국적문제가 대두되기 시작했다. 중국은 1949년 신중국 성립 후 중국인중 해외거주국의 국적을 취득하지 않고 중국 이외의 지역에 거주하고 있는 중국국적을 유지하고 있는 중국공민을 화교로 지칭하였다(김영래 외, 1999).

▶▶▷ Check Point | 중국공민

중국공민이란 중화인민공화국의 국적을 가지고 있는 중국인을 의미한다.

▶▶▷ Check Point | 동남아 화교의 이중국적 문제가 대두된 배경

동남아시아 국가들의 국적법은 대부분 속지주의를 채택하고 있다. 이에비해 중국은 혈통주의를 채택하고 있다. 따라서 동남아에 거주하고 있는 화교들은 혈통은 중국계이면서 동남아에 거주하고 있어 중국과 동남아 현지국의 이중국적을 취득하는 문제가 발생하였다. 이러한 모순을 해결하기 위해 중국과 인도네시아는 1955년 중인도네시아 이중국적문제조약을 체결하여 화교의 희망에 따라 중국과 동남아 현지국적중 한쪽 국적만을 인정하기로 합의하였다. 이러한 중국과 동남아 거주국간의 국적 인정 원칙은 그 후 중국과 다른 동남아시아간의 이중국적문제를 해결하는 데 잣대가 되었다(김영래 외, 1999).

▶▶▷ Check Point | 국적의 법적의미

해외에 거주하고 있는 화교의 국적이 중국인 경우 중화인민공화국 공민의 신분을 가지고 있기 때문에 만약 화교들의 정당한 권리가 침해되었을 때에는 중국정부의 보호를 받을 수 있다(조정남, 1998).

▶▶▷ Check Point | 경제문제와 화교의 국적

동남아 지역의 각국가에서 주류인종에 비해 소수에 불과한 화교들이 거주국의 경제력을 압도적으로 장악하면서 화교 거주국에서 반화교감정이 커지고 급기야는 화교에 대한 탄압과 폭력으로까지 확대되면서 화교들은 이러한 사회문제를 해결하기 위해 거주국의 국적을 취득하기 시작했다(김영래외, 1999).

▶▶▷ Check Point | 중국 국적의 의미는 중국본토만을 의미하나

중국 국적의 의미는 중국뿐만 아니라 한민족계의 타이완(臺灣)의 국적도 포함된다.

3) 화교와 중국의 관계에 따른 정의

화교는 중국을 떠나 해외로 이주하여 해외현지에 정착하고 살면서 중화민족의 특징을 갖고 본국과 유기적인 관계를 유지하고 있는 중화민족과 그 자손을 의미한다(공상철 외, 2011.3.3).

본국과의 유기적인 관계라는 의미는 화교 개인으로서의 본국과의 직접적인 연관뿐

만 아니라 화교의 가족이나 그 자손이 현지국에서 동향단체(同鄕團體: 華僑幇) 등을 통하여 본국과의 연관성을 지속하고 있음을 뜻한다. 해외의 한국교포가 해외현지 한인단체를 통해 한국과 한국문화에 지속적인 관계를 유지하고 있는 경우와 같다.

4) 화교의 용어는 언제부터 사용하였나

중국 역사기록에 화교란 단어가 등장한 것은 청조 말기이다, 화교란 단어가 등장하기 이전에 해외에 나가있는 중국인을 일컫는 말은 唐人, 漢人 등이었다(왕경우, 홍원선, 2013: 21). 화교(華僑)는 19세기 말부터 사용되기 시작하였다 화교는 해외에 거주하는 중국계 민족을 지칭하는 보편화된 용어로 청조 말부터 사용되었다. 화교라는 용어는 1883년 정관응(鄭觀德)이 이홍장(李鴻章)에게 보낸 문서에서 처음으로 등장하였다 이를 시초로 보는 견해가 지배적이다(오주혜, 1983).

화교라는 명칭는 청조말기의 문헌에 최초로 나타났다.(이성준, 2000: 583) 화교 명칭은 1883년 정관응(鄭觀應)이 이붕장(李鵬章) 에게 준 한편의 상신서중에서 남양의 각 부두의 화교인(南樣各埠華僑)이란 글이 발견되었다(박형기,2007,30).

▶▶▷ Check Point | 화교라는 용어 이전에 사용한 명칭은 무엇인가

당나라와 송나라 시기에는 해외에 거주하는 중국인에 대한 명칭이 따로 없었다. 明代 이전에는 漢人, 唐人, 唐山人, 華人, 中國人, 北人, 中華人 등으로 칭해졌다. 청 말에는, 支那人, 華民, 華工, 華商이라는 이름으로도 불려졌다(박기철, 2001:1;이재유, 2008).

▶▶▷ Check Point | Overseas Chinese와 Ethnic Chinese의 관계

일반적으로 화교(華僑: Overseas Chinese)는 중국에서 태어나서 다른 나라에 정착하여 그 나라에서 활동하는 사람을 말한다. 중국에서 태어난 해외거주 중국인 뿐만아니라 중국에서 태어나지 않은 중국계까지 포함하여 Ethnic Chinese라는 용어를 사용한다. Overseas Chinese는 중국대륙적 시각으로 동남아 화교들은 Ethnic Chinese를 주로 사용하고 있다(홍원선, 2013: 24).

Overseas Chinese에는 중화민족을 본토와 해외로 구분하는 이분법적 사고의 접근이고 Ethnic Chinese는 혈통적, 혈연적, 문화적 요인의 접근이다.

3. 화인

1) 화인이란

華人 = 해외화인(海外華人) = 해외거주국 국적을 취득한 중국계 국민.

화인(華人)이란 해외에 거주하고 있는 중국인 중에서 해외현지 국민으로 귀화한 중국계 사람을 말한다. 이들은 중국국적을 포기하였지만, 중국인은 전통적으로 혈연을 중시하였기 때문에 중국계인 이들을 華人(화인)이라 부른다(왕경우, 2003).

화인(華人)은 해외에 거주하는 중국계 혈통을 가진 사람들중에서 중국국적을 포기하고 거주국 국적을 취득한 중화민족을 의미한다.

화인은 선대가 중국인이지만, 동남아 거주국의 국적을 취득하고 거주국의 문화에 동화되어 살고 있는 중국계 거주국 국민을 말한다.

2) 화인의 등장배경

화교란 단어가 등장한 이후 해외에 거주하는 중국인은 국적을 불문하고 습관적으로 화교라고 지칭했다. 그러나 동남아 거주국의 화교의 국적에 대한 관심이 고조되면서 거주국의 국적을 취득한 중국인을 화인이라고 불러 화교와 개념상 구분이 나타나게 되었다. 화인이라는 표현이 보편적으로 사용되기 시작한 것은 제2차 세계대전 이후이다(홍원선, 2013: 22).

▶▶▷ Check Point | 화교와 화인의 차이점

해외현지에 거주하는 중국인들 중에서 중국국적을 유지하고 있는가에 따라 화교와 화인으로 구분된다. 좁은 의미로 화교는 중국국적을 유지하고 있는 중국에서 건너온 제1세대를 말한다.

▶▶▷ Check Point | 화교와 화인은 구분할 필요가 있는가

중국 국적을 중심으로 화교와 화인을 구분하는 것은 중국대륙의 입장이다. 이에 비해 대만은 이중국적을 인정하고 있다. 제3자 입장에서 비즈니스를 할 때 화교와 화인의 구분은 준거법 등의 적용에 필요하다.

▶▶▷ Check Point | 화교가 많은가, 화인이 많은가

동남아에 거주하고 있는 중국계 민족들은 2~3세들이 늘어남에 따라 현재는 대부분 현지국의 국적을 가진 경우가 더 많다. 현재 중국국적을 보유하고 있는 해외 거주 중국계 사람들은 대부분 중국인 1세들이며, 해외에 거주하고 있는 중국계 사람들 중에서 화교는 10%정도에 머물고 있다(김영래 외, 1998).

표 | 세계의 중국인 · 화교 · 화인의 인구수(1991년) (단위: 만명)

구 분	인 구
화교(중국적 보유자)	20
화인(거유국적 보유자)	260
(1) 소 계	280
대만 홍콩 · 마카오[1] (2) 소 계	2,020 613 2,633
(3) 대륙의 중국인 · 중국계 [(1)+(2)]	5,433
(4) 중국 국내화교친족 · 귀교[2]	3,200
(5) [(3)+(4)]	8,633
(6) 중국대륙인 [(4) 포함]	113,368
(7) [(3)+(6)]	118,802

주: 1) 臺灣領에 속하는 金門 · 馬祖島 인구 포함.
2) 홍콩, 마카오 포함
자료: 김화섭(1993)

4. 화예

화예 ↔ 화객

화예(華裔)는 해외에서 출생한 중국인 후예를 의미한다. 선대가 중국인이지만 해외 현지국적을 취득하여 해외 현지문화에 동화되어 살고 있는 중국인 2세대 또는 3세대들을 말한다. 일반적으로 1세대는 화객(華客) 으로 따로 분류한다(이성준, 2000: 584).

화예는 중국인의 후예로 거주국에서 태어난 중국계 혈통으로 현지국의 국적을 갖고 있는 사람들이다(홍원선, 2013: 22). 화예는 일반적으로 중국인들의 자손으로 문화적으로는 중화민족의 특징을 갖고 있으나, 중화민족적인 연계가 약한 중국계 사람들을 의미한다(진벽생, 1998).

▶▶▷ Check Point | 화인과 화예의 관계

일반적으로 제1세대는 화예에서 제외한다. 5대 이상 해외거주국에 거주해온 중국계 집안의 후예를 화예라고 말하고 해외거주 기간이 이보다 짧으면 화인으로 분류한다(이성준, 2000).

▶▶▷ Check Point | 중국인 자손을 화예라고만 부르나

해외에 거주하고 있는 사람들 중에서 조상이 중국인인 자손은 화예(華裔) 또는 교생(僑生), 신객(新客)이라고 부른다. 이들은 문화적으로도 언어조차 중국어를 할 수 없는 경우가 많아 중국과의 연관성이 약하다(공상철 외, 2011.3.3). 중국태생의 화교는 신객(新客)이라고 부르고, 해외 현지에서 태어난 중국인 자손은 교생(僑生)이라고 부른다.

5. 화상

화상(華商) = 중국계 상인 = 중국계 기업가

화상(華商)이란 중국을 포함한 전세계에 거주하고 있는 중국계(ethnic Chinese) 사업가를 뜻한다(이성준, 2000: 583). 이처럼 화상이란 중국에 거주하던, 해외에 거주하던 중국국적을 가지고 있든, 현지국의 국적을 가지고 있든 구분하지 않고, 중화민족으로 상업에 종사하는 사람을 의미한다(박형기, 2008). 화상은 화교와 화인중에서 상업에 종사하고 있는 사람들을 말한다. 즉, 화상은 화교, 화인 가운데 자영업을 하고 있는 중국계 상인 또는 중국계 기업인을 말한다.

▶▶▷ Check Point | 화교의 대명사, 화상이라는 명칭이 생긴 이유

화상은 자영업에 종사하는 중국계 상인을 말하는데 화교의 대명사처럼 쓰여진다. 그 이유는 무엇인가?

가장 큰 이유는 역사적으로 해외에 정착한 많은 중국인들이 유통을 중심으로 한 상업과 서비스 업종에 종사하였고, 상업자본을 형성하였기 때문이다. 많은 사람들

이 화교하면 떠올리는 이미지는 장사꾼이다. 화교하면 상업이 떠올려 진다. 저자도 개인적으로 화교하면 가장 먼저 생각나는 것이 어릴 때 자주 갔던 중국집과 중국집에서 마주친 화교들 그리고 그들끼리 주고 받던 알아들을 수 없는 중국어이다.

▶▶▷ Check Point | 화상은 화교 상인만을 의미하는가

화상은 해외에 거주하고 있는 화교상인과 기업가만을 의미하는가?

정답은 NO이다. 과거에 화상은 해외에 거주하고 있는 화교상인만을 의미했으나, 중국의 본격적인 개혁개방 이후에는 중국 본토에도 글로벌 기업가들이 생기면서 최근들어 화상의 범주에는 국적에 상관없이 상업에 종사하고 기업을 운영하는 중화민족 모두를 의미한다.

세계화상대회가 개최되면 해외의 화교뿐만이 아니라 본토의 주요 경제인들도 함께 모여 정보를 교환한다(박형기, 2008). 화상에는 해외에 거주하는 화교뿐만 아니라 중국본토에서 상업과 사업을 하는 중국인도 포함된 개념이다. 화상은 중국본토와 해외를 포함한 중국계 기업인을 총칭하는 용어로 광범위하게 사용되고 있다.

6. 화족

화족은 이중국적, 다국적, 무국적, 국적불명자 등 외국에 살고 있는 중국계 사람들중에서 토착사회에 동화된 사람들을 의미한다(조흥국, 2000: 진벽생, 1998).

7. 동포

중국정부는 해외거주 대만, 홍콩, 마카오에 거주하는 중국인을 화교나 화인으로 칭하지 않고, 동포라고 부르고 있다. 즉, 대만동포, 홍콩동포, 마카오동포라고 각각 부르고 있다.

▶▶▷ Check Point | 해외거주 중국인에 대한 명칭중 가장 많이 사용되는 것은

해외거주 중국인을 지칭하는 명칭은 다양하지만, 현재 가장 일반적으로 많이 사용되는 것은 화교와 화인이다.

8. 해외거주 중국계 사람에 대한 명칭구분은 무의미하다

해외거주 중국계 사람들에 대한 명칭은 상기에서 살펴 본 것처럼 다양하게 불리고 있다. 그러나 해외거주 중국계 사람들을 각각의 명칭에 따라 정확하게 구분하는 것은 현실적으로 불가능할 뿐 아니라 그렇게 할 이유도 뚜렷히 찾을 수 없다.

중국인의 동남아 이주 역사는 장대하다. 이 긴 여정속에서 중국인은 여러 세대에 걸쳐 동남아 현지인과 결혼하고 동남아 각국의 언어를 사용하면서 동남아 현지의 이름으로 개명한 사람들이 많다. 대부분의 중국계 사람들은 동남아 사람처럼 현지 토착민과 문화에 동화되어 동남아에 살고 있다.

중요한 것은 국적도 아니고 그들이 1세대이냐 2세대이냐도 아니다. 또한 중국계의 순수혈통이냐, 혼혈이냐도 아니다. 중요한 본질은 그들 스스로가 중국계 혈통이라고 느끼는 것이고, 중화민족에 대한 친밀감, 상호이해관계이다.

따라서 해외에 거주하는 중국계 사람들을 화교, 화인, 화상 등으로 구분하는 것은 시대착오적 발상이고 외국에 거주하는 중국계 사람들에 대한 명칭은 오래전부터 일반적이고 광범위하게 사용한 화교를 사용하는 것이 보편타당할 것으로 생각된다.

▶▶▷ Check Point | 화교 + 화인 = 화교?

해외거주 중국계사람들은 80~90%가 해외거주지역에 귀화해 거주국의 국민이 되었다. 중국국적을 그대로 지니고 있는 화교는 200만 명에 불과하다(정성호, 2004, 8). 華僑(화교)와 화인(華人)화인은 국적에 따라 구별되지만. 일반적으로 해외에 거주하고 있는 중국계를 통칭하여 화교라고 부르고 있다(박형기, 2007, 30).

▶ 서구화된 화교와 전통적인 화교

9. 화교의 유형

화교가 조국을 떠나 해외에 이주한 후 정착, 귀환하는 과정은 다양한 형태로 나타나고 있다. 주요 유형은 다음과 같다.

첫째, 본토 귀환형, 해외에서 돈을 번 후 중국본토로 귀환하는 유형

둘째, 현지 체류형, 이는 현지에 동화되지는 않고 현지에 체류하고 있는 유형

셋째, 복수국가 체류형, 이는 복수의 국가에 거주지와 비즈니스 토대를 마련하고 체류하는 유형

저자가 싱가포르에 살 때 임대했던 중국계 집주인은 주로 홍콩에 거주하면서 싱가포르의 집관리는 여동생이 하였다.

넷째, 거주국에 완전 귀화형, 이는 거주국의 국민으로 살아 가는 유형

▶▶▷ Check Point | 화교는 이민족인가, 소수민족인가

화교는 싱가포르와 말레이시아를 제외하고는 동남아 각국가에서 소수민족으로 살아왔고, 지금도 살고 있다.(홍원선, 2013: 16) 그들은 소수이지만 그들이 속한 거주국의 경제를 장악하고 있다.

▶▶▷ Check Point | 중국인과 화교의 차이점

중국인과 화교는 같은 민족이다. 그러나 기질은 여러측면에서 다른 경우가 많다. 가장 큰 이유는 중국인은 중국본토에서 다수민족이지만, 화교는 동남아에서 소수민족이다. 다수민족에서 소수민족인 된 화교들은 타향에서 생존하기 위해 변할 수밖에 없었다.

제3장 어디까지가 화교인가

1. 중국계 혼혈

동남아에 있는 중국계 혼혈은 국가에 따라 페라나칸, 룩친, 메스티조 등으로 다양하게 불리고 있다. 이러한 중국계 혼혈들도 화교에 포함되는가, 만약 포함한다면 선조가 모두 중국계인 화교와 어떻게 구분하나 등의 본질적인 문제가 대두된다.

2. 혼혈과 동화

화교 초창기 중국을 떠난 화교들은 대부분 남성이었고, 그들이 동남아에 정착하는 과정속에서 자연스럽게 현지 여성들과 결혼과 출산이 있었다. 이를 통해 화교의 후손들은 현지에 혼혈동화(混血同化)되어 갔다.

3. 단순혼혈, 복합혼혈

중국계 혼혈은 중국계와 말레이계의 단순혼혈부터 스페인과 미국의 식민통치를 받은 필리핀의 경우 선조 중에 중국계와 말레이계 뿐만 아니라 스페인계, 미국계가 자연스럽게 복합혼혈된 경우도 많다.

이러한 복합혼혈의 화교는 우리가 일반적으로 생각하는 중화민족으로서의 문화적 태도를 갖고 있지 않은 경우가 많다.

그렇다면 이들은 화교가 아닌가? 저자는 이들도 중국계임을 본인이 수용하고 중국계 사람들과 중국문화에 대해 친밀함을 갖고 있다면 화교의 범주에 포함된다고 생각한다. 화교구조는 이처럼 단순혼혈에서 복합혼혈의 양상을 띠면서 단순히 정의하기 힘들어 지고 있다.

표 | 혈통에 의한 화교, 화인의 범위

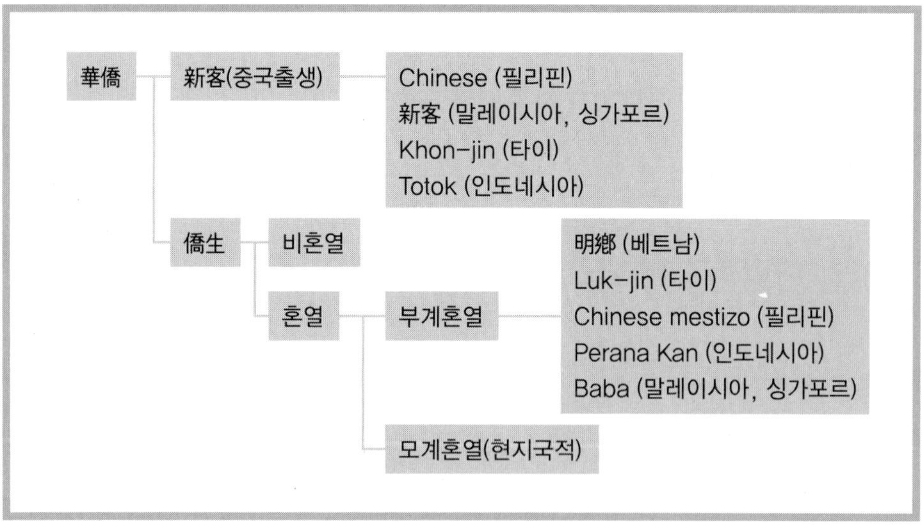

자료 : 이덕훈(2001)

▶▶▷ Check Point | 쿠바의 애니깽은 한민족이 아닌가?

쿠바에는 선조중에 한국인이 있는 애니깽들이 있다. 이들 대부분은 한국어를 할 줄은 모르지만, 아리랑을 부를 줄 안다. 또한 한국어를 배우고 싶어하고 한국에 오고 싶어하는 사람들이 많다. 이들의 국적이 쿠바이고 한국어를 할 줄 모른다고 해서 단순히 쿠바인이라고 말할 수 있는가?

4. 페라나칸

1) 페라나칸이란

페라나칸이란 용어는 아이를 의미하는 말레이어 아나크(ANAK)에서 유래되었다. 페라나칸은 현지에서 태어났지만 본토박이는 아닌 경우를 의미한다. 동남아시아에는 중국계 페라나칸 뿐만아니라 인도계, 아랍계, 유럽계 등 다양한 페라나칸 공동체가 있다. 중국계 페라나칸은 남성을 의미하는 바바(BABA)와 기혼 여성을 뜻하는 뇨냐(NYONYA)를 합쳐 바바뇨냐라고 한다(national museum of korea, 2013). 또한 바바차이니스라고 부르기도 하고 미혼여성은 노나라고 부른다.

이들은 일반적인 중국인으로서의 특성만 있는 것이 아니고 말레이인으로서 특성도 갖고 있어 생활양식 면에서 제3민족적 특성을 보이고 있다.

2) 페라나칸의 특징

말레이반도의 해협식민지 시기에 화교사회는 해협식민지에서 태어난 화교와 새로 이민온 신객으로 분류할 수 있다. 동남아에 이주한 초기 화교들중에서 경제적으로 부유한 화교들은 말레이 여성과 결혼하였다. 또한 중국에서 새롭게 유입된 화교인 신객들도 바바여성과 결혼을 하였다. 동남아에서 말레이 여성과 결혼한 중국인들은 말레이 문화로 동화되어 갔다.

이처럼 중국인과 말레이인 사이에서 태어난 사람을 페라나칸이라고 하는데 이들은 중국 방언과 말레이어가 섞인 페라나칸 방언을 주로 사용하고, 음식과 의복에서도 중국식과 말레이식이 혼합된 페라나칸 특유의 문화를 만들어냈다.

18세기 중엽 말라카지역에는 약 2천명의 페라나칸이 거주하고 있었다. 페라나칸의 남성인 바바(Baba)는 영국 식민통치하에서 말레이 토착민과 영국의 식민당국을 연결하는 중개자의 역할을 했다. 페라나칸의 여성들은 가부장적 문화의 중국여성들에 비해 상대적으로 집안 일과 경제문제의 의사결정에 적극 참여하였다(양승윤, 2003).

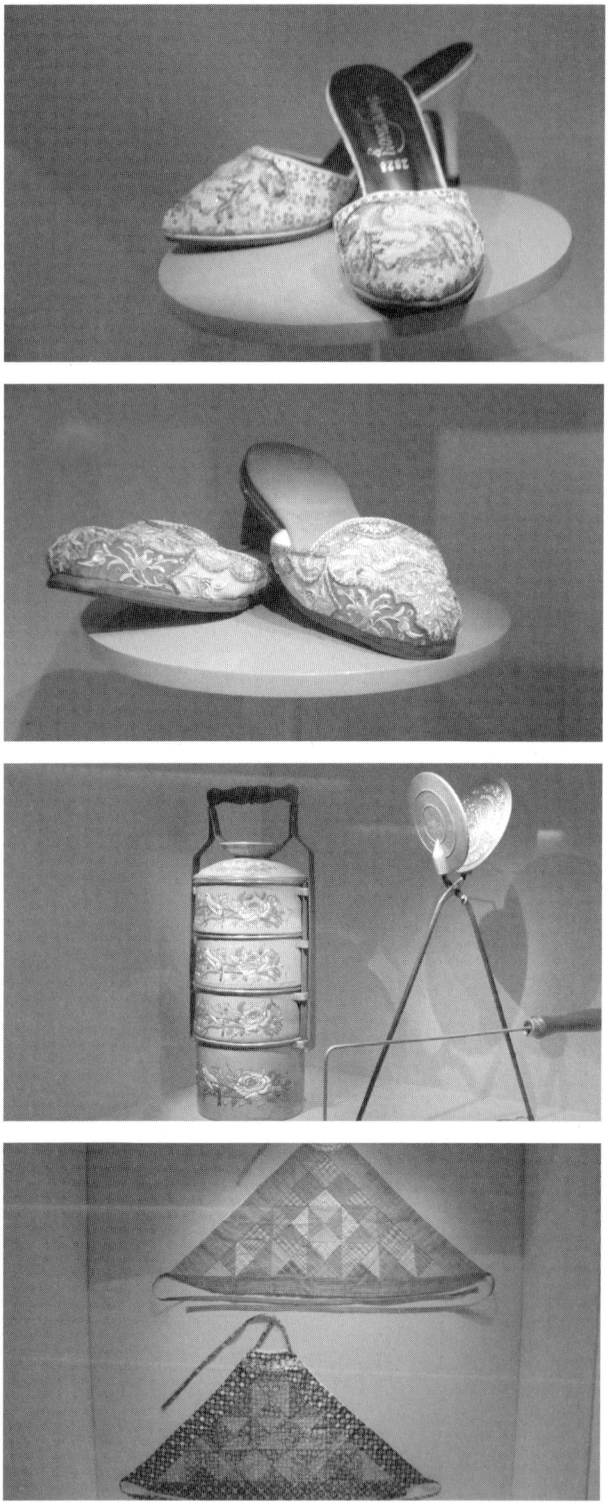

▶ 페라나칸 문화

▶▶▷ Check Point | Totok과 Peranakan의 차이점

토톡(Totok: 新客華僑)은 순수한 중국인과 중국태생의 화교를 의미한다. 이에반해 페라나칸(Peranakan)은 부계혼혈의 화교를 의미한다(이덕훈, 2004). 페라나칸은 중국인 아버지와 인도네시아 어머니사이에서 태어난 혼혈이고, 토톡은 중국에서 태어나 동남아로 이주했거나 동남아에서 중국인 부모에서 태어난 중국인의 후예이다(홍원선, 2012).

▶▶▷ Check Point | 바바 말레이어

바바 말레이어는 말라카 지역의 구어체 말레이어에 복건어의 단어와 중국어식 표현이 혼합된 말레이어 방언이다(오명석, 2000). 페라나칸은 이처럼 중국어와 말레이어가 혼합된 언어를 사용하였다.

제4장 화교에 대한 관심과 화교연구의 올바른 방향

1. 화교연구의 핵심 = 정체성, 애국심

화교연구에서 전 세계적으로 화교가 몇 명인가는 연구의 본질이 아니다. 중요한 것은 그들이 중국계 민족으로서 느끼는 정체성과 중국 본토에 대한 애국심이다. 저자가 동남아에 만난 수 많은 화교들은 중국의 경제성장을 자랑스러워했고, 자신의 조상들이 중국 어느 지역출신이고 왜 동남아로 이주했는지 잘 알고 있었다.

2. 시대별, 국가별 화교연구의 목적과 방향

중국: 대중국주의(자문화우월주의), 화교자본 유치
일본: 대동아공영권(2차대전 이전)의 추구, 동남아진출, 중국에 대한 견제
서양: 식민지 경영전략(2차대전 이전), 중국연구의 대체수단(냉전시기)

자료 : 홍원선, 2013

화교연구는 시대별, 국가별로 다양한 목적에 의해 연구되고 있다. 시대의 상황과 국가의 이해관계에 따라 화교를 연구하는 목적은 변해왔고 앞으로도 변할 것이다.

한국에서 화교연구는 역사적, 사회적, 인류학적 관점에서 주로 접근되고 있고, 경영학, 경제학, 무역학의 관점에서 접근은 매우 미약하다. 특히 인문학적 연구와 경영 · 경제적인 연구의 접목을 통한 학제간 연구가 부족하다.

한국의 화교에 대한 관심과 연구는 양극단을 달리고 있다. 어느 한쪽에서는 지나치게 화교의 상술에 초점을 맞추고 있고, 또 어느 한쪽은 학문적 탐구에만 에너지를 쏟고 있다. 화교의 상술에 지나친 호기심이 화교를 때론 우상으로 만들기도 하고, 때론 괴물로 둔갑시켜 버린다.

화교가 경제적으로 성공한 것은 화교들의 DNA에 우리에게 없는 상인의 피가 흐르거나 우리가 볼 수 없는 천리안을 갖고 있기 때문이 아니다. 화교를 정확히 알기 위해선 화교가 걸어 온 길, 걸어갈 길을 찬찬히 들여다 보고 우리가 함께 그들과 걸어갈 수 있는 방법을 차분히 찾아야 한다. 화교에 대한 지나친 평가절상도, 근거없는 평가절하도 지양하고, 화교를 있는 그대로 바라보는 객관적인 시각이 필요하다.

3. 왜 세계는 화교에 주목하는가

전 세계가 화교에 주목하는 이유는 화교들이 해외거주지역에서 경제적으로 성공했고, 화교가 개인이 아닌 네트워크로 연결되어 국내경제뿐만 아니라 세계경제에 큰 영향을 미치고 있기 때문이다. 이러한 경제적 이유로 세계의 많은 나라들은 화교의 경제적 성공스토리를 벤치마킹하고자 하고, 막대한 화교자본을 자국에 유치하고 싶어한다 .

전 세계적으로 화교에 관심이 고조되는 것은 단순히 화교의 인구와 경제력뿐만 아니라 글로벌 초국가적 기업의 등장과 자유로운 자본이동의 세계화시대에 중국경제의 눈부신 비상과 화교네트워크가 상호 연계되어 비상하고 있기 때문이다(박기철, 2001: 7).

4. 화교에 대해 무엇을 알고 싶어하는가

이민족이 주류민족이 자리잡고 있는 터전에 이주해와 산다는 것은 우리에게 익숙하지 않다(홍원선, 2013: 16). 특히 타국에서 소수 이민족이 단순한 개인적 성공을 넘어 한 나라 경제를 장악한다는 것은 우리로서는 상상하기 힘든 일이고 경험해보지 못한 일이다. 그래서 화교는 다음과 같은 지적 호기심을 불러 일으킨다.

첫째, 화교는 어떻게 초국가적, 민족적 글로벌 네트워크를 통해 경제협력을 하고 있는가?

둘째, 화교들은 어떤 방법으로 막대한 부를 축적하였는가?

셋째, 화교는 어떻게 다른 민족과 문화 사이에서 적응하며 살아 왔는가?

넷째, 화교경영의 특징은 무엇인가?

다섯째, 화교는 우리와 무엇이 다른가?

제4부

동남아와 화교

그림 | 동남아 국가

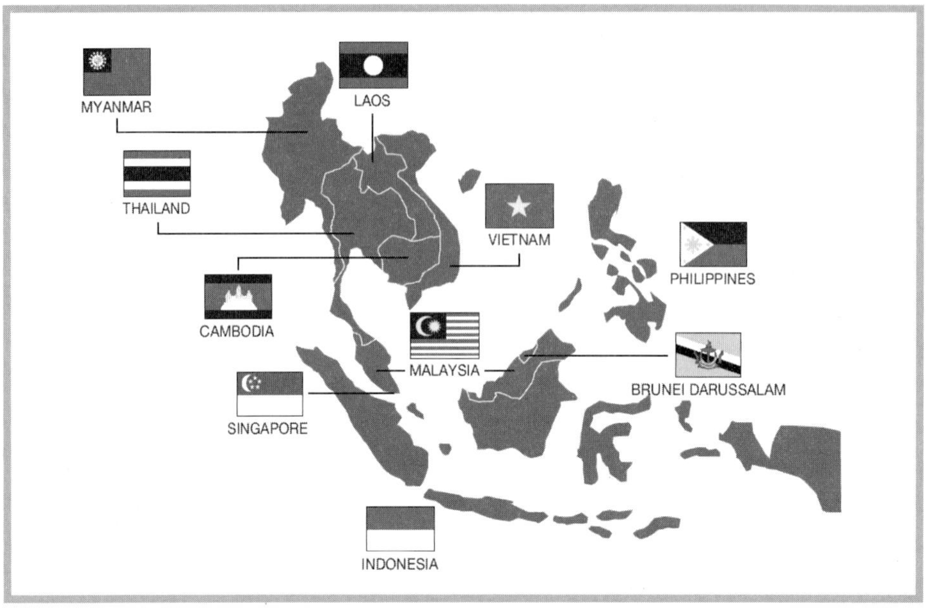

제1장 동남아의 이해

1. 화교를 모르면서 동남아를 이해할 수 없다

동남아 역사에 있어 화교들이 동남아에서 행해왔던 역할과 현대 동남아 사회에서 화교들이 차지하고 있는 사회적 지위와 경제적 역할을 고려할 때, 화교에 대한 충분한 이해 없이는 동남아의 역사,사회, 정치, 경제를 정확히 파악할 수 없다(조흥국, 2004).

2. 동남아는 어디까지 인가

동남아시아 = 인도차이나 반도 + 말레이제도

일반적으로 동남아시아는 아시아의 남동부 지역을 의미한다. 동남아는 크게 인도차이나반도와 그 남동쪽에 분포하는 말레이제도로 구성되어 있다.동남아시아는 면적이 5,000,000㎢이고 인구가 약 6억이다. 2011년 기준 GDP는 2,158조 달러이고, 1인당 GDP는 2011년 기준 3,538달러이다(ADB, 2012).

동남아시아는 일반적으로 몬순아시아 지역이고, 고대부터 수 많은 민족국가와 불교, 이슬람교, 힌두교, 유교 등 다양한 종교와 전통문화가 공존하였다. 태국을 제외한 대부분의 동남아지역은 구미제국의 식민지 경험이 있다. 동남아시아라는 지역 명칭은 제2차 세계대전 무렵부터 사용되기 시작하였다.

3. 동남아의 분류

동남아는 종교, 종족 등에 따라서도 분류할 수도 있지만, 일반적으로 지역에 따라 대륙부 동남아와 도서부 동남아로 분류할 수 있다. 대륙부 동남아에는 태국, 베트남, 라오스, 캄보디아, 미얀마가 있다. 도서부 동남아는 싱가포르, 말레이시아, 브루나이, 인도네시아, 필리핀, 동티모르가 있다.

4. 동남아의 다양한 문화와 종교

일반적으로 대륙부 동남아는 불교문화권이고, 도서부 동남아는 대부분이 이슬람 문화권이다. 동남아는 인종박물관이라고 할만큼 다양한 주류 민족과 소수민족이 살고 있다.필리핀에서 인도네시아, 말레이시아까지 말레이계 인종이 많다. 싱가포르도 19세기 초 영국식민지가 되기 전에 말레이 무슬림지역이었고, 필리핀도 16세기 스페인의 식민지화 이전 시기에는 이슬람 문화권이었다(김민정, 1997).

5. 동남아의 십인 십색

동남아시아는 매우 이질적인 11개 국가들로 구성되어 있다. 경제적인 측면에서 보면 동남아는 싱가포르와 같이 아시아에서 국민소득이 가장 높은 국가에서부터 캄보디아 등과 같이 최저빈곤국까지 경제사정이 천차만별이다.

동남아시아는 동일권역에 있으나 경제규모나 경제발전 단계의 차이가 크다 또한 인구에서도 2억 이상의 인도네시아부터 40만정도의 브루나이까지 격차가 크다.

표 | 아세안 회원국의 국토 면적 및 인구 수

국 명	(단위: 천 ㎢)		(단위: 백만명, %)	
	국토 면적	비율(%)	인구수	비율(%)
아세안	4436	100	608.8	100
브루나이	6	1미만	0.4	0.1
캄보디아	181	0.04	15.1	2.5
인도네시아	1860	0.42	241	39.6
라오스	237	0.05	6.6	1.1
말레이시아	330	0.07	28.7	4.7
미얀마	677	0.15	62.4	10.3
필리핀	300	0.07	95.9	15.7
싱가포르	1	1미만	5.3	0.9
태국	513	0.11	64.1	10.5
베트남	331	0.07	89.3	14.7

주: 2011년 기준임.
자료: ASEAN-KOREA CENTRE(2012)

표 | 아세안 국가별 경제 현황(2012)

국 가	GDP (십억불)	1인당 GDP (달러)	수 출 (백만달러)	수 입 (백만달러)	무역액 (백만달러)
인도네시아	845.7	3,509	203,501	177,451	380,952
태 국	345.6	5,394	226,380	228,878	455,258
말레이시아	278.7	9,700	227,196	187,837	415,033
필리핀	213.1	2,223	48,189	60,149	108,337
싱가포르	259.8	49,271	411,870	366,003	777,874
베트남	122.7	1,374	87,847	126,546	214,393
미얀마	51.9	832	7,964	13,637	21,601
브루나이	15.5	36,584	11,252	6,267	17,519
캄보디아	12.9	852	6,174	10,732	16,905
라오스	7.9	1,204	2,958	4,603	7,560
아세안	2,153.9	3,538	1,233,331	1,182,102	2,415,433

자료: 한국무역협회

6. 동남아 국가들의 유사한 산업정책

산업단계별로 보았을 때 말레이시아, 싱가포르, 태국 등은 공업국으로 토대가 마련되었고, 인도네시아나 필리핀도 대체로 선발공업국과 유사한 산업정책을 추진하고 있다. 인도차이나반도의 후발아세안 국가인 베트남, 라오스, 캄보디아, 미얀마 등도 외국인 투자유치를 통한 공업화 정책을 추진하고 있다.

표 | 국내투자에서 외국인투자 비중 (단위: %)

국 가	1971~1975	1976~1980	1981~1985	1986~1990	1999~2000	2004	2005	2006
인도네시아	4.6	2.4	1.0	7.6	1.9	3.4	12.3	6.4
말레이시아	15.2	11.9	10.8	43.7	18.3	19.1	15.2	20.1
필리핀	1.0	0.9	0.7	13.6	8.8	4.9	12.6	14.1
싱가포르	15.0	16.6	17.4	59.3	36.2	77.5	57.6	79.5
태국	3.0	1.5	3.1	10.2	9.4	14.0	17.5	16.5
한국	1.9	0.4	0.5	1.9	2.2	4.5	3.0	1.9

자료: UNCTAD. World Investment Report, Seri(2009)

표 | 2000년과 2008년 아세안 회원국의 산업구조 변화

국 가	2000년			2008년		
	1차 산업	2차 산업	3차 산업	1차 산업	2차 산업	3차 산업
브루나이	2.70%	47.80%	49.50%	0.70%	74.10%	25.30%
캄보디아	37.90%	23.00%	39.10%	32.50%	22.40%	45.10%
인도네시아	15.60%	45.90%	38.50%	14.40%	48.10%	37.50%
라오스	52.60%	22.90%	24.60%	32.10%	27.80%	40.10%
말레이시아	8.30%	46.80%	44.90%	10.10%	47.60%	42.30%
미얀마	57.20%	9.70%	33.10%	43.50%	19.40%	37.10%
필리핀	15.80%	32.30%	52.00%	14.90%	31.60%	53.50%
싱가포르	0.10%	33.60%	66.30%	0.10%	26.00%	74.00%
태국	9.00%	42.00%	49.00%	11.60%	45.10%	43.30%
베트남	24.50%	36.70%	38.70%	22.10%	39.70%	38.20%

자료: KITA(2009)

그림 | 아세안 연대별 투자 현황 (단위: Percent of GDP, %)

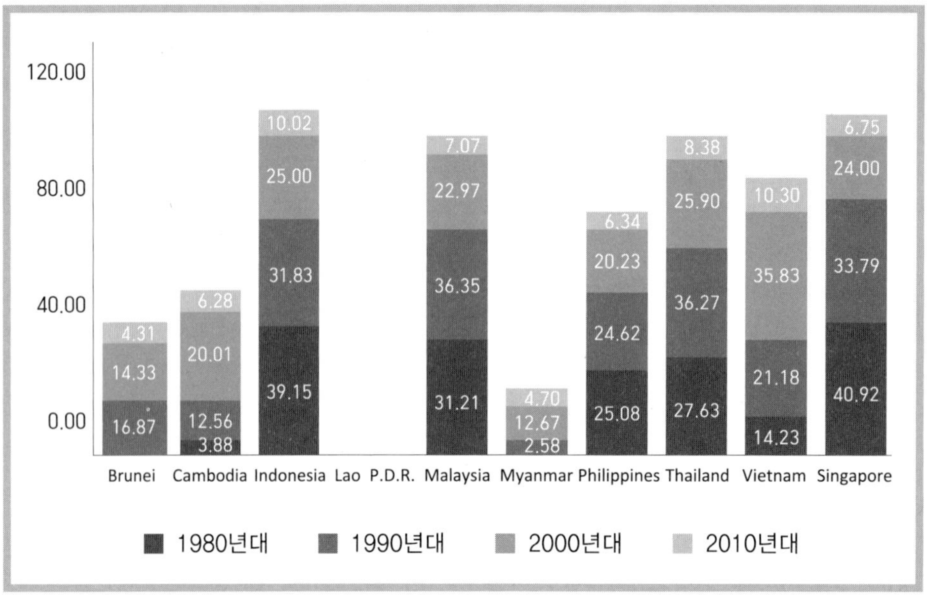

자료: International Monetary Fund(2012)

그림 | 아세안의 국가별 투자 현황 (단위: Percent of GDP, %)

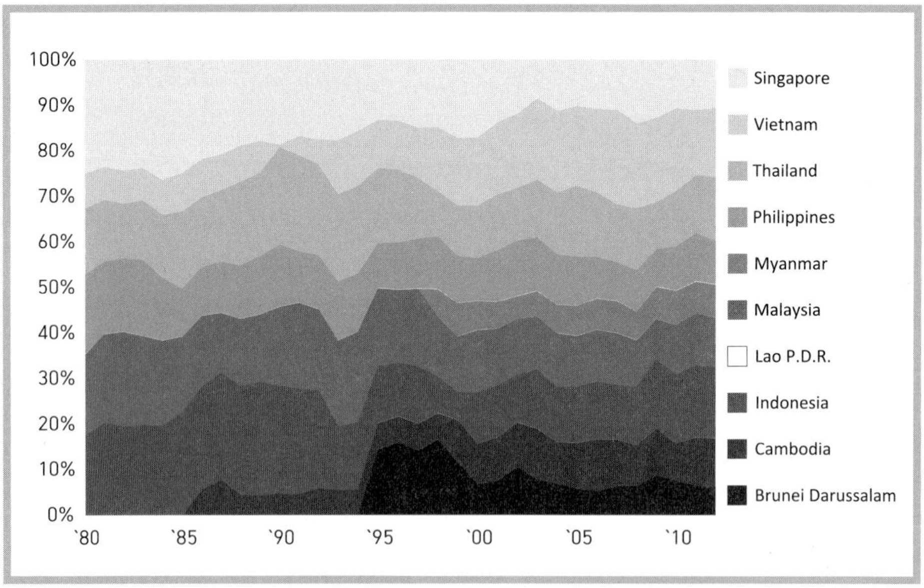

자료: International Monetary Fund(2012)

7. 동남아에 대한 편견

한국에는 동남아의 실체보다 더 우선하고 있는 편견이 많다. 한국인에게 동남아 하면 가장 먼저 떠오르는 것은 아마도 '빈곤', '관광' 이 아닐까 싶다. 두 단어를 조합하면 동남아는 빈곤하지만 관광으로 먹고사는 낙후된 지역이다.

과연, 이 말은 맞는 말인가? 정답은 아니다. 그러나 동남아의 일부를 설명하고 있음이 분명하다. 동남아는 11개국으로 구성되어 있다. 11개국 모두 한국보다 빈곤한가? 동남아의 일부 국가들은 1인당 국민소득이 1,000달러가 안된다. 그러나 그렇다고 해서 동남아의 대부분의 사람들이 빈곤과 기아에 허덕이는 상상을 해서는 않된다. 싱가포르와 부르나이는 한국보다 훨씬 더 잘산다.

동남아는 문화적으로도 앙코르 왓트, 버간, 보르도 부루 등 세계문화 유산이 즐비하다. 아시아의 시대 한국과 동남아가 진정한 동반자가 되려면, 동남아에 대한 편견을 버리고, 동남아의 실체를 들여다 봐야 한다.

표 | 아세안 각국의 연평균 GDP 성장률 추이 (단위: %)

국 가	2005년	2006년	2007년	2008년	2009년	2010년	2011년
아세안	5.8	6.1	6.5	4.3	1.2	5.1	5.3
인도네시아	5.7	5.5	6.3	6.0	4.5	5.5	6.0
필리핀	5.0	5.3	7.1	3.8	0.9	3.8	4.6
태국	4.6	5.1	4.9	2.5	-2.3	4.0	4.5
말레이시아	5.3	5.8	6.2	4.6	-1.7	5.3	5.0
싱가포르	7.6	8.7	8.2	1.4	-2.0	6.3	5.0
브루나이	0.4	4.4	0.2	-1.9	-1.2	1.1	1.5
베트남	8.4	8.2	8.5	6.2	5.3	6.5	6.8
캄보디아	13.3	10.8	10.2	6.7	-2.0	4.5	6.0
라오스	6.8	8.7	7.8	7.2	6.5	7.0	7.5
미얀마	4.5	7.0	5.5	3.6	4.4	5.2	5.5

자료: ADB, Asian Development outlook 2010.

그림 | 아세안 국가의 경제성장률 추이 (단위: %)

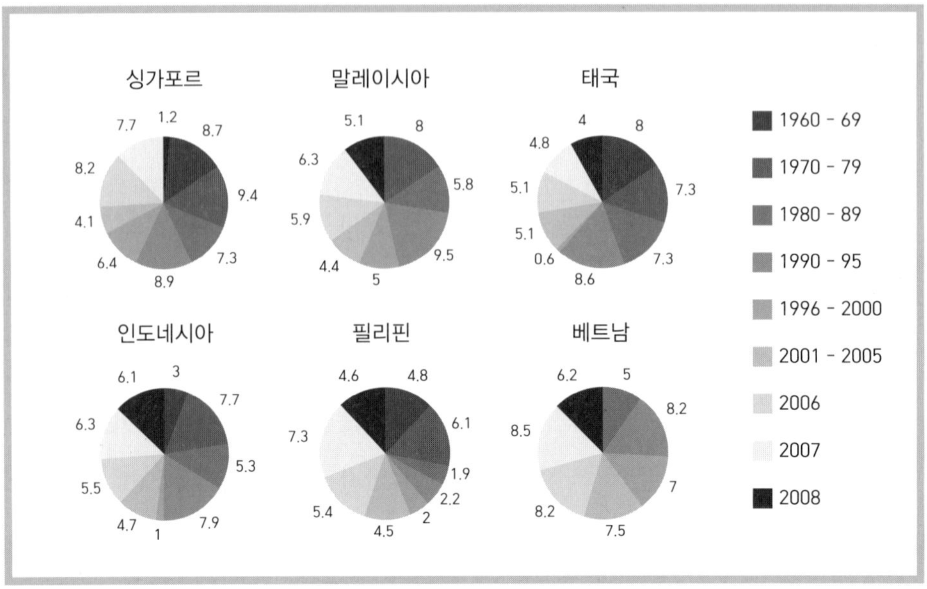

자료: ADB, Key Indicators of Developing Asian and Pacific Countries.

제2장 화교들은 왜 동남아를 고집했나

1. 동남아에 화교가 많은 이유

동남아시아는 다른 지역에 비해 많은 화교들이 집중되어 있다. 화교는 세계 100여 개 이상의 국가에 거주하고 있는데 이 중에서 약 80% 이상이 동남아시아 지역에 집중되어 있다. 가장 큰 그 이유는 중국과 동남아가 지리적으로 가까웠기 때문이다.

돈을 벌기 위해 조국을 떠나는 남부 중국인들에게 동남아시아는 중국에서 지리적으로 가장 가까운 지역 중 하나였다. 교통이 발달된 현대에서는 비행기로 해외의 장거리도 많이 가까워졌지만 범선시대에는 현재처럼 해외 장거리로 이주하는 것은 쉽지 않았다. 따라서 중국인들이 근거리의 동남아가 아닌 원거리의 다른 대륙으로 이주 할 기회는 많지 않았다.

2. 화교가 근거리의 동북아보다 동남아에 많은 이유

낮은 배타성 + 중국남부지역과 근거리

중국인들이 동북아의 한국이나 일본보다 동남아에 많이 이주한 이유는 동남아 사회가 동북아에 비해 상대적으로 배타성이 약했기 때문이다.

중국과의 근거리에는 한국과 일본도 있었는데 화교가 동남아시아로 집중된 이유는 한국과 일본은 단일민족과 단일언어로 인한 강력한 동족의식으로 타민족에 대해 배타적이었기 때문이다. 이에비해 동남아는 다양한 민족, 종교, 언어 등으로 인해 동북아에 비해 상대적으로 배타성이 약했기 때문에 중국인의 정착이 용이하였다.

3. 동남아의 화교 지도자들

동남아 지역에서 화교출신의 대표적인 지도자들은 강력한 통치력과 지배적인 경제권을 형성하고 있다. 그들 중엔 필리핀 건국의 아버지 호세 리살, 베트남 건국의 아버지 호치민, 캄보디아의 론 놀 대통령, 싱가포르의 리콴유 수상, 미얀마의 네윈 대통령 등이 있다(공상철, 2011). 최근엔 태국의 탁신 대통령, 필리핀의 아키노 대통령이 있다.

제3장 화교인구는 얼마나 될까?

1. 화교인구 개요

화교 인구는 약 4천만명에서 5천만명으로 추정되고 있다. 화교인구는 웬만한 국가 이상의 규모이다. 화교는 전 세계에 걸쳐 거주하고 있지만, 전체 화교의 약 80%는 아시아에 거주하고 있다(홍원선, 2013: 16) 다음으로는 미주지역이 약 11%, 유럽지역 약 3.7%, 대양주 지역 약 2%, 아프리카지역에 0.6%가 거주하고 있다(김은경, 2009).

동남아 각국내의 전체 인구중에서 화교가 차지하는 비율은 싱가포르가 77%로 가장 높고, 말레이시아 29%, 태국 11%, 인도네시아 4%, 필리핀 2% 순이다(이성준, 2000: 586).

2. 2010년부터 2103년까지 화교인구 분석

대만 교무위원회에 의하면 2011년 전 세계 화교 인구는 약 4천만명이다. 2010년 자료에 의하면 전체 해외 화교 인구 중에서 인도네시아의 화교 인구가 795만 명(전체의 약 20.1%)으로 가장 많고, 그 다음이 태국의 740만 명, 말레이시아가 648만 명, 싱가포르가 279만 명이었다. 필리핀과 미얀마에도 화교 인구가 백만 명 이상 거주하고 있다(남수동, 2010).

중국청년보(中國靑年報)는 국무원 교무(僑務)판공실이 발표한 2013년 화교화인 연구보고서를 인용해 2013년 말을 기준으로 화교인구가 5천만명을 넘어섰다고 발표했다. 동남아에 거주하는 화교는 총 3,508만명이고 이중에서 3,000만명은 인도네시아, 말레이시아, 태국, 싱가포르, 필리핀에 거주하고 있다(Asia Today, 2013.1.31).

표 | 화교 인구

연　도	총인구	아시아	미국	유럽	오세아니아	아프리카
1982	26,092	23,631	1,663	511	168	79
1983	26,196	23,665	1,705	567	179	80
1984	27,783	25,023	1,903	581	202	74
1985	28,124	25,300	1,955	583	214	72
1986	28,715	25,799	2,044	585	214	73
1987	29,325	26,226	2,167	532	326	74
1988	30,316	27,161	2,182	552	331	90
1989	31,134	27,894	2,241	567	340	92
1990	31,371	27,664	2,663	589	356	99
1991	33,875	29,484	3,356	559	392	84
1992	35,510	30,635	3,731	646	404	94
1993	36,128	31,054	3,802	757	407	108
1994	37,144	31,752	3,976	869	432	115
1995	38,664	32,911	4,261	886	487	19
1996	39,042	32,984	4,542	899	498	119
1997	33,238	26,912	4,730	938	535	123
1998	33,726	27,071	5,020	945	564	126
1999	34,506	26,788	6,013	968	605	132
2000	35,045	27,363	5,959	955	631	137
2001	35,800	27,821	6,124	973	745	137
2002	36,722	28,352	6,501	963	742	144
2003	37,505	28,985	6,615	967	764	154
2004	38,083	29,344	6,807	1,003	775	154
2005	38,342	29,437	6,931	1,022	797	155
2006	38,698	29,803	6,835	1,039	866	155
2007	38,629	29,561	6,838	1,144	868	219
2008	38,688	29,589	6,781	1,189	910	217
2009	39,082	29,747	6,906	1,259	932	238
2010	39,568	29,815	7,255	1,317	945	236
2011	40,307	30,041	7,498	1,565	955	249

자료: OCAC, R.O.C(Taiwan)

표 | 세계 주요 국가의 화교 인구 규모(2010)

	인구수	백분비
전체	39,568	100
아시아지역	29,815	75.4
인도네시아	7,951	20.1
태국	7,395	18.7
말레이시아	6,479	16.4
싱가포르	2,794	7.1
필리핀	1,213	3.1
미얀마	1,101	2.8
베트남	980	2.5
일본	687	1.7
러시아	448	1.1
인도네시아	144	0.4
터키	41	0.1
한국	24	0.1
사우디아라비아	24	0.1
아랍에미레이트	19	0
네팔	10	0
아메리카지역	7,255	18.3
미국	3,933	9.9
유럽지역	1,317	3.3
오세아니아	945	2.4
아프리카	236	0.6

자료: 남수중 외(2012)

그림 | 동남아 화교 인구 (단위: 천명)

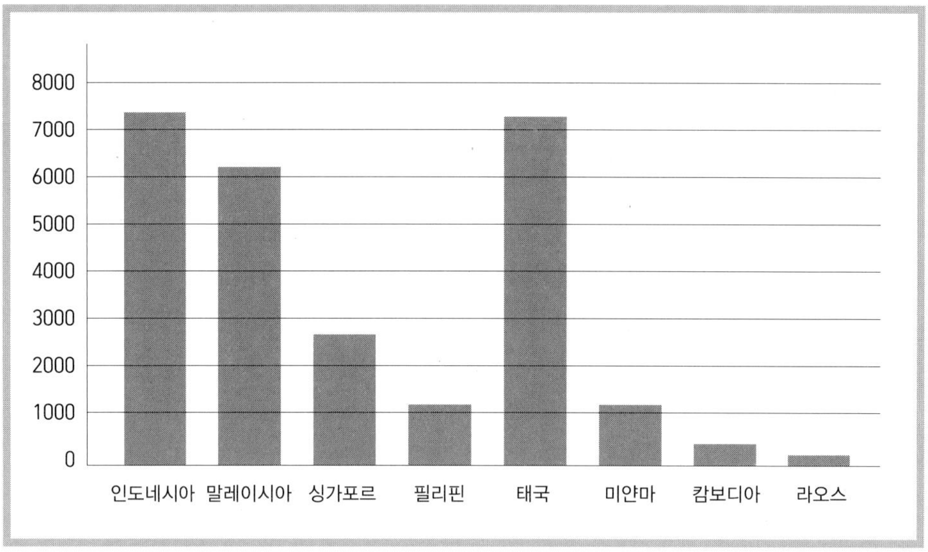

자료: 대만 화교 교무위원회

그림 | 세계 화교 분포도

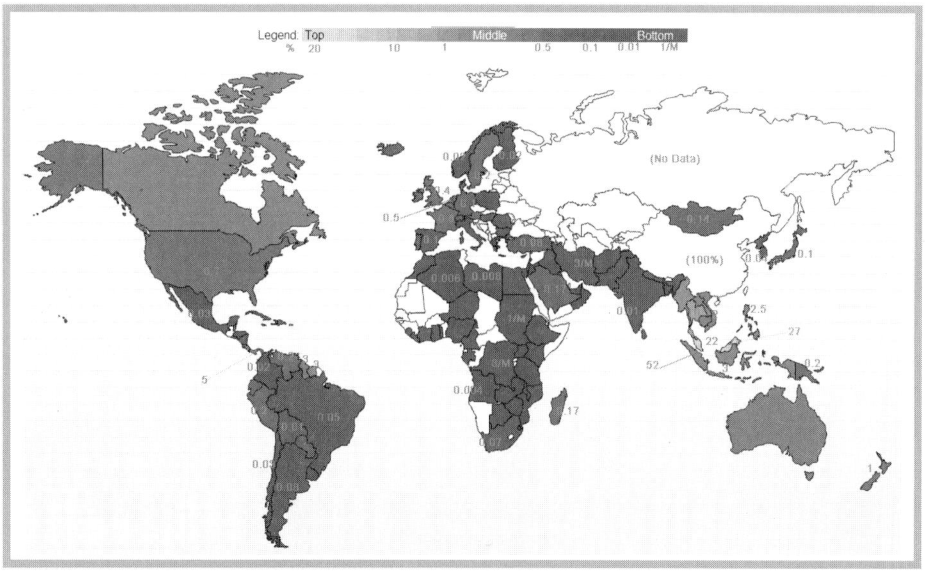

자료 : http://www.nationmaster.com

3. 1920-1930년대 화교인구

역사적으로 중국인의 해외이주는 한국인들의 해외이민과 상대적으로 비교해 보면 거대한 민족의 대이동으로 특징지울 수 있다. 1920년에서 1930년까지 10년간 200만명 이상의 중국인 꾸리가 동남아 말라야 각지로 이주하였고, 1934년 동남아 각국 조사에 의하면 영국령 말라야 및 보르네오에 200만명, 네덜란드령 동인도에 123만명, 미국령 필리핀에 10만 8천명을 합하여 334만명의 중국인이 동남아로 이주했다(이덕훈, 2000: 11).

4. 화교 인구 통계의 진실게임?

화교에 대한 정확한 통계는 없다. 기본적으로 혈연주의를 취하고 있는 중국과 출생주의를 취하고 있는 동남아 화교거주국과 통계의 근거가 상이하기 때문에 화교인구는 정확히 산정할 수 없다(정성호, 2004, 3).

현재 해외 각 지역에 거주하고 있는 화교와 화인의 수를 정확하게 파악하기는 사실상 불가능하다. 이는 중국인의 해외 이주가 긴 역사를 통해 이루어졌을 뿐 아니라 이미 상당수가 거주국의 국적을 취득하여 거주국에 동화되어 있고, 또한 태국처럼 거주국풍으로 개명한 경우가 많기 때문이다(이재유, 2006).

▶▶▷ Check Point | 현재 동남아 화교들은 누구의 후손인가

동남아 각국은 1940년대에 화교이주를 제한하였고, 1950년대에는 이주제한을 더욱 강화하였다. 따라서 현재 동남아 화교는 대부분 1920년대와 1930년대 이주자와 그 후손들이다(박형기, 2007).

제5부

중국의 동남아 정책과 화교

제1장 근대 이전과 이후 중국과 화교

1. 근대 이전 화교문제

근대화 이전 서양의 식민정부들의 다양한 화교정책과 동남아 고대왕국들의 남중국해 무역 그리고 중국 역대 왕조들의 동남아 조공무역과 해상무역정책 등은 화교문제의 본질을 이해할 수 있는 단초가 된다(조흥국, 2004).

2. 근대 이후 화교문제

화교문제는 화교의 수세기에 걸친 이주와 함께 장기간에 걸쳐 형성되었다. 근대화 이후 발생한 화교문제의 본질은 제2차 세계대전 이후 세계무대에 등장한 신생동남아 국민국가들의 화교정책과 공산화된 중국과의 관계에 상당부분 기인하고 있다(조흥국, 2004).

제2장 중국과 동남아 국가의 교류

1. 중국과 동남아 교류개관

동남아와 중국간의 교류는 11세기 이후 일반적으로 해상무역을 통해 지속적으로 이루어졌다. 동남아국가 중에서 유일하게 베트남만 중국의 직접지배를 받았으며, 중국의 베트남지배도 전체 베트남이 아닌 북베트남에 한정되었다. 이에비해 서구열강들의 본격적인 동남아 식민지배로 인해 중국인의 대규모 동남아 이주가 발생하였다(오명석, 2007: 83).

2. 고대 중국의 동남아에 대한 시각

중국의 고대 왕조들의 정책에서 가장 중요한 것은 잠재적 위협세력인 북방민족들과의 외교적 관계와 군사적 대비였고, 동남아는 주요 관심대상에서 제외되었다. 특히 중국 왕실은 동남아 사람들을 남양의 야만인들 남만(南蠻)으로 평가절하하였다.

수 세기에 걸쳐 흥망성쇠를 거듭했던 중국의 여러 왕국들의 통치자들은 국력에 상관없이 자신이 건국한 왕조가 세상의 중심이라고 생각했다. 중국통치자들의 이러한 중원중심의 가치관으로 인해 동남아 지역은 중국 남쪽바다의 변방 지역인 남양(南洋)으로 멸시되었다.

중국의 대부분 왕조에게 동남아는 중요한 지역이 아니었다. 그 당시 중국 통치자들은 자신의 왕국을 수시로 위협하는 북방민족들과의 전쟁과 외교관계가 가장 중요했다(Asean, 2012).

3. 원왕조의 동남아에 대한 시각

중국의 역대 황실중에서 원왕조(1280-1368)만이 동남아지역을 직접 지배하려고 했다. 실제로 원왕조는 현재의 미얀마인 버간왕조를 멸망시켰고 인근의 베트남뿐만 아니라 인도네시아까지 영향하에 두려고 했다. 원나라의 군사원정으로 인도네시아에 갔던 중국인들이 전쟁이 끝난 후에 인도네시아에 잔류하면서 화교의 원조가 되었다(이문봉, 1994).

4. 동남아 국가의 조공무역과 해상무역

중국과 현재 인도네시아 지역의 왕국이었던 스리위자야간에 조공국의 관계가 지속되었다. 중국왕실은 스리위자야에게 조공국의 지위를 하사하면서 해상무역을 할 수 있는 권리를 부여하였고, 이로인해 스리위자야가 동남아 해상무역의 선두주자가 되었다(Milton Osborne, 1996, 45-52).

5. 중국과 동남아 교류는 지속되었다

고대 왕조시기 동남아는 중국의 주요 관심의 대상이 아니었다. 그러나 직간접적인 중국과 동남아의 교류역사는 중단되지 않고 지속되었고 이는 오늘날 동남아 화교의 중요한 토대가 되었다.

如意吉祥
春

제6부

화교의 동남아 이주 이야기

제1장 중국인의 해외이주 속으로

1. 화교는 언제부터, 왜 중국을 떠났나

화교는 중국 역사상 12세기 초 국제무역로를 따라 중국인이 해외로 빠져나가기 시작하면서 발생되었다(오일환, 2008). 화교들은 12~13세기부터 동남아시아 지역에 이주를 시작하였으며 19세기와 20세기에는 중국에서 발생한 정치적 혼란과 중국 남부지역에서 발생한 경제적인 곤란을 피해 동남아로 대규모 이주하였다.

중국인의 해외 이주의 역사는 아주 멀리 진나라부터 시작되었다. 서구 열강의 식민지 개발의 필요에 의해 중국인들이 동남아로 대규모 이주가 발생하기 전에 동남아에 정착한 화교들은 중국의 왕권교체기나 전쟁 등의 혼란기에 황명에 의해 쫓겨나거나, 중국관리들의 지독한 경제적 착취를 벗어나고자 해외로 도주한 사람들이 많았다.

송말, 명말, 원, 청시기에 이민족의 중국침략은 수 많은 북방 한족의 남방이주를 가져왔다. 특히 원나라와 청나라의 침입시기에 대규모 중국유민들이 동남아로 이주하였다(박기철, 2001: 3). 이들의 동남아 이주경로는 대부분 화남에서 남중국해를 거쳐 동남아로 들어갔다(박기철, 2001: 3).

2. 중국인의 해외이주 개관

제1기 화교는 12세기 중국의 남송과 16세기 후반 명대까지의 약 4~5백년간 해상무역과 정치적 이유로 동남아에 정착한 화교들로 그 수는 약 10만 명 이상이었다.

제2기 화교는 16세기 후반부터 1840년 아편전쟁이 발생하기 전까지 약 3백년간으로 동남아가 서구 열강의 식민지로 변화되기 시작되면서 화교에 대한 수요가 증가했던 시기이다.

제3기 화교는 1840년 아편전쟁에서부터 1949년 중화인민공화국 성립까지의 시기에 이주한 화교이다. 이 시기에 화교가 가장 많이 발생하였다. 그 수가 1,000만 명에 달했다. 오늘날 화교의 토대를 이룬 시기이다. 제4기 화교는 1949년 중화인민공화국의 출범 이후부터 현재까지 이주한 화교이다(정성호, 2003).

역사적으로 중국인들이 해외로 이주한 시기는 아주 멀리 진한시대까지 추론할 수 있다. 그러나 중국인의 해외 이주의 규모가 어느 정도 규모화된 시기는 12세기 남송시대 이후부터이다. 이 시기 중국인의 해외이주는 중국 남부의 해안지방을 중심으로 확대되었다(정성호, 2004).

화교의 대규모 이주는 1840년 아편전쟁 이후이다. 중국인의 해외이주는 중국의 공산화로 중단되었다가 1978년 개혁개방 이후 다시 급증하고 있다.

표 | 동남아 화교의 이주 역사

시 기	이주 지역	배경 및 과정
1292년	인도네시아, 자바	원(元) 왕조의 군사원정 실패 후 많은 중국군인 현지 잔류
13-4세기	타 이	원(元) 왕조의 태국왕조 침략, 중국군인 잔류
15세기	말레이시아	
17-8세기	베트남	명왕조 때 중국난민 이주, 코친 차이나에 거주
	캄보디아	베트남 거주 중국인과 베트남 군인 유입
18세기 후	타 이	중국계 혼혈 장차오(Zheng Zhaow) 의 방콕 왕조 창건
19세기	말레이시아	영국식민지 개발지구에 중국근로자들의 대규모 유입
19-20세기	인도네시아	네덜란드 식민지 개발지구에 중국인 대규모 유입

자료: 이문봉(1994)

3. 중국인은 처음부터 대규모로 이주 하였나

고대 왕조시기 중국과 동남아의 교류는 일부 무역상인과 승려 등의 일시적인 체류를 제외하고 활발히 이루어지지 않았다. 중국인들이 동남아지역에 본격적으로 거주하기 시작한 것은 명말, 청초부터이다(홍원선, 2013: 16). 중국인의 해외이주는 한·당시대부터 시작되었으며, 명·청 시기에는 항로가 개척됨으로써 점차 그 범위가 넓어지고 해외 이민도 점차 증가하였다(오주혜, 1983).

제2장 중국의 시대별 대외정책과 화교

1. 송나라, 원나라 시기 남양무역과 화교

서구열강의 동남아 식민지배 이전에 중국인의 본격적인 동남아 이주는 송나라 때인 12세기부터 시작되었다(이성준, 2000: 4-5). 중국인들의 본격적인 동남아 이주는 송(宋)나라가 남양(南洋)무역을 적극적으로 후원했던 시기이다. 송나라는 발달된 항해기술과 선박제조 기술을 토대로 재정수입을 늘리기 위해 해외무역을 장려하였다(홍원선, 2012). 이러한 송(宋)왕조의 남양무역정책을 원(元)왕조도 지속하였고, 이 두 왕조시기에 중국인의 동남아 이주가 증가하였다.

이처럼 중국인은 송 · 원나라시기에 동남아와 해상무역이 증가하였는데 중국남부 연해지역의 중국인들은 상선을 타고 동남아지역에 진출하여 물물교역을 하였다. 이러한 중국인들의 활발한 동남아 진출로 인하여 동남아의 주요 도시에는 중국인들이 10만명 이상 거주하고 있었다(이성준, 2000: 4-5).

2. 명나라 해금정책과 화교

명나라는 왜구들의 해안지역에서의 약탈과 반명세력의 결집을 우려해 해금정책을 시행하였다(홍원선, 2012). 중국의 고대 왕조시기에 많은 중국인들이 동남아에 정착하게 된 결정적인 계기는 14세기 중엽 명(明)왕조가 중국과 동남아와의 무역관계를 공식적인 조공무역에만 국한시키고, 일체의 사무역을 금지하는 해금(海禁)정책을 취하면서, 동남아에서 해상무역에 활동하던 중국인들이 중국으로 귀향하지 않고 동남아에 정착하였다.

이러한 명(明)왕조의 지속된 해금(海禁)정책으로 16세기 중엽까지는 동남아로 추가적인 중국인 유입이 없었다. 명나라의 해금정책 이전에 동남아에서 활동하던 중국인 해상무역업자들은 대부분이 동남아에 영구정착하여 토착사회로 동화되었다(Sterling Seagrave, 1995).

17세기 명나라에서 청나라로 왕권교체 시기에 중국의 사회적 혼란은 많은 경제적 문제를 초래하였고 이러한 경제난을 피해 많은 중국인들이 동남아로 이주하였다(조흥국, 2000, 8-23).

3. 청말 혼란기와 화교

청나라도 중국인의 해외이주를 금지하였다. 청나라는 해상이든, 육상이든 중국인들의 사적인 출국을 금지하였다. 또한 해외로 몰래 나간 화교들의 귀국도 금지했다(홍원선, 2012).

그러나 19세기 중엽 이후 청제국의 급격한 국력의 쇠퇴는 명말시기처럼 사회적 불안과 경제상황의 악화를 가져와 많은 중국인들이 생계유지를 위해 동남아로 이주하였다(조흥국, 2000, 8-23).

▶▶▷ Check Point | 명나라와 청나라가 해금정책을 추진한 이유

명나라와 청나라는 소수민족이 다수민족인 한족을 지배하고, 바다에서 성장하는 반대세력을 막기위하여 해금령(海禁令)을 내렸다(박정동, 2009).

▶▶▷ Check Point | 화교가 발생한 중국내부적 요인

19세기와 20세기 중국사회는 정부의 폭정과 자연재해로 인한 기근의 지속으로 민심이 악화되어 태평천국의 난(1857~64), 의화단사건(1900), 신해혁명(1911) 등이 발생하였다. 이런 격변을 겪으면서 민중은 약탈 등으로 삶이 피폐해 졌다. 또한 과잉인구로 인해 매 끼니마저 해결하기가 녹녹치 않았다. 이러한 중국의 내부적 요인은 중국인의 해외이주를 부채질 하였다(오영민, 2001).

생각해봅시다 명말과 청말의 공통점과 차이점은 무엇인가

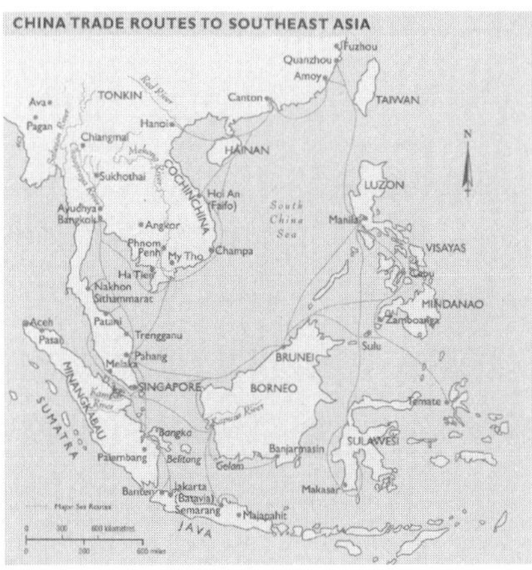

4. 아편전쟁과 화교

중국인들이 대규모로 동남아 이주에 나선 것은 아편전쟁 이후의 일이다(홍원선, 2013: 16). 중국인의 해외이주가 본격적으로 나타난 것은 명말청초이지만, 화교 이주가 폭발적으로 늘어난 것은 아편전쟁 이후이다. 이 시기 절대다수의 해외이주자는 파산한 농민과 수공업자 등의 하층계층의 중국 동남연안 사람들 중심이었다(홍원선, 2013: 16, 91).

역사적으로 중국인의 가장 큰 대규모 해외이주는 중국이 아편전쟁 이후 체결된 남경조약(1842), 천진조약(1858), 북경조약(1860)의 결과이다. 청나라는 아편전쟁 이후 청나라 건국 이후 지속하였던 쇄국주의를 풀고 중국인의 해외이주를 공식적으로 허가했다.

청나라가 아편전쟁에 패배한 후 국력이 쇠퇴하는 가운데 경제적으로는 빈곤, 사회적으로는 부패 등이 만연하여 이를 피하기 위해 중국인들은 해외이주를 감행했다(이성준, 2000: 4-5). 1830년에서 1847년까지의 기간동안 약 540만명의 중국인들이 해외로 이주하였다(박기철, 2001: 2).

▶▶▷ Check Point | 남경조약과 태평천국의 난이 화교에 미친 영향은 무엇인가?

1842년 남경조약으로 중국문호가 개방되어 중국인의 해외이주가 합법적으로 이루어 지게 되었다. 또한 태평천국의 난(1848-1865)은 중국 남부지역에 경제적 곤란과 사회적 혼란을 초래하여 중국인의 대규모 해외이주를 가져왔다(박은경, 2000).

이처럼 남경조약과 태평천국의 난은 중국인이 경제적 궁핍과 사회적 혼란을 피해 합법적으로 해외로 이주하는 원인을 제공하였다(박은경, 2000).

5. 중국이민의 해외이주는 지속되고 있다

대부분의 동남아 국가들이 독립 이후 배화정책(排華政策)을 추진하자 많은 화교들이 동남아에서 미국과 유럽의 국가로 이주하였다. 1979년 이래 미국으로 이주한 80만명의 인도차이나 반도 난민중에서 40만명이 화교였다.

또한 과거 인도네시아의 식민종주국이었던 네덜란드에 거주하고 있는 5만명의 화교중에서 50% 이상이 1966년 이후 인도네시아에서 이주한 화교들이다(이재유, 2008).

중국이 공산화된 이후 중국인의 대규모 해외이주는 중단되었다. 중국의 개혁·개방

이후 중국인의 해외이주는 다시 증가하고 있다. 그러나 가난한 중국인의 과거와 현재의 해외이주 이유는 변화되고 있다. 과거의 중국인 해외이주가 가난한 중국에서의 삶의 돌파구를 찾는 절박함이었다면 최근 중국인의 해외이주는 배고픔의 해결이 아닌 더 나은 삶을 위해 하고 있다.

최근 싱가포르, 미국, 캐나다, 호주 등에서 우수한 중국인을 유치하려는 정책과 더 나은 삶의 환경을 찾는 중국인들의 니즈가 상호 충족되어 신화교가 증가하고 있다(박형기, 2007).

표 | 화교의 새로운 주요 이주국(1982~1994년)

출신국	중국대륙			홍콩			대만		
이주국	미국	호주	캐나다	미국	호주	캐나다	미국	호주	캐나다
1982~87년	79,385	4,887	11,788	54,325	21,635	34,221	81,230	2,315	2,782
1987~92년	116,057	6,242	31,737	69,216	61,881	110,960	76,397	12,300	15,211
1992~93년	57,761	1,665	10,429	14,010	8,111	38,910	15,736	1,389	7,456
1993~94년	47,694	1,915	9,447	11,949	4,075	36,510	11,157	779	9,842
1994년			12,250			43,651			7,328

자료: 왕샤오핑(2004).

표 | 화교의 신이민 분포 지역과 직종 구성(2007~2008) (단위: 만명)

지 역	인구 수	주요 직종	비 고
미국	190	유학생, 전문직, 비숙련노동자	대부분 홍콩 대만 출신 영주권 및 시민권이 없는 경우가 다수
캐나다	85	유학생, 전문직, 비숙련노동자	대부분 홍콩 대만 출신
유럽	150	비즈니스맨, 노동자	영주권 및 시민권이 없는 경우가 다수 인구 변동성이 큼
대양주	60	유학생, 전문직, 노동자, 비즈니스맨	대부분 홍콩 대만 출신 영주권자 및 시민권자가 다수
일본	75	유학생, 전문직, 노동자	유학생과 전문직 정착이 다수
아프리카	50	비즈니스맨, 기술직, 노동자	대부분 남아프리타에 집중되어 있음
라틴아메리카	75	비즈니스맨	대부분 아르헨티나 및 주변 국가에 거주
러시아	20	비즈니스맨	유동성이 크고 인원 변화가 큼
동남아	253	비즈니스맨, 기술직, 기업가, 노동자, 노동인력, 유학생	유동성이 크고 영주권 및 시민권이 없는 경우가 다수
합계	1,030		

자료: 장궈투(2008.10)

6. 동남아와 중국의 관계가 화교 정체성에 미친 영향

냉전시대 대표적인 공산주의 국가인 중국은 동남아의 자본주의국가들과 적대적인 관계에 있었다. 이러한 동남아와 중국의 관계는 동남아에 거주하는 화교들의 발전을 저해하는 요소로 작용하였다(박기철, 2001: 7).

제7부

서구 열강들의 식민정책과 화교

제1장 제국주의 시대 국제통상환경 변화와 화교

1. 노예제 폐지와 화교

1830년대 시작된 구미제국의 노예제도의 폐지는 흑인노예에 대응하는 저렴한 노동력을 필요로 했다. 서구열강들의 노예제 폐지에 따른 대체 노동력 수요증가에 따라 중국의 가난한 농부들은 서구 열강들의 계약노동자 신분으로 동남아에 이주하였다(이성준, 2000: 4-5).

스페인, 영국, 포르투갈, 네덜란드, 미국 등의 서구열강들이 1883년 폐지된 노예제를 대신할 대체노동력으로 화교를 선택하였다. 또한 중국내부적으로도 대기근 등으로 생존하기가 힘든 가난한 농부 등이 꾸리(苦力)무역으로 동남아에 대거 이주하였다(이덕훈, 1998: 9).

▶▶▷ Check Point | 객두는 무엇인가

객두(客頭)는 이주자의 우두머리로 중국에서 이주자를 모집하는 역할을 했다.

▶▶▷ Check Point | 꾸리는 무엇인가

만주족의 변발형의 머리가 돼지꼬리와 비슷하여 화교들의 해외이주를 Pig Trade라고 불렀다. 이것이 꾸리무역이다. 중국인의 해외에서의 생활은 꾸리(苦力)라고 불릴 만큼 고단하였다.

꾸리는 동남아로 이주할 때 여비를 자신이 지불해서 가는 꾸리와 여비를 지불할 능력이 없어서 빌려서 가는 꾸리로 구분할 수 있다. 전자를 現單新客, 또는 支拂移民이라 하였고, 후자는 契約移民, 餘單新客, 未佛移民이라고 불렀다(이덕훈, 2004).

2. 천연자원개발과 수에즈운하 개통이 화교에 미친 영향

19세기 중엽 유럽의 급격한 산업발전은 원활한 원재료 공급을 필요로 했다. 안정적인 원자재 공급지로 동남아가 부각되었다. 1869년 수에즈 운하의 개통은 원자재 공급의 국제물류에 획기적인 전환점이 되었다.

수에즈 운하의 개통으로 물류공급망이 확보되면서 동남아의 천연자원 개발이 본격화되었다. 이로인해 대규모 천연자원 개발에 대규모 인력이 요구되었는데, 동남아의 토착민들은 소규모 농업의 자급자족에 만족하고 힘든 일을 할 의사가 없었다. 이러한 인력수급의 원인으로 중국인의 동남아 유입이 급증하였다.

▶▶▷ Check Point | 제국주의 시대 화교를 통한 중국과 동남아 무역

식민시기 중국과 동남아 무역은 중국이 주로 동남아의 1차산품을 수입하고 동남아에 있는 화교가 필요한 중국산 일용품을 수출하는 무역구조였다.

▶▶▷ Check Point | 해협식민지 개발과 화교

1850년에서 1870년경 영국령 해협식민지(싱가포르, 페낭, 말라카)가 개발되면서 중국인들이 동남아에 대규모로 유입되었다. 해협식민지는 상인사회, 다민족 인종사회로 형성되었다.

3. 세계대공황과 화교

꾸리무역으로 증대되었던 중국인의 해외이주는 1930년 이후에 쇠퇴하였다. 가장 큰 이유는 첫째, 세계대공항의 발생으로 식민지배뿐만 아니라 전 세계적으로 대량의 실업자가 발생하여 대체노동력으로 화교에대한 니즈가 줄어 들었다.

둘째, 공업기술의 발전이 기계화를 촉진하여 대규모 인력에 대한 수요가 줄어 들었다. 셋째, 사회주의 사상의 확산에 의해 인간을 도구화한 꾸리무역에 대한 자성이 일었고, 이는 중국인 노동자의 비인간적인 이주를 줄이는 요인으로 작용하였다(이덕훈, 2005: 12).

제2장 동남아 식민지배지의 특징과 화교

1. 식민지배를 받은 국가와 식민지배를 경험하지 않은 화교의 차이점

식민지배시기 서양의 식민지배자들은 동남아에 이주한 중국인들에게 동남아 현지문화에 동화를 강요하지 않았다. 그러나 동남아에서 유일하게 서양의 직접적

인 식민지배를 받지 않은 태국은 태국인이 유일하게 그 나라의 주인이고, 지배자였으므로 태국에 거주하는 중국인들에게 태국문화로의 동화를 강요하였다(Keys, 1977: 281).

2. 중국인 인구가 화교의 동화에 미친 영향

동남아시아에 이주한 중국인은 일반적으로 중국인으로서 전통적인 문화적 요소를 공유하고 있음에도 불구하고 자신이 정착한 환경에 따라 다른 역사적 경험을 하게 되었다. 말레이시아에 최초로 이주한 중국인들은 주로 현재의 말라카 지역에 정착하였는데 이들은 중국인으로서 문화적 정체성을 잃지 않았다.

이러한 현상은 중국인이 정착한 말레이시아 도시의 총인구중에서 중국인의 인구비중이 상대적으로 높은 페낭, 조호루 등에서도 나타났다. 그러나 중국인의 인구 비중이 상대적으로 적은 말레이시아의 동북부의 끌라딴과 농촌지역 등에 거주하는 중국인은 현지문화에 동화되었다(홍석준, 2000: 95).

3. 제국주의 시대 화교는 세금징수 대리인

서구열강의 동남아 식민지배 시기 영국령 말레이시아, 네덜란드령 인도네시아, 스페인령 필리핀 등에서는 작물 재배가 확산되었다. 식민정부는 식민지에서의 자급자족을 위한 재정확보 목적으로 세수확보가 중요했는데 식민통치 기간 동안 중국인들은 식민정부를 대신하여 세금수금원 역할을 했다. 태국에서는 화교가 왕실을 대신하여 세금을 징수하였다.

그런데 화교들이 징세권을 남용하는 경우도 있어 식민당국이 화교와 맺은 세금징수계약을 취소하는 경우도 발생하였다. 화교들은 세금징수 업무뿐만 아니라 광산운영을 할 수 있는 권한도 갖게 되어 경제적으로 토착민보다 유리한 위치를 점하게 된다.

▶▶▷ Check Point | Tax Farming

징세청부업(Tax Farming)은 국가가 세금을 직접 징수하지 않고 민간에게 위탁하여 운영하는 것이다. 징세청부업은 동남아 식민정부가 경매방식으로 입찰액이 가장 높은 민간에게 위탁하였는데 동남아 식민지배 시기 징세청부업은 화교가 거의 독점하였다(홍원선, 2012).

4. 이동상인에서 정착상인으로

화교들은 초창기 이동상인이었으나 동남아 국가간의 무역이 확대되면서 동남아 현지에 정착상인으로 변모하였다. 이러한 정착상인은 동남아 화상의 토대가 되었다.

5. 동남아에 서구의 식민지배가 없었다면

식민지배시기 화교들은 동남아 토착민들과 식민지배자들의 징검다리 역할을 하면서 낯선 외국 땅에서 자신의 위치를 찾아갔다. 만약 동남아에 식민지배가 없었다면 화교는 성공하지 못했을까? 동남아의 식민지배는 분명 화교의 동남아 정착과정과 자본을 축적하는 과정에 기회를 제공하는 측면이 강하다. 그러나 식민지배가 없었던 미국이나 유럽에서 화교가 성공한 사례도 많아 동남아 화교의 성공요인을 식민지배와 완전히 연계하는 것은 논리적 비약을 가져 올 수 있다.

▶▶▷ Check Point | 19세기 이전 화교와 19세기 이후 화교의 차이점

19세기 이전에 이주한 화교들은 동남아 현지에 많이 동화되어 화교라고 보기 어렵다. 이에비해 19세기 이후 중국인 이주민들은 중국인이라는 정체성과 중국문화를 유지하고 있다(SERI, 2012.8).

동남아의 식민지 이전에 동남아에 이주한 화교들은 동남아 토착사회와 조화로운 관계를 유지하였고, 자발적이고 점진적으로 동남아 현지사회에 동화되어 갔다. 인도네시아에 정착한 대다수의 초기 화교들은 이슬람교를 받아들였다(신윤환, 2000).

▶▶▷ Check Point | 시대별 화교의 특징은 무엇인가

근대 이전에 조국을 떠난 화교들은 동남아 현지에서 해상무역에 종사하다가 현지에 정착한 경우나 중국의 전쟁과 재난을 피하여 동남아에 이주한 사례가 많았다. 이에비해 아편전쟁 이후에는 동남아의 서구식민 지배 강화로 인한 자본주의적 필요에 의한 중국인의 인력송출이 급증하였다. 신중국 성립 후에는 이데올로기적 차이로 인한 해외이주가 증가하였다.

▶ 화교 이주

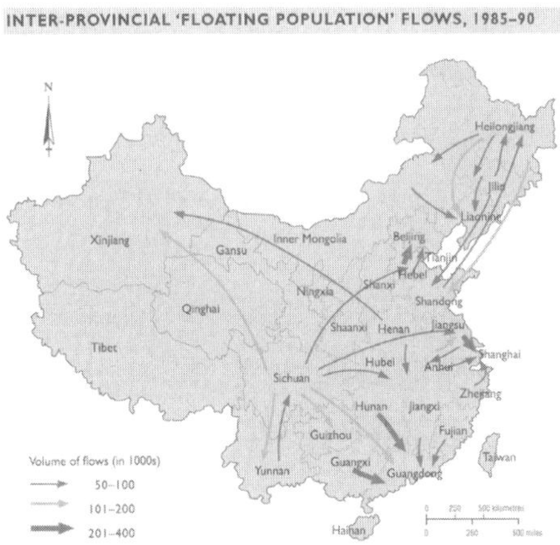

▶ 화교이주 경로

▶ 동남아 화교축제

제8부

동남아 화교의 자본 형성과정

제1장 화교의 경제력

Tip 중국과 화교를 바라볼 때는 정확함 보다는 약(about)

> 중국인구: 약 13억~14억
> 화교인구: 약 4,000만 ~ 5,000만
> 화교거주 국가: 약 90개국 ~ 100개국

Tip 화교자본의 변화

> 부동산, 금융중심 → 제조업 + 역외진출
> 화교자본: 자본이 어떻게 모아졌는가, 자본이 어떻게 쓰여지고 있는가
> 동남아의 화교자본은 제조업보다 유통, 금융, 부동산 등 서비스업에 편중되어 있다.

1. 전 세계경제에서 화교의 경제력

화교자본은 아시아 1,000대 기업 중 절반 이상을 차지하고 있다. 화교 중 자산규모가 5억 달러 이상인 화교기업인이 약 150명에 이르고, 세계 10대 자산가중 화교가 4명이나 된다(김민구, 2012).

그림 | 세계 1000대 중국계기업 비중 변화

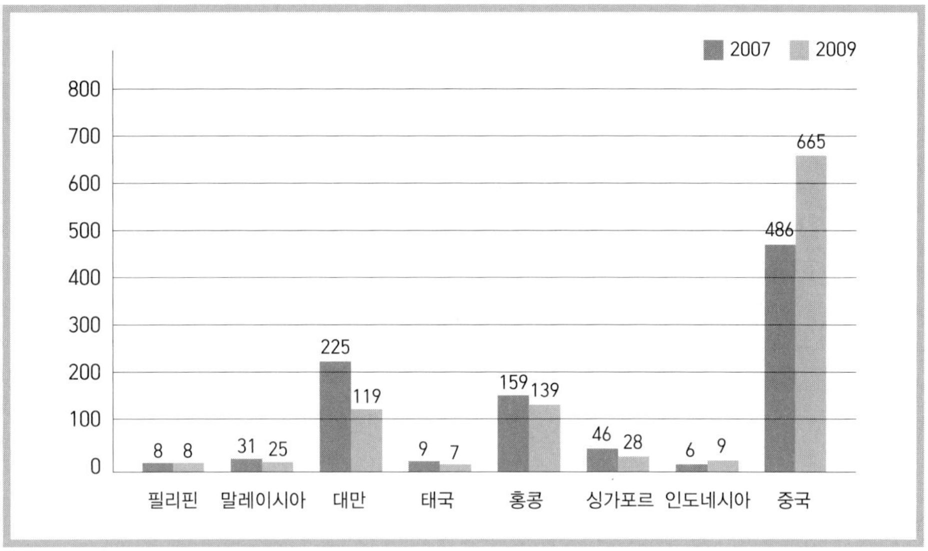

표 | 세계의 부호순위로 본 중국계 재벌 (단위: 억달러)

순 위	이 름	나 이	거주국	자산액	주요자산
16	리 자청	64	홍 콩	58	장강실업, 허치슨 왐푸
26	차이 완린	68	대 만	44	케세이생명(國泰生命)
53	월터 궈	42	홍 콩	33	SHK 부동산
56	카도리	93	홍 콩	32	홍콩상해호텔, 중국전력
58	리 자오지	65	홍 콩	31	헨더슨 부동산
64	린 사오량	77	인도네시아	30	사림 그룹
75	타닌	52	타 이	26	CP 그룹
87	잔팅와	70	홍 콩	23	난풍개발
96	칸자나파스	72	타 이	21	방콕랜드, 세이코시계
101	왕 잉칭	76	대 만	21	대만플라스틱 그룹

자료: 포춘, 1993. 6. 28. 이문봉(1994)

2. 동남아 각국의 화교자본

동남아 각국 경제에서 각국 정부 및 외국계 자본을 제외한 상장회사의 시가총액에서 화교자본이 차지하는 비중은 대략 싱가포르 81%, 인도네시아 73%, 말레이시아 61%, 태국 81% , 필리핀 50% 등이다(이광원, 2002).

화교의 80%가 거주하는 동남아시아에서의 인구비는 6%에 불과하나 자산의 86%, 각국 실질경제성장 기여도는 70% 이상으로 추정되고 있다(장세화, 2005).

태국의 경우 최상위 10대재벌 중 9개재벌이 화교기업이고 인도네시아에서는 상위 10대재벌 모두가 화교자본에 의한 것이다(김재기, 2005).

화교자본은 동남아 산업의 50~80%, 대외무역의 40% 이상을 장악하고 있다(박번순외, 2012). 이처럼 동남아 경제는 소수의 이방인인 화교가 경제를 장악하고 있다.

▶▶▷ Check Point | 화교자본의 규모를 국가자본과 비교하면

일본 GDP 〉 중국 GDP 〉 인도 GDP 〉 한국 GDP ≧ 화교 GDP

▶▶▷ Check Point | 화교자본이 중국자본과 합쳐지면

화교자본이 중국과 만나 거대경제권을 만들면 북미의 NAFTA, 유럽의 EU에 이어 세계 3번째 거대 자본을 형성하게 된다. 화교자본은 이처럼 미국과 유럽연합에 이어 제3의 경제세력을 형성하고 있다.

3. 2004년과 2010년 화교자본의 규모

2004년의 화교자본은 현금과 채권형태로 1조 5,000억 달러, 주식과 자산으로 5,000억 달러 이상을 보유하여 유동자금 규모가 2조 달러 이상으로 추산되고 있다.

2010년 전 세계 화교자본의 규모는 약 4조 달러로 추정된다. 4조달러의 내용에는 아시아 화교 상장기업의 자산을 3조 달러, 아시아 非상장 화교 대기업의 자산을 약 7,500억 달러, 非아시아 지역 화교자산을 약 1,600억 달러로 추정한 것이다. 이는 일본 국민총생산(GDP)의 5분의 1 정도이다(박번순 외, 2012.8.1).

▶▶▷ Check Point | 화교자본의 구조

세계의 화교자본은 약 4조달러로 추정되는데 화교자본은 대만, 홍콩과 동남아 화교기업의 자산을 의미한다(아주주간, 2010).

▶▶▷ Check Point | 세계자본의 관점에서 본 화교의 총자산

동남아시아 화교의 총자산은 전세계 화교자산의 3분의 2 정도를 차지하고 있다(박번순 외, 2012.8.1). 또한 화교기업은 동남아 증권시장을 장악하고 있다. 동남아시아 지역의 증권거래시장에 상장된 기업 중 화교기업이 약 70%를 차지하고 있다. 세계 500대 화교기업의 3분의 1이 동남아시아에 분포하고 있다(장윤정, 2011).

생각해봅시다 **화교자본은 일사분란하게 움직일수 있는가?**

Tip **자본주의와 사회주의**

자본주의는 개인의 자유, 경쟁, 사유재산의 인정을 특징으로 하고 있다. 이에 비해 사회주의는 사회복지, 경제평등, 생산수단의 공유를 특징으로 하고 있다(이덕훈, 2004).

생각해봅시다 **싱가포르의 국가자본을 화교자본으로 볼 수 있나?**

4. 동남아 화교재벌은 동남아 경제를 장악

화교는 동남아 민간경제를 장악하고 있다

화교들은 동남아시아 각국의 민간경제 부문을 거의 장악하고 있다. 특히 금융, 부동산, 물류 등 현대 비즈니스의 3요소를 모두 장악하고 있다. 인도네시아의 200여개 대형업체중 160개 업체가 화교 소유이다. 태국의 화교는 방콕은행 등 4개의 대형민간은행 모두를 지배하고 있다(박기철, 2001: 4).

인도네시아의 경우 최대 재벌인 사림그룹을 포함하여 상위 10대 기업 모두가 화교 소유이며, 50위까지 기업의 76%, 200위까지 73%가 모두 화교 소유이다. 말레이시아도 최대 재벌인 케리그룹도 화교소유이다. 태국의 대기업 25개 중 최대 그룹인 CP그룹을 포함하여 23개가 화교소유이다(배긍찬, 1995).

5. 화교자본의 숨박꼭질

화교자본의 과대평가, 과소평가

화교자본은 언론에 발표된 수치보다 훨씬 많을 수도 적을 수도 있다. 대부분 언론에 발표된 화교자본은 상장기업의 자본을 중심으로 했기 때문이다. 그러나 상장기업이 아닌 화교 부자들도 동남아엔 수 없이 많다.

일반적으로 추론되고 있는 화교의 유동자산과 고정자산은 객관적으로 금융시장에 공개된 상장기업의 수치이다. 언론에서 발표되는 화교들의 유동자산의 수치에는 비상장기업과 무수한 개인사업자들이 포함되어 있지 않았기 때문에 화교자산은 더욱 많아 질 수 있다.

또한 상장기업의 경우 최대주주가 화교일뿐 그 상장기업의 자본은 실질적으로 수많은 주주의 것이지, 최대주주나 대표이사 일인의 것이 아니기 때문에 화교자본은 과장된 부분도 있다. 중요한 것은 투자의 결정권을 갖고 있는 실세들이 화교라는 점에 주목해야 한다.

표 | 아시아 화교계 기업 상위 500개 회사의 자기자본 이익률의 추이 (단위: %)

년 도	상위 100사	하위 100사	500사	흑자기업(사)	세계 상위 500사 (Fortune지)	흑자기업
1996년	13.48	13.26	12.75	472	9.66	453
1997년	14.26	12.97	13.41	467	11.2	469
1998년	14.97	10.20	11.71	458	12.1	455
1999년	13.74	8.70	10.04	390	10.4	444
2000년	15.26	9.18	12.13	410	11.06	450

자료: 「亞洲 週刊」 각 연도 판, Fortune지 각 연도판. 왕샤오핑(2004)

▶▶▷ Check Point | 화교자본, 화교 수 오리무중

화교자본의 규모를 정확히 알 수 있는 것은 화교의 수를 파악하는 것만큼 힘들다. 화교자본은 단지 추정할 뿐이다. 화교자본은 전 세계 화교 금융네트워크를 통해 국경을 신속하게 이동하기 때문에 화교자본의 실체를 파악하는 것은 어렵다.

화교 자본은 특정 지역 또는 특정 국가의 형태로 존재하는 것이 아니므로 정확한 규모를 알 수 없다.

▶▶▷ Check Point | 중국은 화교자본의 규모를 작게, 일본과 구미는 화교자본을 크게 평가

일반적으로 중국은 화교자본의 규모를 작게 평가하고, 일본과 구미 국가들은 화교자본을 크게 평가한다. 중국은 화교자본이 크게 평가될 경우 중화경제권이 견제받을 것을 우려하기 때문이다. 이에비해 일본과, 구미 국가들은 화교자본과 중국경제의 발전을 경계하는 시각을 갖고 있기 때문이다(이재유, 2008).

표 | 아세안 각국의 화교 경제력 (단위: 만명)

출신지별	싱가포르	인도네시아	말레이시아	타이	필리핀
화 교 수	214	580	533	557	120
푸 젠	86	290	171	56	102
광 동	39	192	117	39	14
차오저우	49	0	59	312	0
커 자	19	93	129	89	0
하 이 난	15	0	21	50	0
기 타	6	6	37	11	4
인구비율(%)	77	3.5	29	10	2
자본비율(%)	81	73	61	81	50

자료: 박형기(2007)

제2장 동남아 식민지배 시기 화교의 자본형성

1. 화교는 역사적 희생자인가, 매판자본의 수혜자인가

화교는 시장 중개자

식민지배 이전 동남아 토착사회는 농업과 어업의 전통적인 1차산업을 중심으로 유지되어 왔다. 이처럼 농업과 어업에만 관심이 있는 동남아의 토착민으로는 서양 식민세력의 식민지배의 목적을 달성할 수 없었다.

따라서 외부에서 공급되는 노동력에 대한 니즈가 증대되었고 서양의 식민세력과 토착민을 연결시켜주는 매개적 역할이 필요하였다. 이러한 복합적인 필요에 의해 자연스럽게 화교가 등장하였다. 화교는 동남아에서 전통적 경제부문의 토착 소농민이 생산한 1차산품을 현지에서 집중적으로 매입하여 식민세력의 수출기업에 매도하고, 식민종주국 유럽계 기업이 수입한 소비제품을 구매하여 토착민에게 판매하는 시장중개자의 역할을 했다(이덕훈, 2005: 13-14).

2. 이민경제 노동자에서 상인으로 그리고 사업가로

이민 초기 중노동 → 영세자본 축적 → 분배(유통, 전당포)일에 종사

동남아 화교들은 식민지 시기 중노동을 통해 축적한 자본을 토대로 부동산과 서비스업에 뛰어들어 부를 축적하였고, 2차대전 후 독립한 동남아 국가들의 경제발전에 필요한 자본과 비즈니스 경험을 토대로 사업가로 변신하였다. 동남아 화교들은 부동산, 금융, 유통 등 서비스 산업에서 자본을 축적하였다(박번순, 2012).

▶ 화교 노점상

▶▶▷ Check Point | 화교가 소매업에 집중한 이유

화교들은 이방인으로 동남아 현지문화에 익숙하지 않아 조직에서 일하는 것 보다는 혼자할 수 있는 상업을 선호했다. 특히 소규모 유통은 초기 투자비용이 적고, 자금회수가 빨라 화교들은 유통에 뛰어들었다(박형기, 2007). 특히 식민지배자와 서양인들은 대규모 무역활동을 독점하였고, 화교들이 대형 도매상과 무역업을 하는 것을 제한하였다(홍원선, 2012).

Tip 유통이란 무엇인가

경제활동 = 생산활동 + 유통활동 + 소비활동
유통 = 생산과 소비를 연결 + 상품의 효용과 부가가치를 창조
유통 = 상적유통 + 물적유통
유통업 = 도매업 + 소매업

유통경제란 한 나라경제에서 상품과 서비스, 화폐의 흐름을 의미한다. 유통활동은 제품과 서비스의 이전활동을 의미한다. 이러한 유통활동은 소유권 이전의 상적유통과 물리적 이전의 물적유통으로 분류된다.

상류(상적유통; Commercial distribution)는 유통과정에서 구입과 판매를 통한 소유권이전 활동을 의미한다. 유통과정에서 상품의 소유권은 제조자에서 도매상으로 도매상에서 소매상으로 소매상에서 소비자로 이전된다. 물류(물적유통; Physical Distribution)는 상적유통 성립이후 상품의 실질적, 물리적 이전에 관계되는 유통활동으로 운송, 보관, 하역, 포장, 정보 등으로 구성되어 있다.

유통업은 일반적으로 도매업과 소매업으로 구분된다. 도매업은 유통과정에서 최종소비자와의 상거거래를 제외한 유통활동으로 도매업은 소매업과 산업체 등에 상품을 판매한다. 이에 비해 소매업은 최종소비자들에게 상품을 판매하는 유통업이다. 유통산업은 도매업, 소매업, 제조업의 판매부분을 말한다(강영문, 2010).

그림 | 유통산업 성장의 거시경제적 효과 및 전달과정

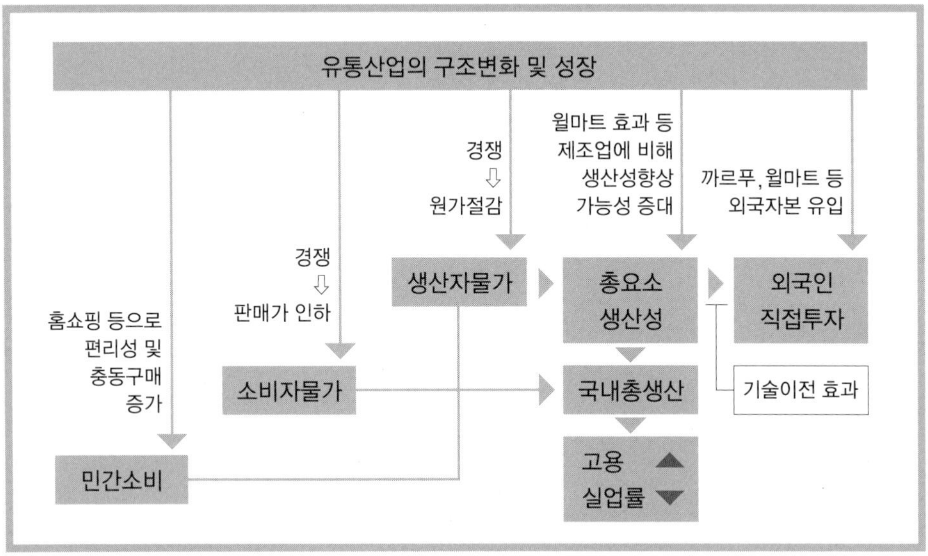

자료: 서용구(2006)

3. 화교는 동남아 유통경로를 장악

화교들은 식민종주국의 유럽계 무역업자와 토착민사이에서 상품의 수집과 분배의 유통경로를 장악하고 있었다. 식민종주국의 유럽계 무역업자에 의해 수입된 소비재는 화교에 의해 전적으로 판매되었고, 토착민이 생산한 현지 생산물은 주로 화교에 의해 수집되었다.

화교가 동남아 거주국의 수집, 분배, 소매, 도매의 유통경로를 장악하고 있었기 때문에 대규모 외국자본도 화교를 유통중개자로 활용할 수밖에 없었다(이덕훈, 2005: 17).

이처럼 화교는 동남아에서 유럽인과 토착민의 사이에서 유통을 담당했다. 즉 식민세력의 유럽인의 수입 상품판매와 원료공급을 해주는 중개인의 역할을 하면서 화교경제는 주로 유통을 중심으로 한 상업이 핵심을 이루었다(박기철, 2001: 3).

Tip **유통경로**

유통경로(Distribution Channel)는 제품이나 서비스가 제조자로부터 소비자에게 이동하는 통로나 과정 및 단계를 말한다. 이러한 유통경로에는 제조자와 소비자 사이에 다양한 중간상이 중간에 개입한다. 유통경로는 상품별로 상이할 뿐만 아니라 동일한 상품이라도 지역과 국가에 따라 다를 수 있다. 유통관리는 유통경로를 설계하고 관리하는 과정을 의미한다. 유통기관은 유통경로를 구성하는 유통업체(도매업, 소매업)를 말한다(안영일, 2006: 강영문, 2010).

그림 | 유통경로와 유통산업의 구조

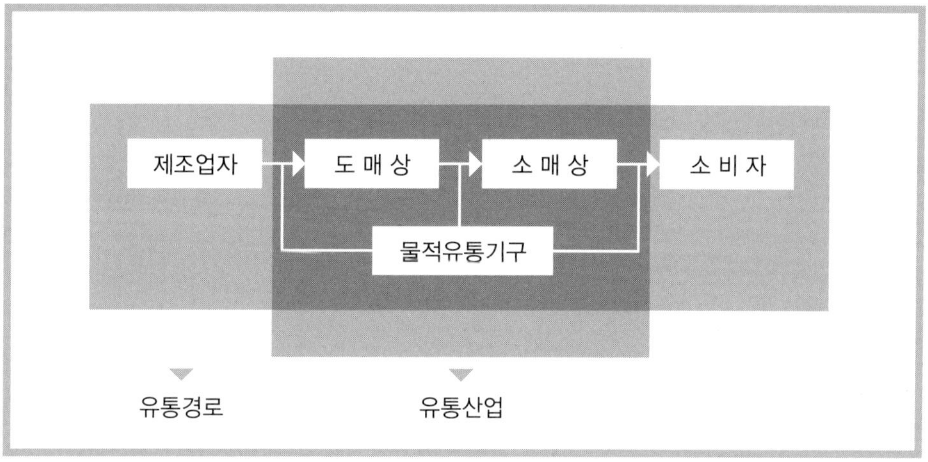

4. 수출입은 백인, 국내유통은 화교

식민지배 시기 동남아에서는 화교를 매개로 해야만 유통시장에 참여할 수 있을 만큼 화교는 유통경로를 독점하고 있었다(김영민, 2004). 영국이 말레이시아를 식민지배하던 시기 말레이시아 수입의 약 80%, 수출의 50%는 영국 상인이 주도하였다. 말레이시아 수출입을 영국상인이 장악한 대신 화교는 영국인이 수입한 수입품의 국내판매와 말레이시아 토산품의 수집과 중매를 장악하였다.

특히 말레이시아 화교들은 영국상인들이 진출하지 않은 말레이시아의 산간벽지까지 진출하여 국내유통을 장악하여 토착민에게 생활 일용품을 판매하고, 동시에 말레이시아 각 지역의 토산품을 구매하여 이를 화교 소매상이나 도매상에게 판매했다.

Tip 무역이란 무엇인가

· 무역 = 국제상거래 + 국내상거래
　　= 수출 + 수입
　　= 수출입업자 + (물류업, 보험업, 금융기관, 세관 등)

· 상품의 흐름: 수출업자 → 수입업자
　　상품을 원하는 시기에 안전하게 인도받을 수 있는가(수입업자 고민)

· 화폐의 흐름: 수입업자 → 수출업자
　　대금을 확실하게 지급 받을 수 있는가(수출업자 고민)

표 | 무역에 영향을 미치는 통상환경

환율, 무역규제, 국제원자재가격, 국제상품가격, 국제금리, 경쟁국가 경쟁력, 상품의 경쟁력

수출에 긍정적인 무역환경	수출에 부정적인 무역 환경
평가절하	평가절상
주요 우리상품 수입국의 시장개방 확대	주요 우리 상품 수입국의 무역규제 확대
주요 수출상품의 국제상품 가격 인상	주요 수출상품의 국제상품 가격 하락
국제원자재 가격 하락	국제원자재 가격 인상
국제금리 하락	국제금리 인상
주요 경쟁국가 경쟁력 저하	주요 경쟁국가 경쟁력 향상
주요 우리 상품 수입국의 경기호황	주요 우리 상품 수입국의 경기침체
수출상품의 경쟁력 향상	수출상품의 경쟁력 하락
노사관계 안정	노사관계 불안정
국가 신인도 향상	국가 신인도 하락

자료: 강영문(2010)

Tip **무역과 통상의 차이점**

국제통상 = 무역의 확대된 개념(국제통상 〉 무역)

무역과 통상의 차이 = 시장개방 게임의 룰의 변화
→ 교역대상의 확대, 시장개방의 확대

무역 = 일부 공산품만 시장 개방

통상 = 농산물을 포함한 모든 공산품 시장 개방
+ 서비스 시장 개방 + 지적재산권 보호 등

자료: 강영문(2010)

표 | 무역입국론과 신통상국가론의 비교

	무역입국론	신통상국가론
주거래대상	재화	재화, 서비스, 생산요소(지식요소포함)
경쟁요소	노동	노동, 자본, 기술, 지식 등
경쟁력조건	가격	품질 등의 비가격
경쟁조건	비교우위	절대우위
정책수단	보조금, 관세 등의 가격경쟁력	경쟁, R&D, 민간창의력 등 비가격 경쟁력
정책수단의 성격	단기	장기
정책접근방법	부분적 접근	총체적 접근

자료: 심영섭(2000.5)

5. 등짐장수에서 도매상까지 그리고 고리대금업까지

식민지배 시기 동남아의 화교상인은 성공한 도매상부터 이제 막 장사를 시작한 등짐장수까지, 대도시에서 산간벽지의 오지에 이르기까지 종횡으로 연결되어 있었다. 이 과정에서 화교들은 토착민에게 일용품을 외상으로 주기도 하면서 고리대금업을 병행했다.

▶▶▷ Check Point | 채자점과 Corredores

채자점(菜菜占)은 필리핀에서 화교들이 농촌지역에서 운영하였던 소매점을 의미한다. Corredores는 화교소매상이 고용한 행상이다. Corredores는 주민들의 집을 직접 방문하면서 상품을 팔았다(홍원선, 2012). 화교들은 채자점과 Corredores를 통해 동남아의 농촌까지 진출하였다.

표 | 아시아 · 태평양계 민족별, 산업부문별 사업분포 (단위: 사)

산업부문	전체	인도계	화교계	일본계	한국계	베트남계	필리핀계	하와이계	기타
농림어업	9,726	358	774	4,407	557	2,230	739	247	414
제조업	10,121	878	2,685	1,813	1,905	1,947	643	126	554
운송과 공공 서비스	11,940	2,812	2,576	1,352	1,582	708	1,432	149	1,329
광산	360	112	100	69	16	6	24	8	25
건설	13,391	1,199	3,298	2,128	3,249	823	1,448	384	862
도매무역	10,654	1,634	3,510	1,826	1,908	330	793	93	560
소매	88,761	9,314	25,803	9,051	26,161	6,646	6,099	689	4,998
금융 · 보험 · 부동산	27,297	3,537	8,906	4,227	2,736	1,132	5,145	286	1,328
서비스	165,342	29,787	37,232	26,291	28,604	10,461	21,846	2,077	9,044
기타	17,739	2,638	4,833	2,638	2,586	1,388	2,243	220	1,196
합계	335,331	52,266	89,717	53,372	69,304	25,671	40,412	4,279	20,310

자료: 왕샤오핑(1994)

6. 화교의 사업발전 과정

화교는 동남아 상업망을 지배
노동자 → 상인 → 유통업자

서구 열강의 식민지배 시기 화교는 대규모 제조업이나 대형 무역업에서는 서구 식민세력과 일본 상인에게 열세였지만, 도매유통 중개업에서 독점적인 우위를 점하여 동남아 각국의 유통경로를 장악했다. 화교가 동남아에 첫 발을 디뎠을 때는 대부분 빈손이었지만 노동자에서 행상으로 그리고 유통업자로 발전해 갔다.

그림 | 1906년과 1922년 화교 종사업종 비교

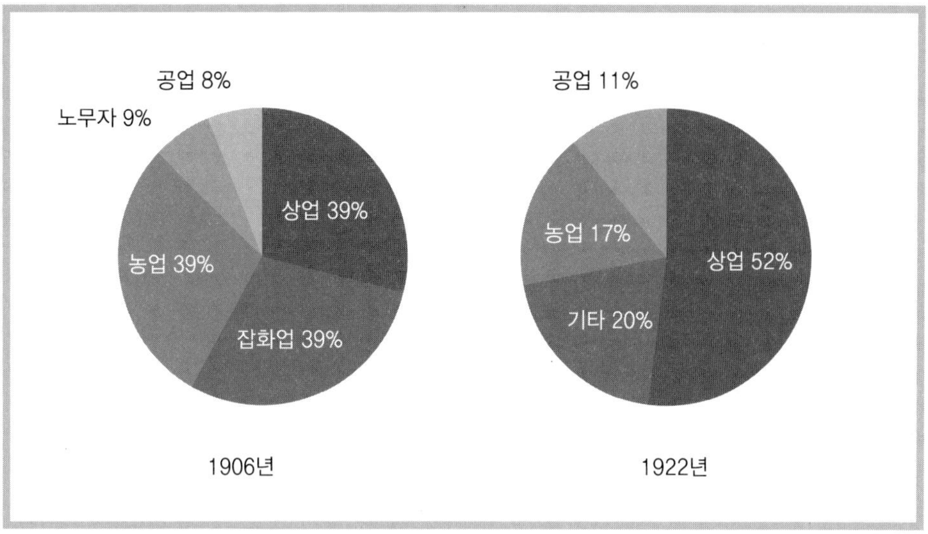

자료: 왕샤오핑(2004)

7. 화교의 자본형성의 토대는 소규모 상업

화교들의 초기 자본형성은 이민경제의 전형적 특성인 소규모 상업에 의해 시작되었다(kiep, 1999). 동남아지역의 화교들은 경제적 빈곤으로 조국을 떠나 동남아로 이주한 사람들이 대부분이었다. 따라서 이들에겐 장사를 할 수 있는 밑천이 전혀 없었다. 동남아에 이주한 화교들은 노동에 의한 생계유지가 급선무였다. 화교들은 노동으로 축적한 자금으로 동남아에 거주하고 있는 화교들을 상대로 생필품을 판매하는 상인으로 상업을 시작하였다.

8. 동남아 식민지배의 특징과 화교의 자본 형성

식민지배의 목적: 영토의 지배 ↔ 무역독점

당시 동남아지역은 구미선진제국의 식민통치를 받고 있었는데 이들의 식민지배의 목적은 전통적인 국가의 국민이나 국토가 아니라 해외무역독점과 개발되지 않은 토지에서 수출용 1차산품을 대규모로 생산하여 수출하는 것이었다 이러한 환경에서 화교들은 축적된 자본으로 서양의 식민세력과 동남아의 전통경제를 매개시켜 주는 중간상인의 역할을 하면서 더 많은 자본을 축적할 수 있었다(kiep, 1999).

9. 식민지배 시기 화교자본의 특징

식민지배 시기 동남아 화교자본의 특징은 첫째, 동남아 화교자본은 초창기 화교의 혈연과 지연에 의존한 경제활동에 의해서 자본이 형성되었고 방언집단의 보호와 제약에 의해서 지배되었다. 둘째, 식민지배시기 동남아 화교자본은 초창기에 동남아의 생산부문에는 거의 참여하지 못했고, 상업부문에 집중되었는데 무역보다는 국내 유통에 집중되었다(김지연, 2002).

생각해봅시다 **식민지배 시기 동남아 화교자본이 생산부문에 집중되지 못하고 국내 유통 부문에 집중된 이유는 무엇인가?**

10. 화교의 부동산 투자와 도시화

일반적으로 화교들은 상품의 중개나 판매 등으로 사업을 시작하여 이를 기반으로 하여 부동산이나 금융 등 수익성있는 사업으로 진출해 왔다(정구현, 2001: 504). 동남아 화교의 성공요인의 하나는 시의적절한 부동산 투자이다. 동남아 화교들이 부동산에 투자하는 이유는 토지를 소중하게 생각하는 중국의 유교적 문화전통과 부동산을 담보로 활용할 수 있기 때문이었다.

부동산은 화교자본의 가장 중요한 기폭제가 되었다. 동남아시아 경제가 서구 열강들의 식민지배로부터 독립 이후 조국 근대화과정에서 고도성장함에 따라 동남아 도시들의 부동산 가격이 급등하였다.

근대화 과정에서 동남아 도시들의 부동산 가격 상승은 화교들에게 엄청난 부를 선사했다. 지금도 대부분의 화교기업은 부동산 회사를 소유하고 있는데 동남아지역의 부동산 가격의 상승에 따라 금융기관의 대출 확대로 신규사업을 용이하게 할 수 있었다. 1990년대 중반 상위 500대 화교기업의 주력업종은 일반적으로 부동산 산업이었다(이성준, 2000: 595).

화교의 성공요인중에 하나는 부동산 투자이다. 동남아 화교기업들은 부동산을 많이 보유하였는데 동남아의 개발로 인해 부동산가격이 상승하여 부동산을 담보로 은행대출을 확대할 수 있어 새로운 사업을 용이하게 할 수 있었다.

동남아 화교들은 국토가 좁은 싱가포르와 수도 집중도가 높은 태국의 방콕, 필리핀의 마닐라, 인도네시아의 자카르타 등의 동남아 대도시의 부동산에 대한 투자를 확대하여 대규모 자본을 축적하였다(박번순, 2012).

500대 화교기업중 에서 부동산을 주력 업종으로 하는 화교기업은 싱가포르의 City Develpoments Limited, 말레이시아의 Resorts World Berhad, 필리핀의 Philippines Developement 등이 대표적이다(김영민, 1996).

11. 화교와 금융산업

전당포, 고리대금업 → 금융업

화교는 동남아에서 초창기에 전당포나 고리대금의 영세금융으로 금융산업에 발을 디딘 후 동남아 금융산업을 장악하였다(박번순, 2012). 동남아 어딜 가나 화교 금융기관이 있을 정도로 동남아 금융산업은 화교가 장악하고 있다. 동남아 10대 은행 중 50%가 화교기업이다(김영민, 1996). 동남아의 대표적인 화교 금융기관은 다음과 같다. 태국의 Bangkok Bank Public Co., Ltd, Thai Farmers Bank Public Co., Ltd, 인도네시아의 PT Pan Indonesia Bank Tbk 등이 있다.

표 | 홍콩, 동남아시아 지역의 화교계 은행의 총자산 순위와 자기자본 비율

순 위	은 행 명	국가・지역	자산(백만달러)	자기자본 비율(%)
1	방콕 銀行	태국	43,357	9.30
2	華僑 銀行	싱가포르	36,808	11.80
3	大華銀行	싱가포르	32,724	10.07
4	農民銀行	태국	25,225	9.60
5	華聯 銀行	싱가포르	23,969	9.50
6	東亞 銀行	홍콩	14,494	10.30
7	大華 銀行	말레이시아	14,305	6.7
8	第一都市 銀行	태국	9,846	10.60
9	인도네시아 國際銀行	인도네시아	7,431	8.7
10	達利 銀行	싱가포르	6,919	12.90
11	力甫 銀行	인도네시아	4,273	8.9
12	廖創業 銀行	홍콩	3,498	16.50
13	工商 銀行	싱가포르	2,882	16.60
14	홍콩 華人 銀行	홍콩	2,776	8.30
15	福華 銀行	말레이시아	2,422	8.30
16	四海通 銀行	싱가포르	2,068	9.80
17	新加坡 銀行	싱가포르	2,049	8.20
18	華聯銀行 (말레이시아)	말레이시아	1,981	10.20
19	大華銀行 (말레이시아)	말레이시아	1,921	8.80
20	亞洲銀行	홍콩	1,467	11.60
21	싱가포르 國際銀行	싱가포르	1,381	9.10

자료: 蔡林海(1998), Asia Week(1997), 왕샤오핑(2004)

12. 물물교환과 금융의 연계 비즈니스

식민지 시기 소규모 유통에 종사한 화교들은 현금이 부족한 동남아 토착민들에게 상품값의 일부를 현금대신 농산품으로 받았다. 화교들은 농민들로부터 상품값 대신 받은 농산품을 되팔았다. 이처럼 화교들은 상품을 판매한 이익과 농산물을 판매한 이익을 얻었다. 또한 화교들은 토착민에게 상품판매 과정에서 고리대금을 하였는데 이 고리대금업은 먼 훗날 화교 금융산업의 토대가 되었다(정성호, 2004.2.10).

▶▶▷ Check Point | 제2차대전 이전 동남아 국가별 화교들의 자본 축적의 특징

제2차세계대전 이전 동남아 화교경제는 약 1백년 동안 상당한 부를 축적하였다. 동남아 국가별 화교들의 자본축적의 특징은 다음과 같다. 태국의 화교들은 왕실무역의 대행과 쌀 유통, 징세청부업의 독점으로 부를 축적하였다. 말레이시아와 인도네시아의 화교들은 주석과 고무의 플랜테이션으로 부를 축적하였다. 필리핀은 상업을 통해 부를 축적하였다(홍원선, 2012).

▶▶▷ Check Point | 세계대공황과 동남아 화교의 부의 축적

서구열강의 동남아 식민지배 이후 동남아의 자급자족형 농촌경제는 상업형 농업경제로 전환되었는데 세계대공황은 동남아 농촌경제을 초토화시켰다. 동남아 토착농민들은 대공황을 거치면서 빚 때문에 토지를 잃고 소작인으로 전락하는 경우가 많았다. 그런데 농민들로부터 토지를 몰수 하는 사람들이 대부분 화교였다(今川映一, 1999). 대공황은 동남아에서 토착민들의 화교에 대한 경제적 종속을 가져왔다.

제3장 동남아 국가들의 독립 이후 화교의 자본형성

동남아시아 화교기업들은 서비스 시장과 자원을 장악

1. 동남아 국가들의 독립과 화교의 위상 변화

제2차세계대전이 연합국의 승리로 끝난 이후 동남아 국가들은 시기적으로 다소 차이는 있지만, 하나, 둘 서양의 식민세력으로부터 정치적인 독립을 쟁취하였다. 동남아의 신생 독립국가들은 경제 재건과 경제자립에 눈을 돌리기 시작했다.

신생독립국가에서는 민족적 애국심에 의한 경제적 민족주의가 부상하였고 독립정부는 자국내에 있는 외국인 소유기업과 화교기업을 견제대상으로 삼았다. 이러한 독립정부의 경제정책에 의해 화교기업들은 식민지배 시기에 비해 비즈니스 활동이 제한되었고, 독립정부의 간섭을 받게 되었다.

그러나 결과적으로 독립정부의 민족주의 성향의 경제정책에 타격을 받은 것은 외국자본이었고, 화교들은 제조업 등으로 업종을 전환하여 큰 타격을 받지 않았다.

또한 동남아국가들은 민족자본이 형성되어 있지 않은 신생독립국가로서 경제발전을 이루기 위해 경제정책을 추진할 기업과 자본이 필요했다. 이런상황에서 식민지배 시기 부동산, 금융, 유통분야에서 자본을 축적하였고, 기업경영 경험이 있는 화교를 배제하기는 힘들었다.

▶▶▷ Check Point | 유럽인과 일본인이 떠난 후 적산재산과 화교

동남아 화교들은 제2차 대전 후 동남아을 지배했던 서구 열강과 일본이 떠나면서 발생된 적산재산을 식민지배시기에 축적된 재산으로 매입하여 자본을 증대하였다(박형기, 2007).

2. 1960년대 국내외 경제정책 변화와 화교기업

1960년대 이후 세계경제가 변화되고, 동남아 각국 정부에 의해 새로운 비즈니스 환경이 조성되면서 화교들은 전통적인 상업중심의 서비스업에서 사업영역을 다각화했다.

화교기업은 유통업의 중간상, 도매상, 수출입상 뿐만 아니라 보험, 관광, 항공운수 등의 다양한 서비스 업종에 진출하였다. 또한 석유화학, 전자·전기, 금속·기계 등 다양한 제조업 분야까지 진출하였다(김영민, 1996).

화교는 2차 대전 이후 외국 기업의 현지대리인으로서 자본을 축적하고 규모를 키워 1960년대 말과 1970년대 초에는 주식시장에 상장했다(왕왕버, 2009).

3. 동남아 정치권력과 주변인 화교

동남아 화교들은 이민사회의 일반적인 특징인 거주국 사회의 주변인이었기 때문에 거주국에서 생존과 사업을 전개하기 위해서 거주국의 정치권력과 연계가 필요했다(kiep, 1999).

특히 동남아 화교들은 거주국의 정치권과 상호 도움이 되는 비즈니스 관계를 정립하였다. 동남아 각국가들의 정부는 표면적으로 민족주의와 자립경제의 추진으로 화교기업과 화교자본을 제한하고, 배제하고 싶었지만, 민족자본과 자국기업이 육성되지 않은 현실에서 실제로는 상당부분 화교기업과 화교자본을 통한 경제발전 전략을 선택할 수밖에 없었다.

4. 정경유착의 달콤한 혜택

제2차 대전 이후 세계의 많은 국가들이 식민종주국으로부터 독립하였다. 독립은 기뻤지만, 많은 신생독립국가들은 내부 이해집단간의 갈등과 부정부패의 늪에 빠졌다. 동남아도 예외는 아니었다.

특히 화교기업 중심의 경제정책을 추진하는 동남아 정부와 화교기업간의 정경유착도 지속되었다. 동남아 정치권력자와 화교기업간에 주공관계(主公關係), 관상관계(官商關係), 정상관계(政商關係)가 형성되었다(홍원선, 2000).

화교들은 정치권과의 밀접한 관계를 통한 사업 확장을 이루었는데 정경유착의 특혜는 다종다양했다. 예를들어 화교기업은 해당국가의 정부로부터 정부에서 추진중인 신규 산업분야에서 독점적 지위를 얻거나 특혜성의 저금리 융자금을 지원받거나 수입관세를 면제받는 등 다양한 경제적 해택을 받았다(kiep, 1999).

5. 동남아 각국의 최대 은행은 모두 화교가 장악

우리 인간이 건강하고, 활력있게 활동을 하려면 혈액공급이 원활하게 이루어져야 한다. 한 나라의 경제와 기업경영에서 금융은 인간의 신체에서 혈액공급과 같은 역할을 한다. 금융을 통한 원활한 자금 공급은 경제와 기업을 움직이는 핵심이다.

동남아 각국의 금융산업은 화교들에 의해 장악되었다. 태국 최대은행인 방콕은행의 소유주는 화교인 전유한(陳有漢)이고 싱가포르 최대은행인 화차오(華僑)은행의 소유주는 리청웨이(李成偉)이다. 말레이시아 최대은행인 퍼블릭 은행의 소유주도 화교인 정홍뱌오(鄭鴻標)이다.

한국의 최대 은행과 주요 은행을 외국인 기업이 소유하고 있다는 것이 상상이 되는가?

물론 한국도 아시아 외환위기 이후 시중은행중에 2곳이 외국인 자본에 매각된 경우는 있지만, 대다수의 한국의 은행은 한국인의 소유이다.

▶▶▷ Check Point | 태국 방콩은행은 동남아 화교기업의 자금줄

1950년대 태국 방콕은행(盤谷銀行, Bangkok Bank)의 친家(Chinfamily)는 동남아의 화교기업인 말레이시아 로버트 콱 그룹(Robert Kuok Group)과 인도네시아 사림 그룹(Salim)의 주요한 자금 공급원의 역할을 해주었다. 이처럼 동남아의 화교기업은 국내시장을 넘어 국경을 초월하여 국가간 자금지원 등 다양한 형태로 경제협력을 하였다.

▶▶▷ Check Point | 화교 은행의 국경을 초월한 협력

태국의 소폰파니치 그룹의 방콕은행과 인도네시아 린사오량의 제일퍼시픽 은행은 일반적으로 화교 방언 그룹간의 배타적인 비즈니스 관행을 타파하여 화교들의 중국 출신지역을 고려하지 않고 동남아 화교에게 자금을 제공하여 화교들이 동남아 다른 지역으로 비즈니스를 확대하는데 큰 도움을 주었다(김종식, 2004).

표 | 500대 화교 기업의 주요 산업 분야 (단위: 사)

순 위	기업수	비중(%)
토지 부동산 개발	119	20.8%
은행 금융 보험	63	12.8%
호텔	37	6.5%
컴퓨터 반도체 통신	31	5.4%

자료: http://www.seoulchinatown.com/

6. 식민 전후 화교자본의 형성과정

화교들은 식민 지배자와 토착인의 중계자로서의 역할과 화교특유의 천부적인 상술을 바탕으로 화교자본을 축적하였다(박기철, 2001: 7). 화교들의 대규모 화교자본의 형성과정은 1960년 이후 동남아 화교 거주국들의 공업화 추진과정에서 이루어졌다(이덕훈, 1998: 5). 화교자본은 동남아 거주국의 초기 공업화 과정에 시의적절하게 대응하면서 경제적 특권을 향유하게 되었다.

필리핀에서는 필리핀 정부에 의해 1950년대 관세, 수입통제, 외환통제 등의 보호주의적 수입대체 공업화가 진행되자 화교들은 전통적으로 공업제품의 수입과 국내판매에 집중했던 비즈니스 패턴에서 공업부문으로 전환하였다(박사명, 2000).

7. 화교자본의 공통된 특징

동남아 화교들의 자본형성과정이 모두 동일하지는 않지만, 화교의 일반적인 성향과 독립 이후 동남아 국가들의 경제정책 방향이 유사하여 다음과 같은 부분에서는 화교자본의 형성과정의 공통분모를 찾을 수 있다.

첫째, 대부분의 화교기업은 부동산과 금융업에 진출하였다. 부동산과 금융업은 상호 시너지효과를 발휘하면서 화교자본 형성의 토대를 제공하였다.

둘째, 화교기업은 기업의 규모가 대형화되면 단기적인 이익을 추구하는 상업자본가에서 중공업, 사회간접자본 등에 투자하는 산업자본가로 변신하였다.

셋째, 아시아시대의 도래에 발 맞추어 화교자본은 동남아 역내뿐만 아니라 중국 등 동북아로 진출하고 있다.

넷째, 화교들은 해외진출 시에 아시아지역에 퍼져있는 화교네트워크를 활용한다(이덕훈, 2005, 5-19).

▶▶▷ Check Point | 동남아의 공업화 정책과 화교

동남아 국가들은 1960년대에는 노동집약형 소비품을 수입대체하는 공업화를 추진하였고, 1970년대에는 노동자본 집약형 상품을 수출하는 공업화를 추진하였다. 1980년에는 기술집약적인 중화학공업화를 추진하였다(홍원선, 2012). 동남아 화교들은 이러한 동남아 국가들의 단계별 공업화 정책에 참여하면서 성장을 하였다. 특히 인도네시아와 태국의 화교기업들은 각국 정부의 공업화 정책에 부응하여 제조업에 진출하여 성장하였다. 1960년대에서 1970년대 태국의 유니온 그룹은 태국정부가 민간기업을 중심으로 공업화를 추진할 때 섬유, 가전산업 등을 중심으로 발전하였다(이재유, 2008).

8. 화교는 산업자본가로 변신중

초기사업 → 산업자본가

화교자본은 동남아 식민지 시기에 일반적으로 1차산품 기반형과 상업기반형이었으나, 독립 후 공업화 과정을 거치면서 기업가로 성공한 화교들은 최근들어 산업자본가로 변모하였다. 동남아의 식민시기에 화교는 동남아에 임시거주자의 지위였고, 그 당시에는 대부분의 화교자본이 소자본이어서 제조업에 진입할 수가 없었다(이덕훈, 2005: 20). 최근 화교기업의 중국투자는 전체 중국투자의 80%를 차지하고 있다(정구현, 2001: 504).

9. 아시아 외환위기와 화교기업

1997년 태국의 바트화 폭락을 기점으로 확산된 아시아 외환위기는 동남아 화교기업의 경영전략에 큰 혼란을 주었다. 아시아 외환위기가 발생하기 전인 동남아의 고도성장기(1985~1995)에 대규모 차입을 통해 무분별하게 투자를 확대했던 많은 화교기업들은 자산 손실과 재무구조 악화로 경영난에 직면하게 되었다.

화교기업들은 경영정상화를 위해 자산을 매각하고, 내부적으로도 대규모 구조조정을 하였다. 특히 일부 화교기업들은 외국기업에 매각되거나 국유화되었다. 화교기업 내부적으로도 후견인 역할을 했던 정치인들이 뒷선으로 물러 났다.

동남아 화교기업들은 동남아 역내의 경쟁 심화에 대비하고 글로벌화의 토대를 마련하기 위해 규모의 경쟁(Volume Game)에 뛰어 들었다. 특히 동남아 외환위기 이후 기업 구조조정을 통해 견실한 재무구조를 확충한 화교기업들은 대규모 인수합병을 추진하였다(김경훈외, 2013).

10. 화교기업의 국제화과정

일반적으로 동남아 화교기업의 국제화 과정은 국내사업이 어느 정도 본 궤도에 오르면 홍콩에 현지사무소를 설치하여 중화경제권의 교두보를 마련하고 중국투자를 본격적으로 하였다. 그 이후 화교기업들은 아시아의 다른 나라로 투자를 단계적으로 확대하였다. 동남아 화교기업이 홍콩사무소를 설치하는 것은 중국의 관문으로 진출하는 것뿐만 아니라 국제자본시장에 연결됨을 의미한다. 태국 차로엔 폭판드 그룹, 말레이시아 홍레옹 그룹, 인도네시아 살림그룹, 리포그룹 등이 이와 같은 국제화 과정을 거쳐 글로벌 기업으로 발돋움 했다(ADB, 2013).

▶▶▷ Check Point | 동남아 화교기업간 국경을 초월한 상호투자

태국의 화교기업인 방콕은행은 말레이시아 곽그룹의 홍콩 샹그리라 호텔에 지분 참여를 하고 있고, 말레이시아의 화교기업인 곽그룹은 인도네시아의 화교기업인 사림그룹을 통해 인도에 설탕을 수출하고 있다. 또한 사림그룹이 생산한 밀가루는 곽그룹을 통해 말레이시아로 수입되고 있다(홍원선, 2012).

Tip **국제화(internationalization)는 국경을 초월한 경제활동의 지리적 확장을 의미한다.**

11. 자원산업과 화교기업

최근 글로벌 통상에서 중국과 인도의 경제성장으로 자원에 대한 수요가 증가하였다. 이로 인해 동남아에서 자원분야를 장악하고 있는 화교기업들의 성장세가 시현되고 있다. 특히 아시아 외환위기 이후 화교 소유의 동남아 곡물기업들의 성장이 지속되고 있다.

또한 최근들어 글로벌 수요가 증가하고 있는 팜오일은 화교기업인 말레이시아 곽그룹의 윌마르 인터내셔널과 인도네시아 시나르마스그룹의 골든아그리리소시스가 플랜테이션 농장을 토대로 팜오일 시장을 장악하고 있다(Asean, 2013). 글로벌 자원전쟁이 치열해지고 있어 동남아 자원분야 화교기업의 위상은 더욱 올라가고 있다.

12. 화교가 최근 인프라 개발에 투자하는 이유

전통적으로 화교들은 초기 투자금액이 크고 투자 자금의 회수가 장기간인 인프라 개발에는 투자를 잘 하지 않지만, 최근들어 인프라 개발에 대한 투자를 확대하고 있다. 가장 큰 이유는 인프라 개발사업의 수익성보다는 인프라 개발 주변 지역의 부동산 개발권을 획득할 수 있고 피투자국의 정부와 우호적인 관계를 정립하여 경제적 특혜를 받을 수 있기 때문이다. 실제로 리카싱은 중국의 항만 인프라 건설에 참여하여 중국 동부 연해의 주요 항만 운영권과 부동산 개발권 등을 획득하였다(박형기, 2007).

13. 화교 제조업의 특징과 화교자본의 후발 아세안에 대한 투자

동남아 화교 제조업은 수출상품보다는 거주국 국내의 수입대체 품목에 편중되어 있다. 또한 화교 제조업은 동남아에 진출한 일본기업과 합작으로 내수산업에 진출하는 경우가 많다. 싱가포르, 태국 등의 선발아세안 국가의 화교기업들은 이제 막 개혁개방을 시작한 후발 아세안 국가인 미얀마, 캄보디아, 라오스 등에 투자를 확대하고 있다(박번순, 2009).

14. 동남아 화교자본의 형성과정의 특징

동남아 화교자본의 형성은 전통적 산업기반형, 경제발전 주변형, 공업기반형 세 가지로 분류할 수 있다(김지연, 2002).

첫째, 전통적 산업기반형에는 동남아시아의 대표적인 1차산업인 고무, 주석, 사탕수수 등을 기반으로 발전한 화교자본이다.

둘째, 비공업분야 발전형은 금융, 부동산, 호텔, 등 서비스 산업을 기반으로 발전한 화교자본이다.

셋째, 공업기반형은 동남아 각국 정부가 추진하는 제조업 육성정책에 발맞추어 성장한 화교자본이다.

15. 동남아 국가별 화교기업 순위

2010년 상장기업 시가총액 기준으로 중국을 포함한 세계 1,000대 화교기업중에서 동남아 화교기업은 81개이다. 국가별로는 싱가포르 기업이 31개, 말레이시아 기업이 24개로 선두그룹을 형성하고 있다. 후발그룹인 태국, 필리핀, 인도네시아 기업은 8~9개 정도이다. 싱가포르의 은행과 태국의 은행들이 상위권을 차지하고 있다.

선발그룹과 후발그룹의 차이가 큰 이유는 싱가포르와 말레이시아가 상대적으로 자본시장이 잘 발달되어 있기 때문이다. 또한 동남아 다른 지역 화교기업들이 증권시장에 기업상장을 머뭇거리고 있기 때문이다(박번순, 2012).

표 | 세계 1,000대 화상기업 중 동남아 기업의 수(2010년 기준) (단위: 백만달러)

국 가	기업 수	시 가	매 출	순이익	총자산
동남아	81	324,308	139,437	17,519	794,744
싱가포르	31	148,218	59,166	7,200	406,603
말레이시아	24	86,271	35,444	4,833	188,995
태국	9	34,633	17,288	1,939	123,881
인도네시아	8	24,977	15,053	1,364	31,109
필리핀	9	30,209	12,486	2,183	44,156

자료: http://www.yzzk.com/html/events/2010_1000/

표 | 동남아의 주요 화교기업 (단위: 억달러)

기업명	글로벌기업 순위	국적	업종	매출	순익	시총
윌마르 인터내셔널	246	싱가포르	농산	432	15	251
OCBC	399	싱가포르	금융	58	18	246
UOB	403	싱가포르	금융	59	18	232
퍼블릭 뱅크	651	말레이시아	금융	37	11	156
카시콘 뱅크	679	태국	금융	49	8	122
겐팅	739	말레이시아	레저/부동산	61	9	129
방콕뱅크	745	태국	금융	37	9	115
골든아그리리소시스	940	싱가포르	농산	58	12	72
IOI 그룹	1,119	말레이시아	금융	53	7	110
구당가람	1,399	인도네시아	담배	42	5	115
CP ALL	1,714	태국	편의점	49	3	95

주: 국적은 상장국가 기준
자료: Forbes, 2012 The Global 2000 DB. 김경훈 Seri(2013)

제1장 전통적 화교 경영

1. 화교삼도(華僑三刀)

화교삼도 = 종자돈을 모을 수 있는 수단, 창업의 수단

화교삼도란 중국인이 해외로 이주할 때 돈을 벌기 위해 가지고 가는 세 개의 칼(三刀)을 의미한다. 중국인들은 일반적으로 어디에서나 인간 생활에 가장 필요한 것이 먹고, 입고, 이발하는 것이라고 생각했다.

세 개의 칼이란 중화요리점의 부엌칼, 양복점의 재단 칼(가위), 이발소의 미용 칼(가위)을 말하고 이를 화교삼도라고 한다. 화교는 삼도를 통해서 창업에 필요한 종자돈을 모았다. 화교는 삼도를 통해 최소한의 자본만 축적되면 양소(小商, 小販)라는 전통적 업종을 통해서 창업을 했다(박형기, 2007). 화교는 이 세가지 칼을 밑천삼아 해외에서 자신들의 사업영역을 확대해 나갔다.

▶ 초창기 화교의 간이 미장원

▶ 초창기 화교의 간이 이발소

2. 화교의 비즈니스 3종 세트 = 유통, 부동산, 금융

2차 대전 이후 동남아 화교들은 부동산, 유통, 금융산업에서 자본을 축적하여 호텔 등의 동남아 서비스 산업을 주도하고 있다(김경훈 외, 2013). 이처럼 동남아 화교기업의 대부분은 유통업 · 금융업 등을 토대로하여 새로운 분야로 다각화하고 있다. 화교자본은 전통적으로 상업자본적인 특징이 있었으나 최근들어 화교자본은 상업자본에서 산업자본으로 변신 중이다.

생각해봅시다 상업자본과 산업자본의 차이는 무엇인가?

생각해봅시다 자본주의와 화교자본주의의 차이점은 무엇인가?
자본주의 = 소비, 화교자본주의 = ?

3. 전통적 화교경영의 특징

화교기업은 전통적으로 단기적인 수익이 높고, 자본회전율이 높아 신속히 환금화할 수 있는 사업분야에 투자를 선호하였다. 이에비해 장기적 투자에 대해서는 신중에 신중을 거듭하는 사업 자세를 보여 왔다(김영태 외, 1998). 그러나 최근들어 화교기업이 대형화되면서 중장기적인 투자도 증가하고 있다.

화교기업은 전통적으로 가족경영과 방언집단에 기초한 네트워크를 통해 자금과 정보를 폐쇄적으로 관리한다. 이러한 화교기업의 경영 특징은 이역만리에서 조국의 아무런 보호없이 기업 활동을 하면서 고착화된 부분과 중국인이 전통적으로 중요하게 생각하는 지연, 혈연의 가치관이 결합된 산물이라고 할 수 있다(이덕훈, 2004).

제2장 화교기업의 성공전략

1. 화교들의 비즈니스 성공요인

화교들의 비즈니스 성공요인으로 Freedman은 화교들의 기업가 정신과 이민의 역사를 들었으며, Haley는 화교들간의 네트워크를 통한 유연성과 정보의 획득능력을 들었다. 동남아 화교기업간에 상호협력관계를 구축할 수 있었던 요인으로

Huntington은 이념을 뛰어 넘는 문화적 동질성을 들었다(정구현, 2001: 504).

화교기업들은 다른 서구기업들에 비하여 언어, 혈연, 문화 등의 문화적 연대가 강하여 결속력이 강하고 단결심이 높아 사업을 성공적으로 추진하는 경우가 많다(이승신, 2005: 36).

▶▶▷ Check Point | 화교들의 긍정적 사고방식과 만만디

화교들은 이주초기 이국땅을 떠돌면서도 여유와 긍정적인 마음을 가지고 있었다 화교들은 "홍콩이 싫으면 싱가포르가 있어요" 하는 식으로 긍정적인 사고방식을 갖고 이국 땅에서 살아가고 있다. "중국인들이 가는 곳이 바로 중화(中華)의 나라다." 라고 자신감을 갖고 살았다.

또한 화교들은 만만디(漫漫支)에 의해 비즈니스를 치밀하게 추진하였다. 만만디는 게으르다는 의미가 아니다. 만만디는 침착하고, 치밀하게 계산하여 손해보지 않으면서도 적을 만들지 않는 비즈니스 관계를 의미한다(정성호 ,2004).

▶ 식민시기 화교노점상

▶ 힘든일 마다하지 않는 화교

2. 화교비즈니스 = 인간관계

화교는 특유의 신용관계에 의존하여 초지역적, 초국가적으로 형성된 화교의 상업적, 금융적 네트워크를 사업에 활용한다(박기철, 2001: 4). 화교의 비즈니스는 인간관계를 중시하고 인간관계는 신뢰를 토대로 이루어 진다.

제3장 화교의 자금조달 시스템

화교사회는 담보없이도 자금조달이 가능한 사회

1. 화교의 최고 덕목은 신용

신용 〉 계약서

화교 모든 집단에서 가장 중요하게 여기는 최고의 덕목은 신용이다. 만약 어떤 화교집단에서 신용을 잃게 된면 그 개인은 화교집단에서 탈퇴를 해야 한다. 이러한 집단내의 질서의식과 신뢰성으로 인해 화교네트워크가 지금까지 잘 유지 해 올 수 있었다(스털링 시그레이브, 2002, 169-190).

화교비즈니스에서는 계약서보다 개인의 신용이 더 중요한 경우가 많다.네트워크사회인 화교사회에서 신용을 못지킨 경우 그 사실은 화교사회에 알려지고, 화교네트워크에서 비즈니스를 할 수 없게 된다(이학규, 1997: 129).

이러한 화교의 신용에 기초한 비즈니스로 인해 화교사회는 금융기관과 같은 외부기관의 도움없이도 계약의무를 자체적으로 수행할 수 있다. 이처럼 화교들간에는 개인의 말 한마디가 곧 신용이다(박형기, 2007, 44-45).

▶ 식민시기 화교모임

2. 화교의 신용시스템은 비즈니스 비용을 낮춘다

화교의 친족, 동향집단간의 거래는 계약이 아닌 신용을 바탕으로 한다. 이러한 화교의 내부적인 신용에 기반한 비즈니스는 비즈니스 비용을 획기적으로 감소시켜 준다. 화교의 신용시스템은 그들끼리 담보없이도 자본조달을 가능하게 해 준다. 화교 신용시스템은 비지니스 상대가 누군지 알아보는데, 채무자를 보증하는데 드는 비용과 시간을 줄여준다.

Tip 무역신용조회의 3C's

격지간의 거래인 무역거래의 신용조회에 있어 반드시 조사해야 할 내용으로 Character, Capital, Capacity 등 3C's(Three C's)가 있다.

첫째, Character(인격)

Character는 비즈니스 상대방의 성실성(integrity), 비즈니스 태도(attitude toward business), 업계의 평판(reputation), 계약이행에 대한 열의(willingness to meet obligations) 등에 관한 내용이다.

둘째, Capital(자본)

Capital는 비즈니스 상대방의 재정상태(finacial status)을 말하는 것으로 수권자본(authorized capital), 납입자본(paid-up capital), 자기자본과 타인자본의 비율 등 지급능력에 관한 내용이다.

셋째, Capacity(능력)

Capacity는 비즈니스 상대방의 비즈니스 형태, 연간매출액 및 생산능력, 연혁 등 비즈니스 능력(business ability)에 관한 내용을 의미한다. 3C's외에도 비즈니스 상대국의 정치 · 경제적 상황인 Country와 비즈니스 상대국의 통화상태인 Currency를 포함하여 5C's라고도 한다(강영문, 2010).

3. 화교기업 비공개의 장점과 단점

전통적으로 화교기업은 자본시장에 공개하는 것을 꺼린다. 가장 큰 이유는 폐쇄적으로 운영되는 화교기업의 사업상 내부기밀이 유출될 수 있기 때문이다. 이러한 화교기업의 비상장 태도는 기업경영에 있어 장점이 될 수도 있고, 단점이 될 수도 있다. 가장 큰 장점은 기업을 상장하지 않으므로 기업의 내부정보를 공개할 필요가 없어 내부비밀을 보호할 수 있고, 외부 자금에 의존하지 않기 때문에 기업 인수합병으로부터 기업을 보호할 수 있다. 그러나 이러한 화교기업의 비상장 관행은 외부자금의 조달을 원활하게 할 수 없게 하여 화교기업이 글로벌 기업으로 비상하는데 부정적인 영향을 미치고 있다(박형기, 2007).

4. 화교기업도 직접금융과 간접금융의 매력에 빠지다

화교기업은 자금조달을 친족과 방언집단에서 주로 용이하게 한다. 그러나 자본의 규모가 일정 한도를 넘어서면 친족과 방언집단과 같은 사적인 채널을 활용하는 것보다 제도권의 은행을 통한 간접금융과 증권시장을 통한 직접금융으로 대규모 자금을 조달하는 것이 더 용이하고 비용도 줄일 수가 있다. 인도네시아에서는 최근 증권시장을 통해서 사업자금을 조달하고 있는 상위 10개 기업 중 화교기업이 8개나 차지하고 있다.

▶▶▷ Check Point | 계와 화교 자금조달

화교들의 자금조달은 한국에서 지인들간에 돈을 불리는 계와 비슷하게 아무런 보증없이 친족과 방언집단내에서 신용만을 기반으로 현금을 융통하였다.

제4장 화교의 가족경영

1. 화교경영 = 가족중심주의 = 유교적 전통

화교의 해외 생활과 화교의 기업경영방식의 특징중의 하나는 가족중심주의이다. 화교기업의 장점은 가부장적 경영방식, 소규모 조직 등이다. 화교의 가족경영의 일반적 특징은 개인적 네트워크와의 연결, 소규모 단순조직, 중앙집권화된 정책결정, 소유와 경영의 일치, 온정주의적 조직, 특정 단일시장 및 품목집중, 고도의 전략적 융통성 등이다. 이러한 특성들은 화교의 유교적 전통과 가족주의적 사고방식에 기인한 것으로 분석된다(박기철, 2001: 4; S.Gorden Redding, 1990: 49-50).

표 | 동남아 화교 기업들의 동향

국가명	기업명	최근동향	협력회사(분야)
말레이시아	사림	주력인 식품사업 축으로 자동차 등 강화	아사히그룹홀딩스(청량음료)
	시나루마스	자원. 종이펄프에서 쇼핑몰로 확대	이온(쇼핑센터)
	리포	싱가포르 음료대기업 놓고 1조엔 규모 매수전	테마섹홀딩스(소매업)
필리핀	SM	초대형 소매기업에서 쇼핑몰에도 공세	패스트리테일링(의류)
	고콘웨이	미얀마에서 과자생산 계획	다이소산업(문구, 일용품)
태국	CP	주력 식품사업을 인도네시아 등에서 확대	상하이자동차(자동차)

자료: 일본경제신문

▶▶▷ Check Point | 전쟁과 자연재해가 남긴 화교의 경영관습

중국은 역사적으로 수 많은 전쟁이 있었고 전쟁이 남긴 상처는 중국인들로 하여금 가족과 가까운 친척외에는 아무도 믿지 못하게 만들었다. 또한 언제 발생할지 예측할 수 없는 전쟁이나 자연재해를 대비해 현금을 보관하게 만들었다. 화교들은 재산은닉을 대수롭지 않게 생각한다. 전쟁이나 자연재해가 발생하면 곧바로 떠나야할 준비가 돼 있어야 하기 때문이다(박형기, 2007, 45).

2. 가족경영의 특징

소유권 = 경영권

화교는 돈만이 스스로를 보호하는 수단이라 믿고, 부를 쌓는 데 전력을 기울였다. 이와 같은 전통은 기업경영에 그대로 이어져 가족경영이라는 화교의 전통적인 경영방식을 낳았다(김영민, 1996).

화교기업은 전통적으로 가족경영의 형태를 유지하고 있다. 화교의 가족경영의 특징은 소유권의 집중, 가장의 권위, 가족독점 경영, 가족계승 등이다(이승신, 2005: 36). 화교기업의 관행화된 가부장적인 사고방식은 기업경영에 있어서 중앙집권적인 의사결정의 형태를 띠고, 라인조직이 중요시되어 스태프의 역할은 축소되고 있다(이성준, 2000: 597).

화교기업의 이러한 가부장적인 기업문화는 화교 고용주와 종업원 사이의 장기적인 인간관계를 형성하게 하여 화교기업은 불황 시에도 직원을 잘 해고하지 않는다. 또한 기업승계와 승진에 있어서도 장남에게 상속하고 인사에 있어서도 연공서열제가 적용된다(박형기, 2007, 44-45).

화교기업은 가족이 기업을 통제하기 때문에 관료주의가 개입될 여지가 적어 신속한 의사결정을 할 수 있다(Murray Weidenbaum, 1996). 화교기업은 전통적으로 중앙집권적인 One-Man 경영체제로 운영된다. 가족중심의 One-Man 경영체제는 조직내의 불합리하고, 다단계적인 관료주의적 폐해를 줄여 서양의 경쟁기업들보다 신속히 사업기회를 파악하고 추진할 수 있다. One-Man 경영체제는 이처럼 외부환경의 변화에도 신속하게 대처할 수 있는 장점이 있다. 특히 정치, 사회적 변화가 큰 동남아지역에서 화교기업이 성장할 수 있었던 것은 One-Man 경영체제로 신속히 대응할 수 있었기 때문이다(김영민, 1996).

이처럼 가족경영의 핵심은 가족이 기업의 소유권뿐만 아니라 동시에 경영권까지 갖고 있어 외부환경의 급격한 변화와 사업기회에 신속하게 대응할 수 있다. 또한 기업내부 감독에 대한 비용을 절감할 수 있고 가족관계로 높은 단결력을 유지할 수 있다(이승신, 2005: 36).

그림 | 동족기업의 관계 이미지

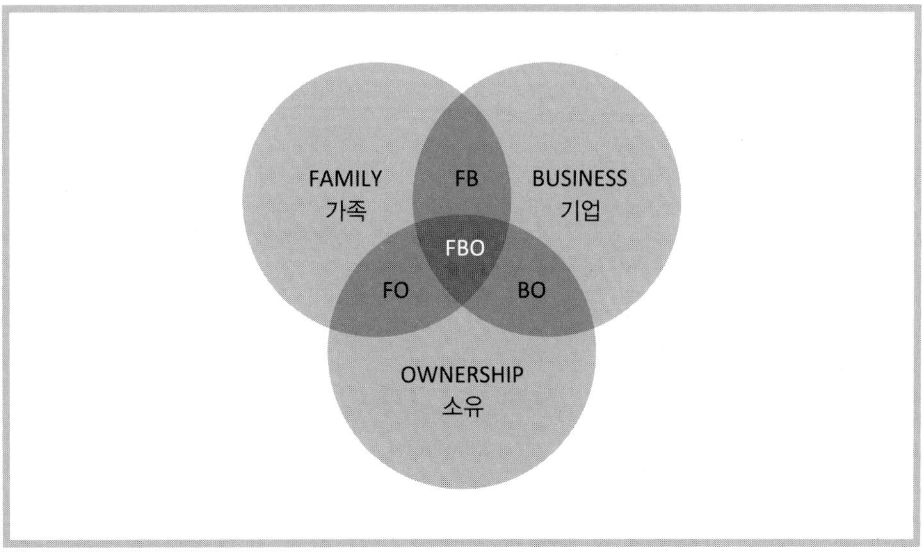

자료: 왕샤오핑(2004)

그림 | 동족 경영의 변천 과정

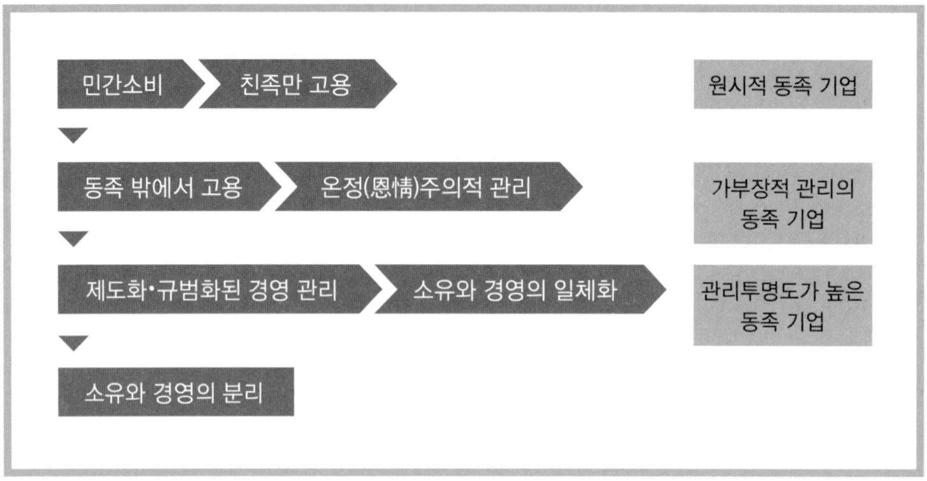

자료: 왕샤오핑(2004)

▶▶▷ Check Point | 유교가 화교경영에 미친 영향은 무엇인가

화교네트워크의 특징에 가장 큰 영향을 미친 것 중 하나가 유교사상이다.

화교사회에서는 유교의 전통적인 계급의식이 존중되고 있다. 화교 집단들은 가부장제도에의해 집단의 최고 권위자가 뽑히게 되면 그를 무조건 인정하고, 그의 명령에 절대적으로 복종한다(Sterling Seagrave, 2000, 169-190).

공자사상은 자본주의 시장경제에 다음과 같은 긍정적인 영향을 미쳤다. 공자사상은 책임감, 노동윤리에 대한 자부심, 근검절약, 저축률의 향상을 가져왔다(Murray Weidenbaum, 1996).

그림 | 화교계 기업의 지배 구조

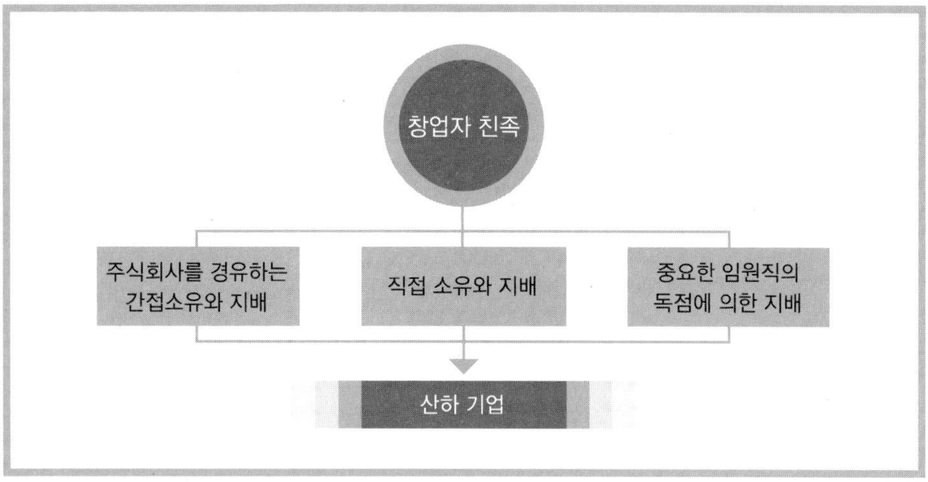

자료: 왕샤오핑(2004)

표 | 화교의 일반적 특성

구 분	특 징
역사적 소산	부계 위주, 인간불신, 개인주의, 위기의식
개인 태도	상하 구분, 친소관계 엄격, 현금 선호
조직 운영	소규모 경영, 지분소유욕, 저표준화, 중앙집권적, 라인 조직 선회(스태프 불필요)
경영 방식	기획관리 : 폐쇄적, 중앙집중적 실적 위주 재무관리 : 엄격관리 인력관리 : 비조직적 관리, 역할분담 미흡 생산관리 : 재고 최소화 마케팅 : 박리다매, OEM 위주

자료: Ruth McVey, Southeast Asian Capitalists, Southeast Asia Program, 이문봉(1994).

▶▶▷ Check Point | 화교경영 = documentless trade

화교기업은 중앙집권적인 강력한 One-Man 경영체제로 기업경영이 사주의 비공식적 거래에 의존하는 경우가 많아 불필요한 서류작성과 서류보관, 서류결재 등의 paper work의 부담을 최소화한다.

One-Man 경영체제의 화교경영에서는 비즈니스 정보가 주로 대화로 교환되고, 결정되기 때문에 문서화 과정을 줄여 비용과 시간을 절감할 수 있다. 특히 신용을 중시하는 화교사회에서 화교기업간의 상호신뢰는 비즈니스의 기본적인 토대가 되어 매매나 공동투자를 계약서류 한장없이 진행하는 경우도 많다(김영태, 1998).

3. 가족경영의 문제점

일반적으로 One-Man 중심의 화교경영체제에서는 경영자 일인의 비공식적이며 직관적인 방식에 의해 의사결정을 한다. 그런데 이러한 경영자 1인의 주관적인 직관에 의한 의사결정이 잘못된 경우 기업이 파국에 직면할 수 있다(이재유, 1997). 가족경영의 가장 큰 단점은 가족구성원들의 전문성이 떨어질 경우 기업의 경쟁력이 급락할 수 있다.

가족경영은 기업이 가족에게 상속되기 때문에 치열한 경쟁의식이 없고, 무능력한 친인척이 기업의 중요한 자리를 차지하여 기업의 경쟁력을 떨어드릴 수 있다. 실제로 동남아 화교기업의 최고 경영자들은 2세, 3세 경영자들의 경영능력 부족에 불만이 많다(Murray Weidenbaum, 1996).

화교기업의 특징이자 강점이고 단점은 가족경영이다. 가족경영의 가장 큰 단점은 전문 CEO 부재로 인한 경쟁력 저하이다. 실제로 인도네시아 제2의 재벌인 아스트라(Astra)그룹의 소유주 소르자야 가문이 1992년 후계자 에드워드 소르자야의 무능으로 인해 계열기업인 수마은행(Suma Bank)이 파산하는 사태가 발생하였다(김영민, 1996).

Tip 재무제표

재무제표(financial statements)는 기업의 재무상태와 영업성과와 같은 재무정보를 기업의 이해관계자에게 보고하기 위해 작성하는 회계서류를 말하는 것으로 재무제표에는 대표적으로 대차대조표와 손익계산서가 있다.

대차대조표(balance sheet)는 일정시점에 있어서의 기업의 자산, 부채, 자본을 화폐단위로 표시한 재무제표이다. 대차대조표는 대차대조표 일 현재 기업의 모든 자산, 부채 및 자본을 표시한다. 손익계산서(income statement)는 일정기간에 있어서 기업의 경영성과를 나타내는 재무제표이다. 손익계산서의 기본적인 세 요소는 수익, 비용, 순이익이다. 순이익은 수익에서 비용을 차감하면 된다. 재무회계의 목적은 주주 등의 기업 이해관계자에게 매년 결산기마다 회계정보를 제공하는데 있다. 관리회계는 내부회계제도로 기업의 내부보고로 활용된다(강영문, 2010).

표 | 화교의 가족경영의 장단점

순 위	장 점	단 점
수직 협력	•조직과 조직구성원의 이해와 목표 일치 •근면 성실한 하층부 종업원의 복종 •원활한 상하관계의 지속	•조직내 파벌 형성 가능성 •하층부 종업원의 창의성 및 개성 반영 미흡 •권한·책임범위의 불분명
수평 협력	•거래비용의 축소 •인맥 네트워크의 높은 신뢰성 •인맥 기반하에 융통성 발휘 가능	•협력범위 확대 제약:중소기업화 •불신과 통제:인력과 자금 한계 •중소 규모에 따른 기술발전 한계
통제	•강한 경영책임 의식 •경영자에 대한 신뢰 •관료주의적 통제 시스템 불필요 : 비용 절감	•중립성과 전문성 미흡 •통제 목표 불명확:목표 변경 •통제 중점 분야 불분명:상호조정 취약
적응성	•전략적 유연성 •신속한 대응	•비합리적인 판단에 따른 위기 가능성 •조직의 이완과 토론문화 결여

자료: Ruth McVey, Southeast Asian Capitalists, Southeast Asia Program, 이문봉(1994).

4. 화교기업과 서양기업의 차이점

서양 기업은 일반적으로 비즈니스 의사결정을 객관적인 조사에 의해서 한다. 서양 기업은 임금과 자금조달의 결정을 공식적인 제도나 문서 절차에 의해 객관적으로 진행한다. 이에비해 화교기업의 임금과 자금조달 등은 아직도 사주의 사적인 영역으로 남아 있는 경우가 많다. 화교기업의 사주나 최고경영자는 일반적으로 직원들의 임금, 자금조달 등의 결정을 독단적으로 처리할 수 있는 실질적인 권한을 갖고 있다.

▶▶▷ Check Point | due diligence review ↔ intuitive + practical

전통적으로 서양기업들은 과학적이고, 체계적인 사업성 분석(due diligence review)을 토대로 비즈니스를 수행한다. 이에 비해 화교기업들은 사주의 직관적(intuitive)이고 실제적(practical) 추진력에 의해 비즈니스를 수행한다(이재유, 2012).

5. 화교기업은 동북아 가족경영보다 더욱 가족중심의 경영

가족중심의 경영은 동북아시아, 동남아시아 모든 지역에서 전통적으로 나타나는 특징중에 하나이다. 한국, 일본의 기업에서도 가족중심의 경영은 많이 찾아 볼 수 있다. 또한 동남아 국가의 토착기업에서도 가족중심의 경영은 많이 있다. 그러나 가족중심 경영의 정도에서 화교기업은 그 범위가 넓다(이광원, 2002).

화교기업이 가족경영에 집착하는 이유는 절박함과 불신이다. 외국에서의 절박함과 타인에 대한 불신이 가족경영을 더욱 부채질 했을 것으로 추정된다.

표 | 아시아 화교기업 상위 500개사의 오너 경영자의 비율 (단위: 사)

	1997년			2000년		
	동일 경영자 *	지주 회사 **	소 계	동일 경영자	지주 회사	소 계
1~100개 회사	52	16	68	61	20	81
101~200개 회사	47	18	65	45	19	64
201~300개 회사	45	17	62	51	19	70
301~400개 회사	52	15	67	46	17	63
401~500개 회사	57	10	67	52	11	63
계	253	76	339	255	86	341

주: * 최대 지주가 회사 대표와 동일인물인 경우.
** 확실하게 동족 지배의 지주 회사가 최대 지주이고 경영자가 창업자 친족인 경우.
자료: 「亞洲 週刊」(홍콩), 1997. 11. 3, 2000. 10. 30.

생각해봅시다 동남아에서 가족기업(family business)과 전통적 가족제도(traditional family system)의 상관관계는 무엇인가

생각해봅시다 화교의 가부장(patriarch), 권위주의적(authoritarian) 지배구조(governance structure)와 한국기업의 공통점과 차이점은 무엇인가

생각해봅시다 오너경영은 단점만 있는가

▶▶▷ Check Point | 정경유착과 재산은닉 = 야반도주

과거 아시아에서 정치권에 대한 뇌물과 권력가의 후원 없이 비즈니스에서 성공하기는 쉽지 않았다. 화교도 이 같은 점을 일찍 간파하고 카멜레온처럼 현지에 잘 적응했다.

또한 화교는 정경유착으로 축적한 재산이 전쟁 등으로 현지국에 몰수 당하는 것을 피하기 위하여 재산을 국외로 빼돌리거나 야반도주하는 것을 부끄럽게 생각하지 않는다. 현재 전 세계 통화량의 60% 가량이 해외에 숨겨진 것으로 추론되고 있는데, 이중 상당 부분이 화교들의 것으로 추정되고 있다(박형기, 2007). 화교들이 경험적으로 갖고 있는 신념에 기초한 경구중에 다음과 같은 말이 있다. '당신의 가방을 언제라도 쌀 수 있도록 준비하라' (Murray Weidenbaum, 1996).

▶▶▷ Check Point | 화교들의 비밀주의의 원인

동남아 화교들이 부를 축적하는 과정과 기업경영에서 비밀주의를 선호하는 이유는 해외 거주지역에서 경제적으로 성공하지 못한 현지민들의 질투심을 없애기 위함이다. 또한 재정적자에 시달리고 있는 현지 정부로부터 부당한 요구를 받지 않기 위해서이다(Murray Weidenbaum, 1996).

제5장 화교기업의 변화

1. 선진 경영기법 도입

아시아 외환위기 이후 화교 기업들은 전통적인 경영방식인 가족기업 중심에서 지주회사, 합자회사, 다국적기업으로 변모하였다. 또한 화교기업들도 가족경영의 기존 한계를 극복하여 경영의 효율을 높이려고 선진경영기법을 도입하고 있다.

폐쇄적인 가족경영의 대명사 화교기업들이 변모하고 있다. 화교기업들이 전문 경영인과 외국인 관리자를 영입하고 있다. 태국의 소폰파니(Sophon-Panit)가문이 이끄는 방콕은행은 전문경영인을 영입하였고, 말레이시아 로버트 곽(Robert Kuok)의 샹그리라 호텔 체인의 경영간부에는 서양인을 영입하였다(김영민, 1996). 그러나 화교기업은 가족경영의 본질까지 손대지는 않는다.

Tip 리스트럭처링과 리엔지니어링

리스트럭처링(restructuering)은 경영자원의 통폐합을 의미한다. 기업의 시설과 인력 등의 경영자원을 통폐합하여 기업경쟁력을 향상시키려는 신경영전략이다.

리엔지니어링(BPR; business process reenginneering)은 정보기술을 활용하여 비즈니스 프로세스(업무의 흐름)를 근본적으로 재조정하고 바꿔 업무의 효율을 증대시켜 고객만족을 추구하는 신경영전략이다.

Tip 벤치마킹과 아웃소싱

벤치마킹(bench marking)은 선진기업이 시행착오를 거쳐 검증된 경영기법이나 기술 등을 자사의 관련부분에 접목하여 비용과 시간을 절감하려는 신경영전략이다. 아웃소싱(outsourcing)은 기업이 핵심사업에만 집중하고 부수적인 부문이나 경쟁력 없는 부분을 제3자에게 위탁하는 신경영전략이다(강영문, 2010).

2. 화교기업의 경영다각화

1990년대 이후 동남아 화교기업들은 거대한 화교자본을 토대로 다양한 비즈니스 영역으로 경영다각화를 추진하고 있다. 화교기업들은 전통적으로 한가지 업종에 주력하는 것이 특징인데 자본이 축적되면서 사업을 다각화하고 있다. 화교기업의 다각화 유형은 다음과 같다. 첫째, 동남아 식민지시대의 주력 사업인 고무, 쌀, 설탕, 금융, 무역 등의 비공업부문에서 발전하여 사업을 다각화한 유형으로 말레이시아의 곽그룹과 싱가포르의 OCBC가 대표적인 사례이다.

둘째, 동남아 경제발전에 따른 부동산 개발을 통해 사업을 다각화한 유형으로 싱가포르의 혼룽그룹이 대표적인 사례이다. 셋째, 동남아 각국 정부의 산업육성정책에 의해 공업분야에서 발전한 유형으로 인도네시아의 사림그룹이 대표적인 사례이다(김영태, 1998). 넷째, 유통기업에서 제조업을 다각화한 경우로 인도네시아의 아스트라(Astra)그룹은 트럭의 수입업자로 성공한 후 도요타 대리점을 획득하여 자동차 조립생산으로 다각화했다(이덕훈, 2004).

▶▶▷ Check Point | 전통적인 화교기업의 부연부주(不熟不做) 관념

화교기업의 전통적인 부연부주(不熟不做)의 관념은 익숙하지 않은 사업은 하지 않다는 의미이다. 동남아 초기 화교들은 중국에서 행하였던 일들을 중심으로 사업을 하였다(홍원선, 2012).

표 | 세계 500대 화상기업의 주요 진출업종

업 종	진출기업 수	비 고
전자	136	반도체, 컴퓨터, LCD, 가전 등
부동산	86	개발, 매매 등
금융	66	은행, 증권, 보험 등
섬유 · 화학	45	섬유, 의류, 방직, 플라스틱, 화학제품 등
통신 · 영상	38	인터넷, IT 이동통신, 방송 등
호텔 · 관광	34	숙박서비스, 관광개발, 레저 등
식음료	32	식품, 음료, 주류 등
물류	22	항만, 운수, 해운, 창고, 항공 등
에너지	16	가스, 전력 등
유통 · 무역	14	유통, 무역 등
기타	143	설비, 제조, 잡화 등

자료: http://www. wceckorea.org/kr. 이재유(2008)

표 | 동남아시아 화교 자본의 주요 투자 분야

국　가	투자분야
인도네시아	목재 등 자원 채취업과 상업 금융업 및 서비스업 제조업으로는 제당, 방직, 화학 식품 등 소비재 공업
태국	상업 및 제조업 금융업, 부동산업, 기계, 자동차, 전자, 화학 등 주요 산업 전반
필리핀	상업, 무역업, 금융, 관광, 부동산 등 전력, 전신, 공항 건설 등 공공 사업 부문 언론매체
말레이시아	사회 간접 자본 분야 등 공공 부문
인도차이나 반도	도정 및 유통업, 조선과 항운업, 숙박업 등 기계, 고무, 식품 등

자료: 조준현(2009)

제6장 화교기업의 특징

1. 화교가 농업에 종사하지 않는 이유

일반적으로 화교는 부동산 투자를 선호한다. 땅에 대한 애착이 강하다. 그러나 화교는 농업에 종사하기 보다는 땅을 투자의 대상으로 보았다.

2. 화교가 해운업을 선호하는 이유

화교기업들은 이동자산에 대한 투자를 선호한다. 대표적인 산업이 해운산업이다.

현재 전세계 화교가 보유한 선박은 세계 전체의 10% 이상이다. 세계 7대 선박왕 가운데 2명이 화교다(정성호, 2004). 선박은 거주국에 정치경제적으로 문제가 발생하면 다른 나라로 쉽게 이존할 수 있는 자산이다. 화교들이 해운업을 선호하는 이유가 여기에 있다. 선박은 언제든 어디로든 자신의 자산을 옮길 수 있다는 장점이 있기 때문이다.

3. 화교의 인수합병 전략

화교기업의 대부분 창업자금은 친족으로부터 차입하였다. 화교기업은 사업을 확장할 때도 외부차입금보다는 사내 유보금을 활용한다. 화교는 이처럼 기업경영권이 외부에 넘어갈 위험이 없는 내부돈을 선호한다(김재기, 2005). 아시아 외환위기 이후 구조조정을 통해 체력이 보강된 화교기업들은 역내 시장에서 시장을 선점하기 위하여 대규모 인수합병을 추진하고 있다.

글로벌 기업인수전에서 화교기업들간의 경쟁이 치열해지고 있다. 싱가포르의 최대 식음료 그룹인 F&N 인수전에 태국 화교기업 TCC 그룹과 인도네시아 화교기업 리포그룹이 치열한 경쟁을 벌였다(김경훈 외, 2013.2.13). 2조달러 이상으로 추산되는 화교들의 유동자산은 동남아뿐만 아니라 전 세계 각지에서 글로벌 기업인수에 뛰어들고 있다.

4. 화교기업의 지주회사

최근 화교기업들은 대규모 회사를 몇개의 기업으로 분할하여 지주회사 산하에 편입시키고 경쟁력이 없는 회사는 정리하고 있다. 이처럼 화교기업은 일반적으로 지주회사를 소유구조의 정점에 두고 있다.

표 | 동남아 주요 화교기업 (단위: 억 달러)

기업명	글로벌기업순위	국적	업종	매출	순익	시총
윌마르 인터내셔널	246	싱가포르	농산	432	15	251
OCBC	399	싱가포르	금융	58	18	246
UOB	403	싱가포르	금융	59	18	232
퍼블릭뱅크	651	말레이시아	금융	37	11	156
카시콘뱅크	679	태국	금융	49	8	122
겐팅	739	말레이시아	레저/부동산	61	9	129
방콕뱅크	745	태국	금융	37	9	115
골드아그리리소시스	940	싱가포르	농산	58	12	72
IOI 그룹	1,119	말레이시아	금융	53	7	110
구당가람	1,399	인도네시아	담배	42	5	115
CP All	1,714	태국	편의점	49	3	95

주: 국적은 상장국가 기준

자료: 김경훈 외(2013.2.13), Forbes, 2012 The Global 2000 DB.

5. 화교자치, 문화자본과 화교경영

인간의 경제 행위 = 합리적인 이기심 + 문화적 차이

문화적 다양성은 상이한 문화에서 인간행동의 다양성을 가져온다.(프랜시스 후쿠야마)

화교들은 외국땅에서 중국정부에 의지할 수 없었고, 화교사회의 자치에 의존할 수 밖에 없었다. 화교들은 자신의 전통적인 중국문화를 지키면서 동남아 현지문화를 수용하여 자신들만의 문화자본으로 승화시켰다.

화교들의 이러한 문화자본은 화교경영에 고스란히 남아 있다. 화교기업의 폐쇄적 경영, 가부장적인 서열 중심 조직관리, 톱다운 의사결정 등은 화교문화가 경영에 이식된 결과이다.

6. 화교기업의 물류공동화

화교들은 기업경영에서 많은 비용을 차지하는 운송 및 유통비용을 화교기업간에 공동으로 대처하여 유통과 물류 비용을 최소화하고 있다.

Tip 물류관리

물류관리란 원재료의 조달에서부터 생산과정을 거쳐 상품이 최종소비자에게 전달되는 전체 흐름인 운송, 보관, 하역, 포장, 유통가공, 정보활동 등과 이를 수행하는 인력에 관한 모든 사항들을 계획, 조정, 통제하여 경영의 효율성을 극대화하는 경영전략이다(박명섭, 2008).

표 | 물류합리화가 경제에 미치는 영향

물 류	경제에 미치는 영향
물류합리화 → 개별상품가격 하락	물가 하락
물류합리화 → 유통경제 원활	국민경제 균형성장
물류합리화 → 정시배송 → 소비자 만족 ↑	국민후생수준 증가
물류관련 SOC투자 + 기업물류시설 투자 ↑	공공투자 + 민간투자 ↑ → 경제성장, 고용 ↑ → 교통난 해소, 지역발전
물류합리화 → 비용, 시간 절약 + 서비스 ↑	수출증가 → 경제성장

자료: 강영문(2010)

7. 화교의 인맥은 사업의 멘토

화교의 다양한 인맥네트워크는 화교들이 비즈니스를 할 때 중요한 투자조언을 얻을 수 있게 해준다. 동남아 각지에 있는 화교들중에는 총리부터 대기업 총수, 은행가까지 동남아 사회의 오피년 리더가 각계 각층에 두텁게 형성되어 있다. 이러한 화교의 다양한 인맥은 화교 비즈니스에서 시너지 효과를 발휘하고 있다.

8. 동남아 화교기업은 중소기업이 대세

동남아 화교기업 중에는 국내 재벌도 있고, 세계적 수준의 글로벌 기업도 있지만, 현재 동남아시아 화교기업을 총기업 수로 보면 중소기업이 대세이다. 동남아 화교기업들은 이처럼 대부분 중소기업이며, 대기업도 내부를 들여다보면 실제로는 중소기업들이 결합한 경우가 많다.

9. 화교의 위험관리 = 해외분산

동남아 화교들은 대부분 혁명과 전쟁을 경험하였다. 화교들의 이와같은 경험은 기업경영과 투자 위험을 평가할 때 영향을 미친다(Murray Weidenbaum, 1996).

동남아시아 화교들은 동남아의 전반적인 정치적 불안정과 화교배척 분위기를 고려하여 사업영역을 한 지역에 집중하지 않고 여러지역으로 분산시켜 위험을 분산시키고 있다. 동남아 화교들은 거주국에만 투자하지 않고 비상시를 대비하여 선진국에 자산을 분산하고, 높은 수익을 확보하기 위해 중국에 투자한다(이문봉, 1994).

일반적으로 자본분산은 위험회피 수단중의 하나이다. 화교는 가족재산과 기업자산을 한 국가를 초월해 여러국가에 분산하고 있다. 인도네시아의 대표적 화교기업가인 린샤오량은 제일퍼시픽 지주회사를 홍콩에 설립하여 이를 토대로 24개국에서 75개의 회사를 운영하면서 자산의 위험을 분산시키고 있다.

Tip Risk Management

위험은 손해발생 가능성(possibility of loss)과 손해발생의 불확실성(uncertainty concerning the occurrence of a loss)이다(박명섭, 2008). 인간의 경제생활은 지속적인 선택활동들의 연속이다. 이러한 선택과정은 항상 위험(risk)을 수반한다(한낙현 외, 2003). Risk는 미래에 원하지 않거나 좋지 않은 사건이 발생할 가능성을 의미한다(Moor, P.G, 1984). 손인(Peril)은 손해의 원인(cause of loss)을 의미한다. 위태(hazard)는 손해발생의 빈도 또는 강도를 증감시키거나 손해의 발생 가능성을 새로이 만들어 내는 위험요인을 의미한다(Dorfman. M.S. 1988).

위험관리(risk management)는 위험을 발견하고 그 발생 빈도나 심도를 분석하여 가능한 최소의 비용으로 손실발생의 역효과를 최소화하기 위한 제반활동을 말한다(사법연수원, 2011).

위험의 분산(risk segregation)은 위험이 항상 상존하는 비즈니스 환경에서 사고의 피해를 줄이기 위해 기업의 사업소, 공장, 창고 등을 한 곳에 집중하지 않고 여러 지역에 입지시켜 위험을 분산시키는 위험관리 방법이다(정재환, 2008: 21).

국제통상에서는 특정 해외지역이나 해외국가에만 집중하는 수출이나 수입을 지양하고 수출이나 수입의 해외시장을 다변화하여 급변하는 해외시장의 변화로 인한 위험을 줄일 수 있다. 국제통상에서 이러한 해외시장의 다변화전략도 위험분산 전략이다(강영문, 2011).

표 | 위험관리

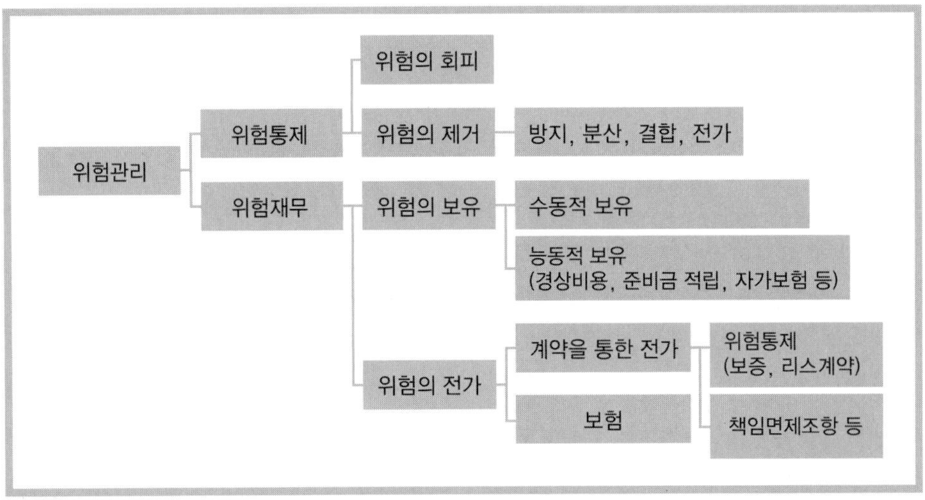

자료: 강영문(2011)

▶▶▷ Check Point | 화교의 Risk Management

화교는 비즈니스를 추진할 때 의심한다.
화교는 비즈니스에 신중한 태도를 보인다.
화교는 위험의 대비에 철저하다.
화교는 손해볼 수 있는 거래는 아예 시도하지 않는다.
화교는 모험을 피한다(정성호, 2004).

10. 화교의 창업 = 삼연네트워크

화교기업은 비즈니스에서 같은 고향, 같은 성씨, 같은 업종이라는 3가지 인연을 중요하게 생각하고 창업할 때 사업자금의 대부, 정보의 공유 등을 3연을 통해 하고 있다(박번순, 2012).

▶ 초창기 화교모임

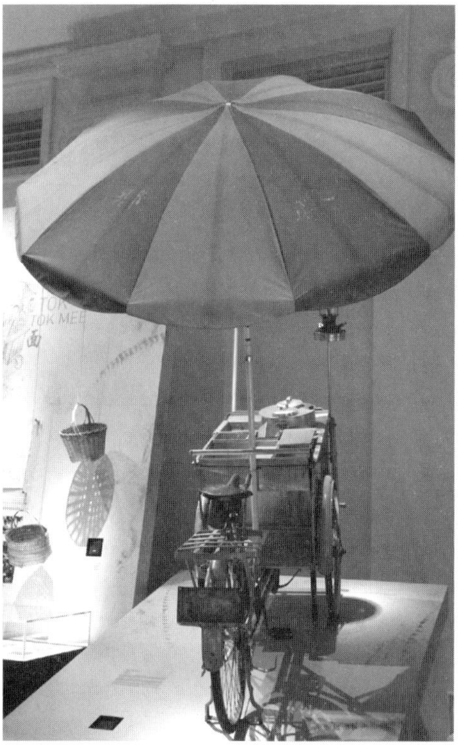

제10부

동남아 화교사회와 토착민의 갈등

제1장 화교사회의 이해

1. 화교사회의 문화적 특징

화교는 동남아에서 힘든 경제활동을 하면서 중화세계를 만들어 중국문화를 유지발전 시키고 있다. 동남아에서 화교사회는 중화민족의 문화적 응집력을 갖고 있다. 화교사회는 해외 거주국의 지역 사회와는 별도로 독자적인 중화사회를 구축하여 중국문화를 계승발전 하였지만 화교는 중국문화를 거주국의 토착민들에게 강요하지 않았다.

2. 화교들의 고난의 경험이 화교사회에 미친 영향

화교를 상대로 조사한 결과를 보면 해외로 이주한 첫 세대 화교기업가의 90%가 전쟁을 경험했으며 40%는 정치적 재난을 겪었고, 32%는 집을 잃었으며, 28%는 재산상의 커다란 손실을 가져온 경제적 재난을 경험한 것으로 조사되었다(김종식, 2012). 화교들의 힘든 역사적 경험은 해외에서 화교사회를 가족중심, 방언별 동향중심으로 뭉치게 하였고, 불안한 미래의 대비를 위해 돈에 대한 강한 집착을 가져왔다. 화교들의 폐쇄적인 네트워크를 통한 비즈니스는 동남아 거주국의 다른 집단과의 교류를 꺼리게 만들었고 이는 갈등의 씨앗이 되었다.

표 | 화교 문제와 갈등 요인들에 관한 4개국 비교

구 분	태국	필리핀	인도네시아	말레이시아
법적, 제도적 차별	없음	없음	중	강
토착인들의 반화교 감정	없음	약/중	중/강	강
화교들의 배타성	약	약/중	중	강
동화의 정도	강	중/강	중	약

자료: 왕대해(2008)

▶▶▷ Check Point | 20세기 초반과 20세기 후반의 화교사회의 차이점

20세기 초반 동남아 화교사회는 중국 본토와 긴밀하게 밀착되어 중국문화를 흡수하려는 경향이 강했다. 그러나 20세기 후반 동남아 화교 사회의 중요한 특징은 동남

아 현지 문화를 수용하여 현지화하고 있다는 점이다(정성호, 2004). 동남아 현지에서 반복되는 반화교 폭동 속에 새로운 대규모 중국인 이민은 중단된 상황에서 현지화만이 살 길이었다.

제2차대전 이후 독립한 동남아 국가들의 탈식민화, 중국의 공산화, 중국과 동남아 국가들의 단일국적 제도의 추진 등으로 화교들의 동남아 현지화가 가속화되었다(박사명, 2000).

그림 | 화교사회의 변화

구(舊)이민	신(新)이민	정치의식	비즈니스
•1965년 이전의 이민 •광동성 주지앙(珠江)델타지역 출신 1세	•1965년 이후의 이민 •중국 본토로부터의 구이민 배우자, 친족 •인도차이나로부터의 화인 이민	•정치적 중립자 •국민당 정부 지지자층 •중국 본토 정권 지지자층	•화인계를 위한 비즈니스 •중소, 영세 사업 •중국 지역으로부터의 비즈니스 거점
•현지 출신의 2,3세 •중국 내전 당시의 국민당 정권 아래 상류 사회에 있던 이민 1세	•중구 본토로부터의 유학 잔류(殘留)자 •화인계 유학 잔류자 •홍콩·대만을 중심으로 한 동아시아 지역으로부터의 투자 이민	•정치 무관심층 •주류 정치에의 적극적인 참가, 참여 •화인 전체의 권익보호를 지향한 활동가, 단체	•주류 사회를 위한 비즈니스 •성공한 거대 비즈니스·벤처 사업, 하이테크 사업 •중국 지역 자본의 현지법인

주류 사회·현지주의

자료: 왕샤오핑(2004)

3. 동남아 화교들의 교육관

동남아 화교사회에서 사회적 신분을 결정짓는 요소는 부의 크기였다. 동남아 화교사회에서 사회적 지위와 교육정도는 상관이 없었다. 따라서 동남아 화교사회에서 학문적 성취는 부를 축적하고 누리는 일종의 사치품이었다.

즉 동남아 화교사회에서 교육은 사회적 지위를 상승시키는 수단이 아니었다. 부를 축적한 화교는 중국인 가정교사를 채용하여 자녀들에게 중국어 경전 등을 교육시켰는데 그 교육의 목적이 한국사회처럼 높은 사회적 지위를 획득하기 위한 것이 아니고, 중국의 전통문화를 전수시키기 위해서였다(홍원선, 2012).

4. 화교들은 동남아 도시에 집중거주

1920년대 동남아경제가 수출호황기에 있을 때 중국인의 동남아 이주가 증가하였다. 베트남의 사이공 쇼롱(shorong)에는 총인구의 50%가 화교였고, 태국 방콕시 총인구의 33%, 영국령 말레이시아 주요 도시의 총인구의 60~80%가 화교였다.

이처럼 동남아에 이주한 화교들은 대부분 도시적 성격을 띤 직업에 종사하여 동남아 도시에 집중 거주하였다. 동남아 토착민들의 눈에는 도시가 이방인의 세계로 변모된 인상을 심어줄 정도였다(今川映一, 1999).

초기 동남아 화교들이 도시에 집중 거주하게된 원인은 동남아 각국의 법이 화교의 거주를 도심지역에 국한시켰기 때문이다(Mary F. Somers Heidhues, 1974).

▶▶▷ Check Point | 대공황으로 도시에서 화교와 토착민간 갈등

전통적으로 동남아 토착민들은 주로 농촌에 거주하였으나, 대공황으로 동남아 농촌에 농업공황이 발생하여 토착민들이 농사를 그만두고 일자리를 찾아 동남아 도시로 몰려 들었는데, 이미 동남아 도시의 단순노동 현장은 화교들이 장악하고 있었다. 이로인해 화교와 동남아 토착민들간에 갈등이 발생하였다(今川映一, 1999).

▶▶▷ Check Point | 동남아 사회에서 초창기 화교들이 정치적 영향력을 키우지 못한 이유

화교들은 동남아사회에서 경제력에 비해 정치적 영향력이 거의 없었다. 가장 큰 이유는 다음과 같다(조흥국, 2000). 첫째, 동남아에서 화교의 활동이 전적으로 상업 등의 경제에 집중되었다. 둘째, 화교는 조국인 중국으로부터 어떠한 정치적 후원을 받지 못했다. 셋째, 화교사회 내부적으로 정치조직이 구성되어 있지 않았다. 이러한 복합적인 원인들로 인해 동남아에서 초기 화교사회는 정치적으로 소외되었다.

▶▶▷ Check Point | 只重經常 不問政治

화교는 지중경상 불문정치(只重經常 不問政治)라는 말처럼 경제활동만 중시하고, 정치활동은 외면하였다. 그러나 최근들어 화교의 경제적, 사회적 지위가 향상됨에 따라 화교정당을 만들거나, 해외현지인들과 연합하여 정당을 결성하여 적극적으로 정치에 참여하고 있다(리단, 2009).

▶▶▷ Check Point | 동남아 소수민족과 화교의 차이점

동남아에는 많은 토착 소수민족이 있다. 화교도 싱가포르와 말레이시아를 제외하고 대부분의 동남아 국가에서 소수민족이다. 동남아 토착 소수민족은 자신의 주체성을 지키기 위해 다수민족에게 대항하여 정치적, 행정적 자치를 요구하는 경우가 많다.

이에비해 동남아 화교들은 자신이 속한 동남아 사회의 다수민족에게 대항하지도 자치를 요구하지도 않았다. 화교학교와 중국어 신문을 통해 정체성을 유지했을 뿐이다(Mary F. Somers Heidhues, 1974).

표 | 역대 노벨상 수상 화교 명단

	수상자	수상분야	수상연도
1	리정다오(李政道)/양전닝(楊振寧)	물리(2인 공동수상)	1957
2	새뮤얼 C.C. 팅(丁肇中)	물리(2인 공동수상)	1976
3	리위안저(李遠哲)	화학(3인 공동수상)	1986
4	스티븐 추(朱逮文)	물리(3인 공동수상)	1997
5	다니엘 추이(崔琦)	물리(3인 공동수상)	1998
6	가오싱젠(高行健)	문학	2000
7	로저 챈(錢永健)	화학(3인 공동수상)	2008
8	찰스 쿠엔 가오(高君)	물리(3인 공동수상)	2009

자료: 왕왕버(2013)

5. 화교사회의 변화와 양극화

화교들은 다 부자인가

동남아 화교사회에도 양극화 현상이 발생하고 있다. 동남아 거주국에서 노동자 신분으로 대부분 빈민 계층이었던 화교들은 거주국가에서 각자의 경제활동의 성과에 따라 대기업 총수부터 소상인, 노동자까지 양극화가 심화되고 있다.

제2장 화교의 다양한 실체와 갈등의 많은 이유들

1. 화교는 단순히 이기적인 장사꾼인가, 애국자인가

"화교는 동양의 유태인이다". 1910년 태국 국왕 라마 6세는 신문에 이렇게 화교를 표현했다. 그리고 자신이 그렇게 표현한 이유를 다음과 같이 상세히 밝혔다. "화교와 유태인의 가장 큰 공통점은 인종차별 태도다. 세계 어느 곳에 있는 화교든지 그들은 오로지 동족만을 전적으로 신뢰한다."

"그리고 오로지 이기적인 일만을 추구한다. 그들의 목표는 오직 하나뿐이다. 그것은 가능한 한 모든 재산을 모은 후 빨리 그 나라를 빠져나가는 것이다. 그들에게 의무감이라는 것은 조금도 존재하지 않는다.

그들은 온갖 특권과 이권에 달려들면서도 어떠한 책임도 지려고 하지 않는다. 그들에게 있어 동족을 제외한 다른 모든 인종은 사기, 약탈, 이용을 당해도 괜찮은 야만인들에 지나지 않는다. 그들은 태국 국민의 피를 빨아먹는 흡혈귀와 다름없다. 그들이 중국 본토에 송금하는 이유는 사랑과 자비심 때문이 아니고 오로지 재산을 빼돌리기 위해서일 뿐이다"(김정우, 2000, 108-110).

태국 국왕의 주장이 실체적 진실이다면 화교는 약삭빠른 장사꾼일뿐이고 그들의 중국투자도 애향심과는 전혀 상관없는 차가운 비즈니스의 연장선으로 해석될 수 있다.

그러나 신해혁명 당시 동남아 등의 해외에 거주하고 있던 화교들은 중국의 혁명을 적극적으로 도왔다. 이에 손문은 화교는 중국의 어머니라고 까지 칭송하였다. 또한 중국의 본토가 일본의 침략을 받은 이후 해외화교들은 애국심으로 헌금을 모금하고, 화교자신이 거주하는 해외현지에서 일본제품의 불매운동을 하였고, 무장투쟁에 참여하기도 했다(박기철, 2001: 1). 또한 2008년 5월 13일 중국 쓰촨(四川) 대지진이 발생했을 때 화교들이 중국에 보낸 성금은 약 9억 1천 1만 위안(1,540억원)에

달하였다. 개혁·개방 이후 30년간 해외 화교들이 중국 공익사업에 지원한 총액은 약 700억 위안이다(리단, 2009).

베이징 올림픽 때 베이징올림픽 국립수상경기센터는 화교들의 모금으로 만들어졌다(박정동, 2009). 화교는 장사꾼인가, 애국자인가 풀기어려운 방정식이다. 화교는 조국을 떠나 머나먼 타향에서 돈을 버는 것이 최우선의 목표였을 것이다. 그런 그들에게 배고픔만을 주었던 조국 중국은 어떤 의미였을까?

대부분의 화교들은 초창기 가족을 중국에 남겨두고 홀연단신으로 동남아에 이주했다. 결국 화교들이 이역만리 타향에서 온갖 어려움을 견디며 힘들게 돈을 버는 목적은 조국 중국에 있는 가족과 먼훗날 행복하게 살기 위함이었을 것이다. 자신의 보고픈 가족이 있는 조국 중국이 강대국에게 유린당하고 있을 때 장사꾼 화교들은 돈을 모아 그들의 가족이 살고 있는 중국에 보냈고, 해외 거주국에서 그들이 할 수 있는 행동으로 일본제품 불매운동도 했다. 이 정도면 애국자 반열에 충분히 오를수 있지 않을까?

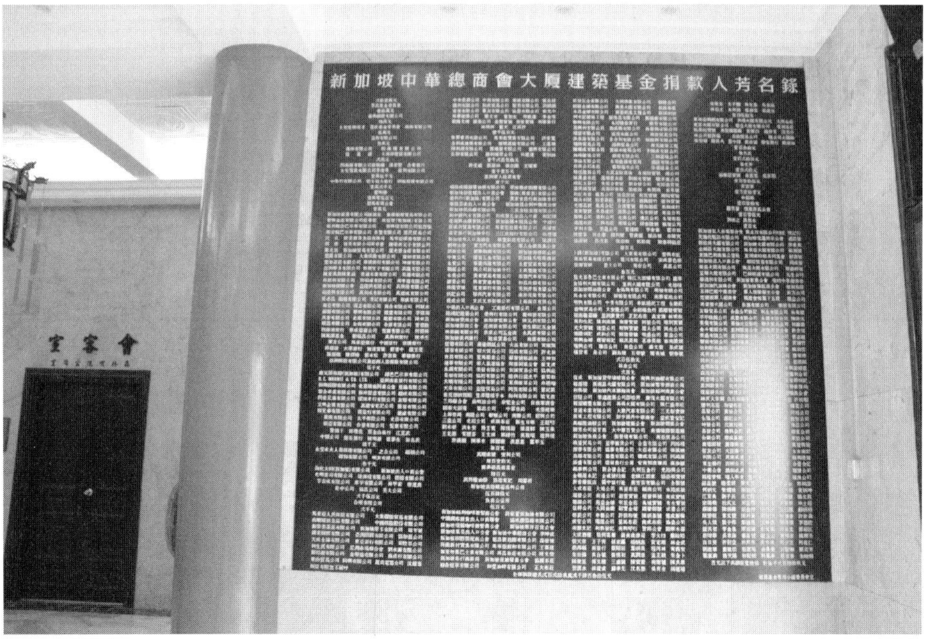

▶ 화교의 기부자 명단

▶ 초창기 화교

▶ 화교의 비밀결사단

2. 동남아 화교들의 자본축적과 반화교 정서

세계각지에서 유대인과 화교는 부러움의 대상이자 질시의 대상이다. 유대인들이 제2차대전 때 아우슈비츠에서 대규모 학살을 당했듯이 화교도 말레이시아와 인도네시아 등지에서 탄압과 집단 학살을 당했다(박형기, 2007: 59).

식민지 시기 보르네오 섬 북부에 위치한 사라와크의 영국 총독 제임스브룩 경은 다음과 같이 말했다. "화교들은 영국인, 미국인, 프랑스인, 네덜란드인들과 결탁해서 게으른 토착민들을 속여 부자가 되었다"(김정우, 2000: 108-110). 이처럼 화교들은 토착민들에게 부정적인 시각으로 비춰지는 경우가 많았고 사회적으로 반화교 분위기가 조성되기도 하였다.

3. 노동분업을 통한 사회계급이 가져온 갈등

노동분업 → 사회계급

식민지시대 동남아에서 유럽인, 화교, 토착민의 관계는 노동분업을 통해 사회계급으로 형성되었다. 소수의 유럽인들은 무역독점을 통해 상류사회를 형성하고, 화교들은 식민사회의 유통을 독점하면서 중간계급을 형성하였다. 불행하게도 본래 동남아의 주인이고 동남아 인구의 대부분을 차지하고 있는 토착민들은 하층계급으로 곤두박질하였다(하순, 2000: 64).

4. 식민세력과 결탁으로 인한 갈등

식민지의 유럽인들은 동남아 오지산골 및 벽촌같은 곳에서 보부상과 같은 소규모 상업은 유럽인도, 토착민도 할 수 없다는 것을 알고 상업에 대한 경험이 있는 화교들에게 맡겼다(Osborne, 1990: 107-112). 화교들은 이러한 틈새시장을 공략하여 부를 축적해 갔고, 동남아 토착민들은 화교들이 식민정부와 결탁하여 자신들을 착취하는 것에 분노하였다.

5. 식민세력의 반화교정책

필리핀을 식민지배한 스페인 통치들은 수백 년에 걸친 필리핀 지배 기간 동안 화교 대학살 사건을 자행하였다. 필리핀의 민간 설화와 노래등에 등장하는 중국인은 보통 사악하거나 우스꽝스런 인물로 묘사되는 경우가 많다(Alfredo Roches, 2005: 143).

6. 동남아 각국 정부의 반화교정책

제2차대전 후 10년 동안 동남아시아 국가들은 정치적 혼란과 경제적 곤란을 겪었다. 이러한 혼란속에 인도네시아, 필리핀 등은 자국의 화교를 박해하고 국외로 추방하였다(이문봉: 1994: 62-65).

1930년대 말에서 1950년대 중반까지 태국정부는 화교기업을 강제로 인수했다. 또한, 1960년대와 1970년대에 인도네시아와 필리핀에서는 화교기업들이 국내경제의 특정분야에서 활동하는 것을 금지했다(Murray Weidenbaum, 1996).

필리핀에서는 화교들의 전문직종 진입을 막았고, 자국내의 화교경제를 와해시키려고 1947년 시장국유화법을 제정하였다. 1948년에는 은행국유화법을 통해 화교사회의 금융기능을 무너뜨렸다. 1954년에 소매국유화법, 1960년에는 식량국유화법을 제정하여 화교의 농산물 유통을 금지시켰다(오명석, 2000).

미얀마에서는 1948년 버마국적법 등을 제정하여 버마에서 버마국적을 갖고 있지 않은 사람들의 부동산 증여와 양도를 금지시켰다. 인도네시아에서는 1950년대 수카르노의 교도경제체제하에서 기업을 국유화하였고, 1959년에는 농촌에서 화교들의 유통업을 금지하였다.

태국에서는 피분정부, 사릿정부가 1950년대 말에 화교들의 직업을 제한하였다. 또한 1956년에는 캄보디아, 베트남에서도 화교들이 특정직업을 갖지 못하도록 제한하는 조치를 취하였다(조흥국, 2000).

동남아 국가들의 독립 이후 대부분의 동남아 국가들에서는 민족주의가 살아나면서 화교들의 경제력을 거주국가에 현지화 시키려는 다양한 정책을 추진하였으나 결과적으로 효과는 크지 않았다.

7. 반화교 정책과 토착민 우대정책

동남아에서 화교기업의 급성장과 이로 인한 화교들의 상업과 경제장악에 대한 동남아 각국의 대응은 토착민 우대정책인 인도네시아의 푸리부미(Puribumi) 정책이나 말레이시아의 부미푸트라(Bumiputra) 정책 등으로 귀결되었다. 이러한 토착민 우대정책은 결국 화교에겐 차별이고 반화교 정책이다(이덕훈, 2004).

8. 정경유착이 가져 온 갈등

동남아 화교들의 경제적 급성장은 1960년대부터 본격적으로 시작되었다(이문봉: 1994: 62-65). 그 이면에는 정경유착의 어두운 그림자가 있다.

화교들은 거주국에서 정치적 후원을 얻어내는데 탁월한 기교가 있다. 화교들은 거주국 정부로부터 독점권을 많이 받았다(박형기, 2007, 45). 이러한 화교들의 정경유착은 토착민들에게 상대적 박탈감과 반감을 가져왔다.

9. 인도네시아 화교의 정경유착과 희생

인도네시아는 2억5천만명의 인구 대국이다. 화교인구는 7% 정도이다. 그런데 이 소수의 중국화교들이 인도네시아 전 자본의 80%를 장악하고 있으며, 이 자본은 다시 인도네시아 대통령인 수하르토를 정점으로 하는 특정 권력과 결탁되어 있었다.

이러한 검은 커넥션에 인도네시아 국민들은 화교들에 대해 반감을 가졌다. 더욱이 1997년 인도네시아에 외환위기가 왔을 때 인도네시아 화교들이 자신들의 자본을 싱가포르 등으로 이동시키자 인도네시아 국민들은 분노하였다.

당시 수하르토 독재정권은 정권의 경제적 후원자인 화교들을 정치적 희생양으로 내몰았다. 즉, 수하르토 정권은 민족적 감정을 이용해서 정치적 경제적 위기를 벗어나고자 했다(박기철, 2001: 7).

10. 말레이시아 신경제정책과 화교차별정책

말레이시아는 1971년 신경제정책(New Economic Policy)을 수립하여 화교와 외국인들의 말레이시아 경제장악을 제도적으로 막았다. 신경제정책의 목표는 말레이인이 말레이시아 경제의 최소 30%를 지배할 수 있는 방안을 마련하는 것이었다.

말레이시아 정부는 1990년 신경제정책이 폐지된 이후에도 1991년 인력 및 자본에 있어서의 현지인 우대정책인 신개발정책(New Development Policy)에 착수하여 화교와 외국인들에 대한 경제적 제한을 하고 있다(Michal Dobbs Higginson, 1994: 91).

11. 토착민의 반화교 폭동

동남아에서 화교의 경제적 우위에 대한 토착민의 반발로 말레이시아에서는 1965년 5월 총선거사건이, 인도네시아에서는 1965년 9.30 사건이 발생하였다. 1994년에는 인도네시아에서 폭동이 발생하여 많은 화교들이 희생당했다(이덕훈, 1998: 2).

▶ 동남아 반화교 폭동

제11부

화교 비즈니스 네트워크

제1장 화교의 삼연(三縁)네트워크

1. 삼연네트워크

화교네트워크 = 혈연, 지연, 업연
화교네트워크 = 국경이 없다
화교네트워크 = 기업의 평판과 홍보의 수단
화교네트워크 = 정보교환장소 + 은행
화교 사업 = 정치권력 + 삼연 네트워크
화교네트워크 = 가족 → 지역적 결합
화교네트워크 = 보호장벽

해외에 거주하고 있는 화교들은 혈연(동족), 지연(동향), 업연(동업)이라는 삼연관계로 촘촘이 연결돼 있다. 해외에 거주하고 있는 화교는 삼연에 기초한 각종 화교단체에 소속되고 활동함으로서 화교네트워크의 일원이 된다. 삼연중에서 가장 중요한 것이 동향관계인 지연이다. 화교네트워크는 이러한 동향을 중심으로 동업으로 확대발전하였다. 화교는 해외에서 삼연을 중심으로 화교네트워크를 구성하여 스스로를 보호하였다(박기철, 2001: 6).

화교네트워크의 본질은 중국인의 전통적인 혈연과 지연 결합방식과 연관되어 있다. 화교가 해외로 강력히 팽창할 수 있는 것은 삼연을 축으로 뭉친 네트워크의 힘이다(정성호, 2005, 18-19). 하버드 대학의 조사에 의하면 화교기업은 국내업무의 52%, 해외업무의 39%를 화교기업간에 진행한다(John Kao, 1993).

2. 화교의 교사삼보

화교들은 홀홀 단신 중국을 떠나 해외로 이주하였지만, 조국인 중국과의 끈을 놓지 않았다. 중국과의 인연의 끈을 지속할 수 있게 화교들끼리 힘을 합쳐 중국어 신문도 발행하고 중국어 학교도 설립하고 동향단체 등도 만들었다.

이처럼 해외에서 화교들이 자신의 정체성을 유지할 수 있게 해주는 세 개의 보배인 교보(중국어 신문), 교교(중국어 학교), 교단(방)을 교사삼보(僑社三寶)라고 한다.

▶▶▷ Check Point | 화교의 방송언론출판 네트워크

화교의 출판물은 전 세계 52개 국가에서 약 4,000 종류가 출판되고 있다. 또한 화교들이 운영하고 있는 라디오 방송국은 약 80여개, 텔레비전 방송국은 60여개 이다(리단, 2009).

제2장 동남아 화교의 출신지역

1. 동남아 국가별 동향인 집중현상

동남아의 중국 지역별 주요 화교는 호끼엔(福建, Hokkien), 티오쯔(朝洲, Teochiu), 칸톤인(廣東, Cantonese), 하카(객가, Hakka), 하이난인(海南, Hainnanese) 등이 있다(Mary F. Somers Heidhues, 1974).

일반적으로 광둥출신 화교들은 말레이시아, 필리핀, 인도네시아 등의 동남아 국가에 주로 거주하고 있다. 차오저우출신 화교들은 태국, 캄보디아, 라오스에 주로 거주하고 있다. 객가계와 하이난계 화교는 동남아 각 지역에 거주하고 있다(이성준, 2000: 586). 필리핀 화교의 90%가 복건계이며, 그 중에서도 진강현 출신자가 절반 이상이다(박기철, 2001:3).

표 | 동남아 각국의 중국계의 분포와 그 경제력 (단위: %, 만 명)

구 분	싱가포르	인도네시아	말레이시아	필리핀
인구 비율	77	3.5	29	2
자본 비율	81	73	61	50
총 화교 수	214	580	533	120
福建계	86	290	171	102
廣東계	39	192	117	14
潮州계	49	0	59	0
客家계	15	0	21	0
海南계	15	0	21	0
기 타	6	6	37	4

자료: 김재훈(1999)

2. 화교의 중국 지역별 구성

화교들의 중국 출신지역은 광동이 54%, 복건이 25%, 해남이 6%, 기타 중국지역(산동, 운남 등)이 15%를 차지하고 있다. 동남아지역에서는 광동, 복건 출신과 기타 중국지역의 비율은 약 5:3:2 정도이다(김은경, 2007).

표 | 중국의 주요 방언과 인구수 (단위: 만 명)

	국 내	해 외
만다린어(Mandarin)	8억 8,500	500
상해어(Shanghainese)	9,000	-
호남어(hunanese)	4,200	-
장지어(Siangxinese)	3,800	-
호키엔어(Hokkien)	6,800	3,500
광동어(Cantonese)	5,000	2,000
하카어(Hakka)	4,300	600

資料: 國家安全企劃部(1995), 김화섭(2000)

▶▶▷ Check Point | 동남아 국가별 화교 출신지역

동남아 화교들은 국가별로 중국 출신지역의 다수집단이 다르다. 라오스, 태국, 캄보디아는 조주출신이 많고, 말레이시아, 싱가포르, 인도네시아, 필리핀은 복건출신이 많다(이덕훈, 2004).

3. 화교 중에 광동과 복건출신이 많은 이유

해외에 거주하고 있는 화교의 중국 출신 지역별 분포를 보면 복건방, 광둥방이 최대의 세력을 형성하고 있다(이덕훈, 2005: 16). 전세계 화교의 80% 이상은 중국 동남 해안의 2개성 광동과 복건출신이다. 중국의 동남해안지역은 동남아와 해외무역을 했던 지역으로 중국 동남부 지역의 해양문화의 특성과 기질은 해외화교의 경제활동에 전승되었다.

광동과 복건 지역은 중국의 정치중심인 베이징으로부터 멀리 떨어져 있어 봉권왕조시기 교통과 통신 등의 제약으로 통치권력의 속박으로부터 자유로웠고, 동남아와 가까웠다, 기후 또한 아열대지역으로 동남아와 비슷했다. 경제적으로는 중국내에서 경작지에 비해 인구가 많은 지역이었다 1661년에서 1812년 광둥성의 인구는 20배 증가했으나 경지면적은 27% 증가했다(홍원선, 2013: 16-87). 청나라시대에 서구열강들에게 개방된 곳도 광둥성, 복건성 뿐이었다(정성호, 2003). 중국 남부지역에서 중국인의 해외이주는 개별적이고 우발적 현상이 아닌 중국 남부지역의 환경에 의해 발생된 일상적인 현상이었다.

제3장 화교의 비즈니스네트워크

화교 비즈니스네트워크는 동남아 거대도시의 활기찬 비즈니스 활동에 끊임없이 윤활유를 제공해주고 있다(Murray Weidenbaum, 1996).

1. 동향은 글로벌네트워크의 토대

동향 = 동일한 언어 = 다른 국가 동향조직과 네트워크

해외에서 동향을 중심으로 형성된 화교사회는 동일한 언어를 사용함으로써 동남아 다른 국가의 동향조직과 언어적 불편함이 없이 비즈니스가 형성되어 동향 중심의 글로벌 네트워크가 발전되었다(이덕훈, 1998: 286). 19세기 말까지도 광동인과 복건인은 언어소통이 불가능했다(Wickberg, 1965: 박명섭, 2000).

▶▶▷ Check Point | 동남아 화교의 방언그룹

동남아 화교는 방언별로 민남어(복건성의 천주지역 방언), 광부어(광동성의 광주지역 방언), 조주어(광동성 동부쪽에서 주로 쓰이는 방언), 객가어로 크게 분류할 수 있다(김은경, 2009).

2. 방언네트워크 = 해외이주통로

중국인은 해외로 이주할 때 신뢰할 만한 동향인의 연줄에 크게 의존하였다. 동향인은 동일한 언어를 사용하는 방언집단을 구성한다. 이처럼 화교의 해외 이주과정에서 가장 강력한 연결통로는 방언집단이었다. 방언집단은 동향회관 등을 해외현지에 설립하여 단결하고 상호협력한다.

3. 동향의 범위 = 동일언어 = 방언별 집단

화교들의 인간관계와 비즈니스 관계를 규정짓는 삼연중에서 가장 중요한 것은 동향관계이다. 이처럼 동향관계가 중요한 이유는 동일한 방언을 사용하기 때문이다.

결국 화교사회에서 동향의 범위는 동일한 방언이 사용되는 지역이다. 화교들은 이러한 동향의 집단을 동향방이라고 말한다. 이처럼 동향자로 구성된 동향집단은 방(幇) 또는 행으로 불리운다. 같은 동향이라도 사용하는 방언이 통하지 않으면 동족으로서 비즈니스 관계를 구축할 수 없다(박기철, 2001: 3).

4. 방언집단간 파벌과 경쟁

가장 큰 4개의 화교방은 푸젠계화교, 커쟈계화교, 차오저우계화교, 광둥계화교이다(Sterling Seagave, 2002, 173). 상이한 방언방간 경쟁적이다(이성준, 2000: 586). 화교기업의 네트워크는 동향출신 집단을 중심으로 상호 원조를 목적으로 하고 있다. 화교기업의 네트워크는 동일언어 사용이 주요 매개가 되고 있다. 이러한 방언중심의 지연(동향)으로 이루어진 화교네트워크는 폐쇄적이다. 같은 중국인이라도 다른 방언을 사용하는 동향방은 네트워크에 참여하기가 쉽지 않다(박번순, 2012).

화교들은 가족, 친족, 동향인 끼리만 단합을 하고, 다른 집단과는 같은 중국인이라해도 잘 믿지 않고 집단간의 파벌도 심하다(이성준, 2000: 17). 화교 네트워크의 핵심인 방언별 네트워크는 동향인 자신들만의 이익을 추구하는 폐쇄적인 사회이다(박기철, 2001: 7).

화교기업들은 동향인간의 네트워크를 중심으로 비즈니스를 하는데 동향 화교 이외의 이민족의 유입을 허용하지 않을 만큼 폐쇄적이었다(이덕훈, 2005: 21). 화교들은 외국땅에서 동향인간에 의지하며 폐쇄적으로 비즈니스를 하였다.

싱가포르에서는 1851년 조주인 비밀결사와 객가인 천주교도간에 갈등이 싸움으로 번져 500여명이 사망하였다. 이러한 폐쇄적인 네트워크는 화교 집단내부의 응집력을 강하게 하고, 경영자원을 공유하지만 그만큼 외부에 대한 배척과 무관심을 불러일으킨다(박기철, 2001: 4). 말레이반도 페낭에서는 아편과 술에 대한 징세도급권을 장악하고 있는 복건인과 밀매를 시도하는 광동인간에 분쟁이 발생하였다(오명석, 2000).

▶▶▷ Check Point | 화교는 충보다는 효를 강조

화교는 친족간의 유대가 매우 강하지만, 비친족간의 유대관계는 매우 낮다. 이러한 관계가 좀 더 확대되면 화교는 동일한 방언집단간과는 매우 밀접한 관계를 보이고 있지만, 다른 방언집단과는 같은 중국인이라도 배타적인 경향을 보이고 있다. 이러한 화교의 관행은 충보다는 효를 더 중요하게 생각하는 화교의 가족문화의 신뢰관계의 범위가 친족과 방언집단내로 한정되어 있기 때문이다.

▶ 화교 지도자들

5. 중국에서 동향 = 동남아에서 동일업종

화교는 해외에서 한 사람이 성공하면 중국 고향의 지인을 초청하였고, 이들은 동향자 집단을 형성하였다. 이처럼 중국인의 해외이주는 대부분 해외에 거주하고 있는 동향의 선배 또는 친척 등에 의존하기 때문에 이들은 해외거주 지역에서 동일업종에 종사하는 경우가 많았다(박형기, 2007: 43).

업방이나 행(行)이라고 부르는 동업조합은 동향인으로 동업에 종사하는 사람을 중심으로 조직되었다. 동남아 화교들은 대부분 중국 동남부 연해 출신들로 동일지역, 동일업종에 따라 향방, 업방이 조직되어 있으며 이러한 방언을 기초로 한 향방, 업방 네트워크를 활용하여 동남아 여러나라에 걸쳐 비즈니스 네트워크를 구축하고 있다(이학규, 1997: 128-132).

표 | 동남아의 5대 화교방파(華僑幇派)

조직명	출신지	참여 분야	분포지
福建幇	푸젠성 장저우, 취안 저우	무역, 금융, 유통, 운수	싱가포르, 인도네시아, 필리핀, 미얀마
廣東幇	광둥성 주장강	금은세공, 유리업, 건설, 호텔, 극장(기술자)	싱가포르, 베트남, 말레이시아
潮州幇	푸젠성 차오저우	농수산물 무역, 생선, 식품, 잡화	타이, 싱가포르
客家幇	광둥성 북부, 푸젠성 서부	약재, 고무, 피혁, 광산 (의사, 변호사, 교수 등 전문직)	타이, 싱가포르
海南幇	하이난성	요리업, 서비스	타이, 싱가포르

자료: 이문봉(1994)

6. 화교비즈니스 = 동향집단이 독점

화교의 비즈니스 구조는 혈연과 지연의 기초 위에서 형성되었다. 해외거주국에서 특정 업종은 특정 동향집단이 독점하는 현상이 나타났다(박기철, 2001: 3). 일반적으로 화교들은 푸젠(福建), 광둥(廣東), 커자(客家), 차오저우(潮州), 하이난(海南) 등의 출신지역에 따라 동일한 동남아 국가에 거주하고 있더라도 서로 다른 방(幇)에 소속되어 있다.

화교들의 해외 거주국에서의 비즈니스활동은 주로 자신이 속한 방을 중심으로 행해지며 같은 화교일지라도 다른 방과의 관계는 잘 이루어지지 않는다. 이처럼 동향(同鄕) 조직인 방(幇)은 화교의 비즈니스에서 절대적이다. 일반적으로 화교들은 해외 거주지역에서 동향인이 동일지역에 집중거주하면서 동일업종에 종사한다(이덕훈, 2005: 16).

▶▶▷ Check Point | 中華總商會 〉公會 = guild

화교의 업연네트워크 형성은 동업조합인 공회(公會)와 공회의 중앙조직인 중화총상회에 의해 이루어지고 있다. 공회는 서양의 길드조직과 유사한 상업조직으로 다음과 같은 기능을 하고 있다. 첫째, 회원에 의한 사업독점, 회원간의 무한경쟁 배제, 가격, 임금 규제를 한다. 둘째, 도제와 연수 기능을 갖고 있다. 셋째, 회원에 대한 공제 등 보험기능을 한다. 넷째, 조상, 수호신 등 종교적인 기능을 한다. 다섯째, 사회복지사업의 기능을 한다(이재유, 2008).

▶▶▷ Check Point | 객가 = 화교 중의 화교

객가(客家) = 하카
객가 = 중국의 유대인
객가 = 커자어(객가어)를 사용

몽고족이 송나라를 침략했을 때 중국남부로 피신하여 내려와 정착한 사람들로 장시성 산속에 정착했던 강북 피난민들이다 커자인은 푸젠계, 차오저우계, 광둥계 다음으로 많은 화교를 동남아시아에 진출시켰다(Sterling Seagrave, 2002). 하카는 조상의 땅은 버려도 조상의 언어는 버릴 수 없다 '라는 신념을 갖고 있는 화교들이다.

객가는 화교의 중국에서의 출신지역이 어디이든 객가방언을 구사한다면 객가어방의 일원이 될 수 있다(홍원선, 2012). 하카는 전체 화교의 10% 정도를 차지하고 있다. 싱가포르나 말레이시아에서 금은방에 종사하는 사람이 많다. 쑨원, 덩샤오핑, 리콴유, 리덩후 등이 하카 출신이다. 하카인들은 과거에 원루(토루)라고 하는 집합주택에 거주하면서 상호 도우며 자신들을 보호하였다. 몽고군이 남송을 멸망하고 공격했을 때 하카인들은 이 원루(토루)에서 자신들을 보호했다(이덕훈, 2004).

▶ 하카들의 전통가옥 토루

▶ 커자(객가) 출신 중국인(쑨원, 덩샤오핑, 리콴유)

▶ 물건을 흥정하는 동남아 화교

▶ 가게를 꾸려가는 동남아 화교들

▶ 동남아 화교 승려와 화교들

▶ 식민시기 동남아 화교 정착촌

제4장 세계화상대회

1. 화교네트워크의 세계화

세계화상대회 = 비공식적인 네트워크 → 공식적인 네트워크
세계화상대회 = 세계화상 네트워크 = 중국과 세계를 연계하는 연결고리
세계화상대회 = 화교기업의 경제원리 + 문화적 동질성의 결합
세계화상대회 = 최대 규모의 화상조직
세계화상대회 = 글로벌 화교네트워크를 형성

세계화상대회(World Chinese Enterpreneurs Convention)는 WTO를 중심으로 한 다자주의적 개방주의와 EU, NAFTA 등의 지역주의에 의해 위기감을 느끼고 있는 화교들을 중심으로 글로벌 중화민족 경제협의체의 필요성이 대두되었다.

화교의 사회단체는 세계적으로 약 만개 이상이다. 이중에서 세계적 활동 수준을 갖춘 단체는 100개 정도이며 이들의 약 70%는 1980년대 이후에 창립되었다(리단, 2009). 화교의 전통적인 폐쇄적 네트워크가 개방화의 세계화 시대의 비즈니스 흐름에서 한계를 나타내자 화교들은 좀더 개방적이고, 공식적인 화교네트워크의 필요성을 느끼게 된다. 화교들의 이러한 상황속에 1991년 리콴유 수상의 제안에 따라 세계화상대회(世界華商大會)가 창설되었다. 특히 중국경제가 급속한 발전을 이룩하자 전 세계에 흩어져 있는 화교기업들간의 경제협력을 확대할 수 있는 화교네트워크가 필요했다. 세계화상대회는 화교들의 개인적인 네트워크를 세계와 연결시켜주는 글로벌 화교네트워크이다. 세계화상대회는 2년주기로 4일간 진행된다. 2005년에는 세계화상대회가 한국에서 개최되었다.

▶▶▷ Check Point | 세계화상대회의 ABC 원칙

세계화상대회의 ABC 원칙은 수용(Acceptance), 소속감(Belonging), 기여(Commitment)이다.

생각해봅시다 **세계화상대회의 ABC 원칙의 수용, 소속감, 기여는 무엇을 의미하는가?**

Tip **세계화란**

세계화 = 글로벌 네트워크

세계화(Globalization)는 지구전체를 하나로 통합하는 과정이고, 세계시장이 단일화되어 가는 과정이다. 세계화시대에는 기업이 초국가적으로 독자적인 영역을 확보하고 기업이 초국가적인 비즈니스 실체로 활동할 수 있다(강영문, 2009).

표 | 세계화의 등장배경과 영향

세계화 등장배경	세계화의 영향
• 정보통신 및 교통의 발달	• 상품의 생산과 소비의 무국적화
• 문화적 가치관 및 소비수요의 동질화	• 국가간 상호의존성이 심화
• 사회주의국가들 몰락 및 보편적 공업기술의 확산	• 국가의 역할 감소
• 국가기능 축소 및 통상규제완화	• 기업의 경쟁 심화
세계화	• 소비자후생 수준 증대

자료: 강영문(2009)

2. 세계 화상의 글로벌 역할분담

세계화상대회는 중국과 동남아를 화교의 생산중심지로, 홍콩과 싱가포르를 화교의 금융중심지로, 북미와 유럽, 대양주를 소비중심지로 구분하여 세계 각지역에 거주하고 있는 화교들의 역할을 분담하여 화교가 세계경제를 주도할 수 있는 네트워크를 구축하고 있다.

화교기업들의 대중국투자는 1991년 세계화상대회를 통해 더욱 체계적으로 조직화되어 가고 있다. 특히 최근들어 인터넷을 통한 화교네트워크가 활성화되면서 화교들의 비즈니스가 더욱 세계화되고 있다.

3. 인터넷과 화교네트워크

인터넷의 발달은 화교네트워크의 활성화를 가져왔다. 홍콩 화교기업인 리앤펑은 인터넷을 통해 해외 화교들과의 비즈니스 협력을 강화하여 2000~2006년 매출액과 순이익이 매년 평균 18.5%, 16.9% 성장하였다(김창도, 2009).

Tip 인터넷과 비즈니스

인터넷(Internet)은 네트워크의 네트워크이다(network of networks). 인터넷은 영어로 Inter(間)와 네트워크(Network)의 합성어로 인터넷은 상호간 네트워크로 연결된 망이다.

표 | 인터넷의 특징

• 멀티미디어 네트워크(문자뿐만 아니라 사운드, 동영상 등의 멀티미디어가 송수신가능)
• 개방적인 네트워크(인터넷에 접속하면 누구에게나 개방)
• 주인없는 네트워크(개방된 네트워크로 주인이 없다)
• 저렴한 비용의 네트워크(인터넷을 사용하는 비용은 다른 정보통신 이용료에 비해 저렴)
• 무한한 가능성의 네트워크(인터넷을 통한 비즈니스는 무궁무진 함)

자료: IMF(2001). 강영문(2010)

▶ 식민시기 동남아 화교총회

▶ 싱가포르 중화총상회

▶ 리카싱(홍콩)과 리콴유(싱가포르)

華裔館

제12부

중국통상과 화교

제1장 국제통상환경 변화

최근들어 국제통상환경은 WTO로 대표되는 다자주의와 지역주의에 의한 경제블럭화가 양립하고 있다. 이러한 국제통상의 환경변화는 화교비즈니스에 직간접적인 영향을 미치고 있다. 특히 화교 글로벌네트워크와 화교의 대중국 투자에 영향을 미치고 있다.

그림 | 국제통상환경의 변천과정

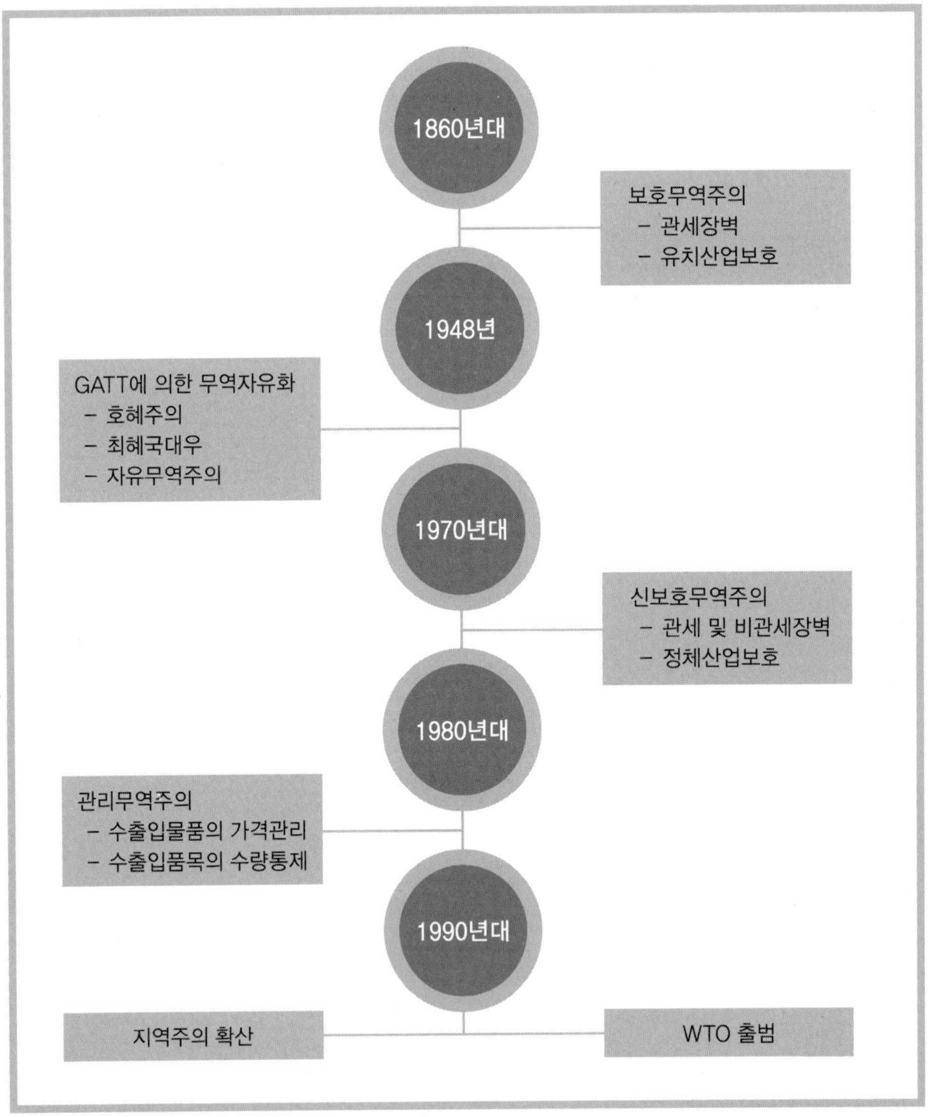

Tip WTO

그림 | WTO 조직도

자료: WTO

표 | GATT 체제와 WTO체제의 비교

대 비 점	GATT	WTO
기구의 성격	국제협정	국제기구
관할범위	공산품	농·공산품 및 서비스
무역 규범 강화	보조금 정의 불명료, 반덤핑 조치의 남용, 회색조치 가능	반덤핑, 보조금 기준강화 및 회색조치 철폐
신분야 협정	없음	서비스, 지적 재산권, 무역관리 투자 조치
분쟁해결기구	무역분쟁 발생시 권고안 제시	분쟁해결 상설기구(DSB)의 설치
분쟁해결절차	만장일치	만장일치 및 다수결

자료 : 현대경제사회연구원

Tip EU와 NAFTA

EU는 1993년 발효된 마스트리히트조약에 따라 출범한 유럽공동체로 유럽의 정치, 경제통합을 실현하기 위해 출범하였다. NAFTA는 미국의 자본과 선진기술, 캐나다의 풍부한 자원, 멕시코의 저렴한 노동력을 결합하여 북아메리카 지역의 경쟁력을 향상시킨다는 목표로 출범하였다(강영문, 2009).

그림 | 유럽통합 과정

자료: 한국무역협회(2007)

생각해봅시다

WTO와 같은 다자주의가 글로벌 화교네트워크에 미친 영향은?

EU, NAFTA와 같은 지역주의가 글로벌 화교네트워크에 미친 영향은?

제2장 중국통상과 화교

1. 중국의 통상정책 변화와 경제성장

중국은 1978년부터 개혁개방의 전도사 등소평의 주도아래 개혁개방정책을 실시한 이후 22년간 연평균 GDP 증가율이 9.6%나 되는 고도경제성장을 달성하였다. 이러한 경제성장을 통해 중국이 궁극적으로 이루고자 하는 경제목표는 3단계로 추진하였다(황두연, 2002).

제1단계는 온포(溫飽)단계로 가난한 나라를 배고품으로부터 탈피하는 단계로 1990년대에 이미 달성한 것으로 평가되고 있다. 제2단계는 소강(小康)단계로 국민들이 여유있는 생활을 누릴 수 있는 단계로 2000년에 상당부분 달성된 것으로 평가되고 있다. 제3단계는 대동(大同)사회실현으로 2050년까지 중국사회를 현대화하여 부강하고, 문명화된 민주사회주의국가를 건설하는 것이 목표이다(강영문, 2009).

중국경제의 고도성장의 원인중에 하나는 동남아 화교들이 대규모 중국투자를 하였기 때문이다. 1979~1991년 동안 179억 3천만달러의 화교자본이 중국에 투자되었다. 이는 동기간 동안 중국이 유치한 총 외국자본의 66%였다(김창도, 2009).

그림 | 중국의 주요 경제지표 추이

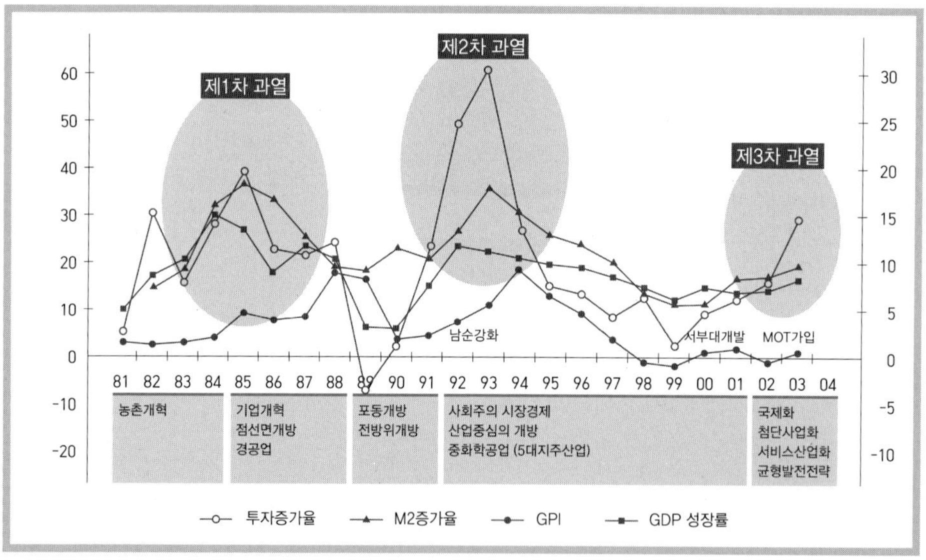

자료: 한국무역협회(2004)

표 | 중국의 거시경제 전망 흐름도

	2000	2001	2002	2003	2004	2005	2006	2007	2008	2009	2010	2011	2012
주요사건		WTO가입	진타오체제 출범				11.5계획		북경올림픽		상해박람회 12.5계획		
인프라투자	재정에 의한 경기부양책, 서부대개발(+)						북경올림픽관련 건설사업 종료, 대도시개조 1순회(-)						
직접투자	WTO가입으로 신뢰도 제고, 서비스업 외자규제 완화(+)							규제철폐 약속 완료(+)					
현지투자			사영기업 지위향상으로 신규 기업설립 확대(+)										
			경쟁격화에 따른 도산 및 폐업 증가(-)										
부동산투자	부동산붐(+)				부동산투자 규제(-)		1차 대도시개조 사업 완료, 수급악화에 대한 경계(-)						
수출		외자기업에 의한 생산이관과 수출 증가(+)											
							수출 확대에 따른 무역마찰 확대(-)			위안화 가치 상승으로 수출 둔화(-)			
		현지기업의 실력 향상(+)											
수입				관세 및 비관세장벽 완화로 수입증가(-)									
			아세안과FTA포괄협정 체결, 중-HK CEPA 등								아세안과 FTA체결		
국내소비									고가 내구소비재 및 서비스 소비 본격 확대				

자료 : KITA

생각해봅시다

화교입장에서 화교의 중국투자가 제3국에 대한 투자보다 좋은점과 나쁜점은 무엇인가?
중국입장에서 화교의 중국투자가 제3국의 중국 투자보다 좋은점과 나쁜점은 무엇인가?

2. 중국의 WTO가입과 화교

중국은 1986년 GATT 재가입의사를 밝힌지 16년만에 WTO에 가입하였다. 국민당시절의 중화민국은 원래 23개 GATT원체약국 중의 하나였으나 국민당정부가 공산당에 패해 대만으로 밀려나면서 공산당 정권에게 GATT 회원국으로서의 특전과 혜택이 귀속되는 것을 막기 위해 미국과의 합의하에 1950년 3월 GATT를 탈퇴하였다(한래희, 2001). 중국의 WTO 가입은 중국의 통상관련 제도와 관행의 선진화를 가져와 동남아 화교의 중국투자를 활성화시켰다.

▶▶▷ Check Point | 화교자본은 핫머니 NO, 화교자본은 장기투자

1997년 외환위기가 발생했을 때 인도네시아 수하르토 대통령은 정치적 이유로 인도네시아를 떠난 화교자본이 인도네시아에 다시 돌아오길 바라는 호소문을 냈을 정도로 화교자본은 글로벌 금융시장에서 중요하다. 대규모 화교자본은 핫머니 성격이 강한 서방자본에 비해 장기투자가 많다(정성호, 2004).

▶▶▷ Check Point | 화교자본과 동아시아 역내무역의 관계

동아시아지역에 촘촘히 분산되어 있는 화교자본은 글로벌 화교네트워크를 통해 동아시아 지역의 역내무역을 활성화시키는 매개체로 작용하고 있다. 특히 중국경제의 고도성장으로 화교에 의한 동아시아 역내무역은 더욱 증가할 것으로 전망된다.

제13부

도서부 동남아 화교비즈니스

제1장 싱가포르

SINGAPORE BOTANIC
BOTANIC
VISITOR

City Sight-Seeing
Free & Easy Hop-On
DUCK HiPPO

242
192
241

No Eating
r Drinking
Fine $500
No Smoking
Fine $1000
No Flammable Liquid or Gas
Fine $5000

I ♥ SG

Maybank

1. 싱가포르 이야기

싱가포르는 아시아에서 국토와 인구가 가장 작은 나라중에 하나이다. 부존자원도 거의 없는 서울만한 크기의 도시국가이다. 이러한 작고 부존자원도 없는 국가가 아시아에서 가장 부장나라중에 하나이고, 아시아인이 가장 이민가고 싶은 나라 1위, 다국적 기업이 가장 기업하기 좋은 나라 1위가 되었다. 싱가포르는 어떻게 작고, 척박한 환경을 개선하여 많은 사람들이 살고 싶어하는 쾌적하고 잘사는 나라가 되었을까? 성공스토리에는 많은 이야기들이 있겠지만, 가장 큰 이유는 국가 지도자의 강력한 리더십과 우수한 인력들의 뒷받침이 조화를 이루었기 때문이다. 아시아속의 유럽은 이렇게 강력한 리더십으로 탄생했다.

싱가포르는 지경학적으로 인도양과 태평양을 잇는 교통 요충지인 말라카 해협의 병목에 자리 잡고 있다. 싱가포르는 본섬과 54개의 작은 섬들로 이루어진 도시국가이다. 싱가포르는 동남아시아의 진주로 불리며, 적도 위의 경제적 기적을 이룬 국가이다.

그림 | 1995-2011 싱가포르 GNI/GDP 성장률 (단위: %)

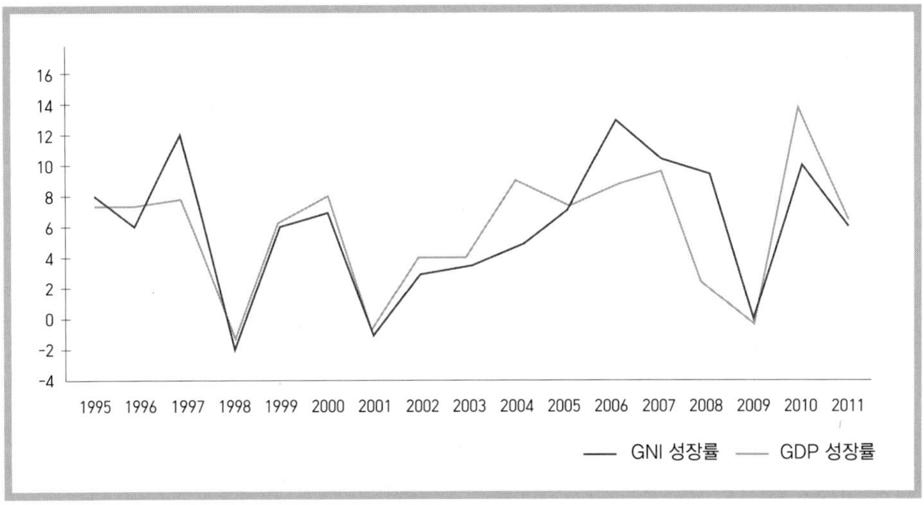

자료: world bank(2011)

그림 | 싱가포르 연도별 수출입 상품 및 서비스 현황

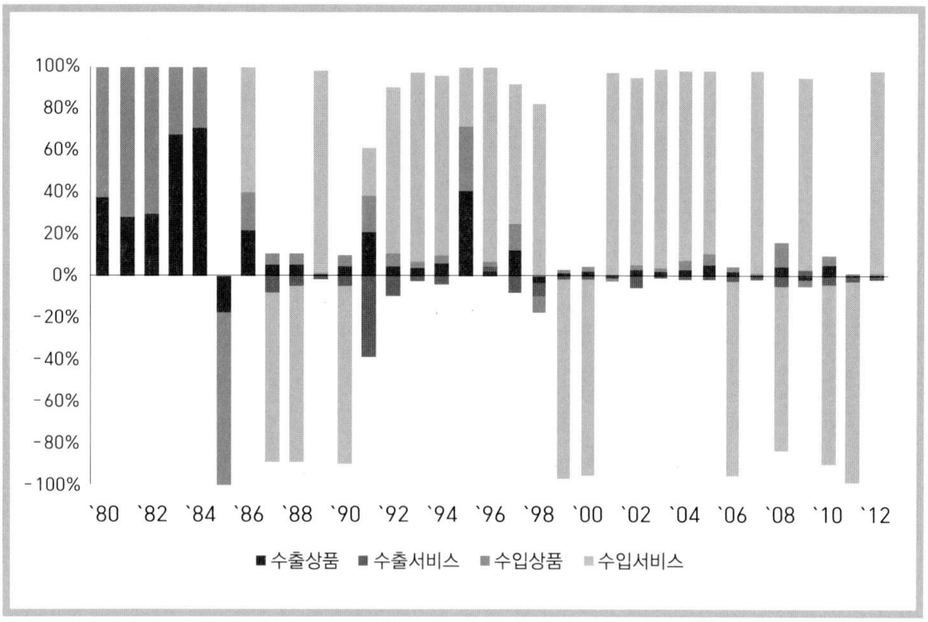

자료: International Monetary Fund(2012)

2. 싱가포르 역사

작은 어촌 섬마을에 불과했던 싱가포르는 1819년 영국 동인도회사의 관료였던 래플즈가 말레이시아의 조호르의 술탄과 거래하여 영국의 식민지로 만들었다. 싱가포르는 1963년 영국으로부터 독립하여 말레이시아 연방의 일원이 되었다가 1965년 독립하였다.

3. 자유무역항 싱가포르

영국은 싱가포르를 자유무역항으로 개발하여 영국의 공산품과 동남아 산물의 집하장으로 만들려고 했다.

4. 독립 이후 싱가포르 경제

싱가포르정부는 1965년 독립 이후 태평양과 인도양 사이에 위치한 지경학적 이점을 적극 활용하여 싱가포르항을 중계무역항으로 육성하였다. 또한 외국인 투자를

적극 유치하였다. 그 결과 현재 싱가포르 제조업부문에 대한 총 투자액 가운데 외국인 투자가 80% 이상을 점유하고 있다. 싱가포르에 투자한 외국인 기업은 싱가포르에 자본과 기술뿐만 아니라 선진화된 경영기법까지 전수하여 싱가포르 공업화에 큰 기여를 하였다.

5. 피투자국에서 투자국으로

싱가포르는 1966~73년간 연평균 경제성장률 12.5%, 석유위기 후인 1974~93년간 7.3%의 고도 성장을 달성했다. 싱가포르는 이러한 고도성장으로 축적된 자본을 토대로 1990년대부터 해외투자국으로의 변신하여 동남아 국가들에 대한 투자를 확대하고 있다(김영래, 2012).

6. 싱가포르 화교기업의 해외투자

싱가포르 정부는 싱가포르 화교기업의 해외투자를 적극적으로 지원하고 있다. 싱가포르 정부는 해외시장을 개척하는 화교기업이 본국에 송금하는 수익에대해 세금을 감면해주고 있다. 또한 해외에 진출하는 화교기업에게 대출과 보조금도 지원해주고 있다(왕왕버, 2012). 화교기업은 해외에서 현지기업을 인수하기도 하고 현지에 공장을 직접 설립하기도 하였다. 현지기업과 합작경영도 하고 있다.

7. 싱가포르 경제구조 = 정부계기업 + 다국적기업

싱가포르 경제구조는 크게 정부계 기업과 다국적기업들로 구성되어 있다. 정부계기업이 싱가포르 GDP에서 차지하는 비중은 13% 이상이고 다국적기업들은 35% 이상을 차지하고 있다. 다국적기업들은 싱가포르 고용의 50% 이상을 차지하고 있다(왕왕버, 2012).

8. 화교의 싱가포르 이주 이유

싱가포르 = 화교의 천국, 화교의 메카
싱가포르 화교 : 정체성 = 싱가포리언
문화 = 중국문화 + 말레이 문화

싱가포르 건국의 아버지로 일컬어지는 스탬포드 래플즈가 1819년 싱가포르를 말레이시아의 조호르 술탄으로부터 영국왕실령으로 차지했을 때, 싱가포르는 보잘것 없는 해적의 소굴인 작은 어촌에 불과했다. 래플즈가 싱가포르를 중계무역항으로 만들기 위해서는 대규모 인력이 필요했는데 당시 싱가포르 섬에 거주하던 100~200명의 말레이 어민들만으로는 도저히 불가능했다. 싱가포르를 중계무역항으로 개발하는데 필요한 인력으로 중국인이 선택되었다.

또한 싱가포르가 중계무역항으로 개발되면서 싱가포르는 영국의 선진 공산품과 동남아의 천연농산물의 대규모 집하장이 되었다. 이로인해 무역과 부두노동인력에 대한 수요가 지속적으로 증가하면서 싱가포르 인구가 급증하였는데, 특히 성실하고 임금이 싼 중국인들의 유입이 급증하였다(김종윤, 1994: 18).

▶ 차이니스 가든

9. 싱가포르 화교의 구성

싱가포르 화교중엔 복건성 출신이 40% 이상이다(이성준, 2000: 581). 싱가포르 화교는 객가인, 복건인, 조주인, 광동인의 4개 방언집단에 속하는 화교와 해협식민지 출생의 화교인 해협화교으로 분류할 수 있다.

10. 싱가포르 화교의 출신지역별 직업

싱가포르 화교들의 중국 출신지역별 분포는 복건인이 42%, 조주인 22%, 광동인 17%, 해남인 7% 이다. 복건인은 주로 상업 분야에 종사하였고 조주인은 농업과 농업관련 상업에 주로 종사하였다.

말라카 바바는 말레이어를 할줄 알고, 말레이 문화에 동화되어 있기때문에 말레이 지역의 토착민과 유럽 상인간의 비즈니스를 중개하였다(박은경, 2000: 325-326).

표 | 싱가포르의 방언별 화교 구성 (년도: 1990년)

방언 군(群)	사람 수	비율(%)
福建人	886,741	42
潮州人	461,303	22
廣府人	319,322	15
客家人	153,942	7
海南人	146,629	7
福州人	35,883	2
興化人	19,776	1
上海人	16,676	1
福清人	13,065	1
기타	49,458	2

자료: 판링(潘翕)(1998), 왕샤오핑(2004)

11. 말레이 반도 주석, 고무개발과 싱가포르 화교

초창기 싱가포르 화교는 부두하역작업을 하는 하급노동자(Coolie)였다. 19세기 말에서 20세기 초에는 말레이시아에서 주석과 고무개발이 활기를 띠어 동서무역에 종사하는 화교가 증가하였다(김종윤, 2000: 19-25).

12. 래플즈의 화교 배려정책

래플즈는 화교의 근면성을 높이 평가하여 중국인의 이주를 장려하였고, 자유무역항으로서 싱가포르를 동남아 상업 중심지로 개발하는데 화교의 역할을 기대하여 화교들의 거주지역을 상업지구의 가까운 곳에 배정했다(박은경, 2000: 325-326).

13. 부두노동자에서 무역업자로 변신

싱가포르 화교들은 전통적으로 무역업에 종사하는 사람들이 많다. 그런데 화교 무역업자들도 싱가포르 이주 초기에는 부두노동자를 하였다. 이들은 성실히 일하여 영국인 관리의 신임을 얻어 승진하여 무역업무를 배워 싱가포르가 독립했을 때 무역업을 시작하였다(이덕훈, 2005: 16).

14. 동남아 다른 지역에서 싱가포르로 재이주

중국인의 싱가포르로 이주는 중국 본토에서 뿐만 아니라. 동남아 다른 지역의 화교들이 재이주하는 경우도 많았다. 동남아의 리아우, 말라카, 페낭, 바타비아 등의 지역에 이미 정착해 있던 화교들이 싱가포르로 재이주하는 경우가 많았다. 가장 큰 이유는 싱가포르가 자유무역항으로 규제가 적어 비즈니스하는데 더 유리했기 때문이다(박은경, 2000).

15. 화교의 성비불균형과 이민정책

싱가포르가 영국령이 된 1819년부터 20세기 초까지 싱가포르에서 화교는 계속 증가 하였고 이 때 고착된 싱가포르의 종족별 인구 구성비는 현재까지 지속되고 있다. 싱가포르도 다른 동남아 국가와 마찬가지로 화교들의 이민초기에는 주로 중국에서 남성만이 싱가포르로 이주하여 남녀의 성비가 심하게 불균형하였다.

이러한 남녀간의 성비 불균형을 시정하기 위해 1933년에는 외국인법을 제정하여 중국인 여성의 싱가포르 입국은 제한하지 않고, 중국인 남성의 싱가포르 입국 인원을 월별로 제한하였다. 화교의 남여간의 성비변화로 싱가포르에 화교가족이 증가하였고 이로인해 화교의 자연증가가 이루어졌다. 1947년 싱가포르 화교인구의 56%가 중국에서의 이주가 아닌 현지 출생이었다(박은경, 2000).

16. 싱가포르는 화교가 주류집단

싱가포르는 동남아에서 유일하게 화교가 국가의 다수민족과 주류집단을 구성하고 있는 국가이다. 싱가포르는 화교가 주류집단이지만 소수민족의 동화를 요구하지 않고 조화롭게 공존하고 있다. 싱가포르 화교는 싱가포르 총인구의 약 77%를 차지하고 있어 싱가포르는 화교의 천국이라고 불리우고 있다(박형기, 2007:71). 화교는 싱가포르 상장기업의 약 81%를 차지하고 있다.또한 싱가포르 화교는 동남아 화교로는 유일하게 정치권력까지 장악하고 있다.

▶▶▷ Check Point | 총리는 계속 화교가 차지

싱가포르의 정부 수반인 총리는 독립 이후 계속 화교가 차지하고 있다, 독립 이후 싱가포르의 총리를 지낸 리콴유, 고촉통 모두 화교이고 현재 총리인 리셴룽도 화교 출신이다. 그러나 싱가포르 정부는 각료직중 일정부분을 소수계인 말레이인, 인도인 출신에게 배정하고 있다.

17. 싱가포르 정부의 다문화정책

1965년 말레이 연방으로부터 독립한 싱가포르 독립정부의 다문화정책은 화교, 말레이인, 인도인의 고유문화 보존을 가능하게 하였다. 싱가포르 화교들은 그들의 중국문화를 동향회, 종친회, 학교, 종교단체 등을 통하여 잘 보존하여 왔다(박은경, 2000: 317).

싱가포르는 다른 동남아 국가와 상이하게 화교가 싱가포르에 이주하기 전에 다수의 토착민이 거주하는 지역이 아니었다. 이러한 이유로 싱가포르는 화교와 토착민 간의 심각한 갈등은 적었다. 특히 싱가포르 정부는 정책적으로 민족차별을 없앴다.

싱가포르는 독립 이후 기본적으로 다문화정책을 추진하였다. 따라서 싱가포르 사회에서 모든 종족의 문화가 존중되고 화교가 다수이지만 다른 종족과 모든 면에서 동등하게 공존하고 있다.

▶▶▷ Check Point | 바나나족

최근들어 서구화된 싱가포르 화교들은 자신의 선조가 중국인이라는 것을 굳이 들어내려 하지 않은 경향을 보이고 있다. 싱가포르 화교의 특징은 서구화되어 있다는 점이다. 이처럼 서구화된 화교를 겉은 노란색으로 황인종인데, 속은 서구 사람들과 같은 흰색이라는 의미로 바나나족이라고 부른다. 싱가포르 화교들은 다른 동남아국가들의 화교보다 상대적으로 서구화되었다.

18. 싱가포르의 중국정책과 화교

싱가포르 정부는 1980년대 말까지 반공정책을 추진하면서 중국보다는 대만과 더 가까운 관계를 유지했다. 싱가포르는 1990년 10월에 중국과 정식국교를 수립했다.

그 이후 싱가포르의 기업들은 1992년부터 중국에 투자하기 시작했다. 싱가포르 화교들의 중국투자 시기는 동남아 인근 국가인 태국, 인도네시아 등의 화교기업들의 중국투자에 비해 늦은 편이었다. 가장 큰 이유는 싱가포르 정부의 대중국정책이 중국과 국교 수교 전에 반공일변도였고 싱가포르 화교의 서구지향적인 가치관이 작용하였다. 1949년에는 중국의 공산화로 지주, 상인, 지식층 등이 싱가포르로 이주했다(김종윤, 2000: 19-27).

▶▶▷ Check Point | 싱가포르는 화교의 메카

1991년 리콴유 전 수상의 발의로 싱가포르에서 제1회 세계화상대회가 개최되면서 싱가포르는 세계 화교의 메카가 되고 있다. 특히 싱가포르 중화총상회를 중심으로 세계 화상간의 글로벌 네트워크가 구축되고 있다.

▶▶▷ Check Point | 싱가포르 중화총상회 = 싱가포르 경제

싱가포르에는 설립된지 100년이 넘는 화교단체가 수십개에 이상이고 사회적으로 영향력이 있는 화교단체는 500개 이상이다. 그 중에서도 싱가포르 중화총상회 산하에는 131개 상업단체와 4,000개 업체가 회원으로 등록되어 있다(왕왕버, 2012). 화교들이 싱가포르 국내 상장회사의 81%를 차지하고 있다. 따라서 싱가포르 중화총상회는 실질적으로 싱가포르 경제나 다름없다.

▶ 싱가포르 화교총상회

19. 화교의 비중이 인교를 앞선 이유

영국이 싱가포르를 식민통치할 때 식민정부는 싱가포르를 개발하는데 필요한 인력을 중국과 인도에서 확충했다. 싱가포르 화교는 주로 중국 남부지역인 복건성과 광동성으로부터 이주되었다. 인교는 주로 인도의 북부지방과 남부에서 이주하였다.

그런데 인도인의 싱가포르 이주는 영국의 식민정책으로 1950년대에 중단되었다. 영국 식민정부는 중국인의 싱가포르 이주는 적극 장려하고, 인도인의 싱가포르 이주는 제한하였다.

이러한 영국 식민정부의 중국인 이주 장려정책으로 화교는 싱가포르 인구의 70% 이상을 차지하고 인교의 비중은 7%에 정체되었다. 경제적 측면에서도 인도계 기업은 400개 정도인데 화교기업은 4,000개 이상이다(이용주, 2012).

▶▶▷ Check Point | 싱가포르 자본 = 화교자본

싱가포르 화교 = 유통, 금융 장악
다국적 기업 + 정부계 기업 = 제조업 장악

싱가포르 총자본은 화교자본이나 다름없다. 싱가포르의 화교기업은 전통적으로 유통, 금융 등의 서비스산업을 장악하였다. 싱가포르의 제조업은 다국적 기업과 정부계 기업이 장악하고 있다.

20. 싱가포르 정부의 기업개혁과 화교

싱가포르 정부는 화교기업의 특징인 가족경영의 한계를 선진화하기 위해 다양한 개혁정책을 추진하였다. 1970년에 싱가포르정부는 은행법을 통하여 싱가포르의 금융기업들은 최고경영자를 임명할 때 싱가포르 정부의 승인을 받도록 하였다.

싱가포르 정부는 금융기업의 전문경영인의 영입을 법제화하였다. 싱가포르 정부의 가족경영 개혁정책은 리콴유 전 총리가 강력히 추진하였다. 리콴유 전총리는 전근대적인 가족경영은 싱가포르 현대화를 가로 막는다고 생각했다. 리콴유는 화교기업들의 소유와 경영의 분리와 전문경영인의 영입을 주장했다(왕왕버, 2012).

그림 | 주식회사의 지배 구조

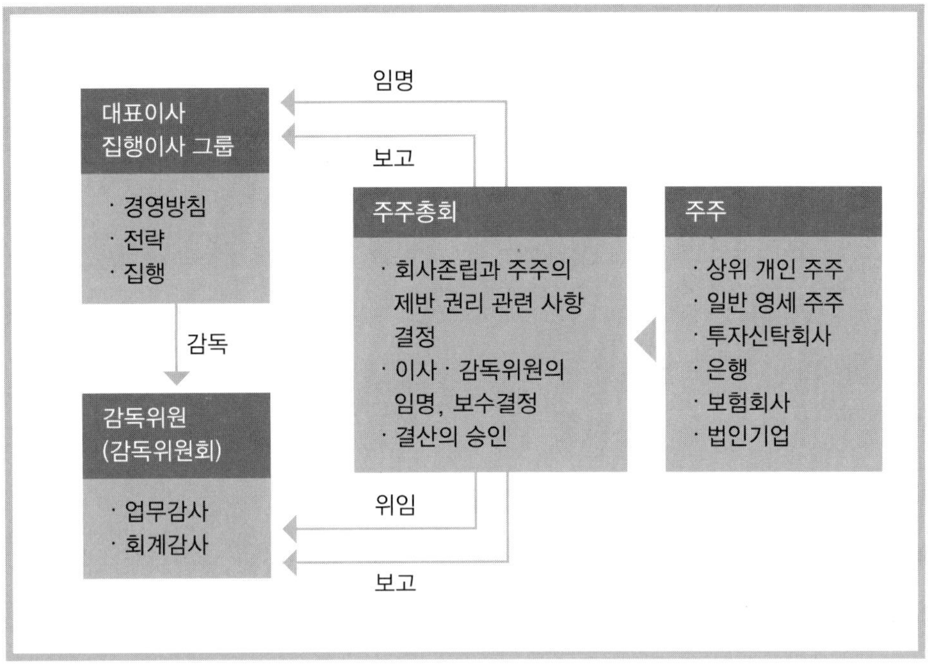

자료: 왕샤오핑(2004)

▶▶▷ Check Point | 화교기업의 오너경영은 여전히

싱가포르의 화교기업들은 싱가포르 정부의 정책에 부응하여 전문경영인들을 영입하고 선진화된 신경영기법들을 도입하였다. 그러나 본질적인 가족경영의 지배구조는 변화지 않고 있다. 화교기업들은 가족지배 체제를 공고히 하기위하여 외부에서 전문경영인을 영입하여도 단기간 임용하거나 사내의 중요한 직책에서 배제하고 있다(왕왕버, 2012).

▶▶▷ Check Point | 다국적 기업이 화교기업의 현대화를 촉진

화교기업: 다국적 기업의 싱가포르 진출 → 화교기업의 현대화 촉진
화교기업 경영 현대화 = 다국적기업과 협력 + 상장

싱가포르 화교기업은 싱가포르에 진출해 있는 다국적기업들과 협력하는 과정에서 경영 현대화가 이루어 졌다. 또한 싱가포르 화교기업들은 1960년대 말 증권시장에서 투자재원을 확보하기 위하여 상장을 하였는데 상장을 통해 화교기업들의 경영 현대화가 가속화되었다(이용주, 2005).

▶▶▷ Check Point | 화교 제조업체들 중국에서 경쟁력 향상

싱가포르 화교기업은 제조업이 상대적으로 약하지만 맥주, 식용유 등 식품 및 자원가공 분야의 화교기업들이 중국에 투자하여 중국 내수시장 확대로 큰 성과를 거두고 있다.

▶▶▷ Check Point | 중국이 싱가포르에 투자하는 이유

많은 중국기업이 싱가포르에 현지법인을 설립하여 글로벌 자금조달을 하고 있다. 또한 싱가포르는 중국의 동남아 진출 전진기지로서 각광받고 있다(김영래, 2012).

21. 싱가포르의 화교기업

표 | 싱가포르 주요 화교기업 (단위: 백만달러)

순위	기업명	대표자	사업 분야	총매출액
1	Wearne Brothers Ltd.	Tangl-Fang	OCBC 그룹 지주회사	510
2	Kuo International Pte Ltd.	Ong Beng Seng	투자	360
3	Hong leong Corporation Ltd.	John Wong	무역, 시멘트, 자동이륜차	335
4	City Development Ltd.	Kwek Leng Beng	부동산	263
5	Metro Holdings Ltd.	Long Tjoe Kim	지주회사, 무역	221
6	Kuok(Singapore) Ltd.	Teo Joo Kim	무역, 부동산	219
7	Lee Rubber Co Pte Ltd.	Lee Seng Wee	무역	192
8	Lum Chang Holdings Ltd.	Raymond Lum	지주회사	191
9	Yeo Hiap Seng Ltd.	Alan Yeo	식품	186
10	Tan Chong & Sons Motor Co.	Tan Eng Soon	무역, 자동차	177

자료: 이문봉(1994)

1) 홍릉그룹

홍릉그룹은 싱가포르 중화총상회 회장인 곽영유가 총수이다. 홍릉그룹은 싱가포르에서 가장 큰 부동산기업중 하나이다. 홍릉그룹은 싱가포르의 주요 상업지구에 30여개 빌딩을 소유하고 있다. 홍릉그룹은 전세계 10여개국에 90여개 호텔을 소유하고 있다. 한국의 힐튼호텔도 소유하고 있다.

2) 싱가포르의 화교은행

싱가포르 화교은행은 자유로운 자본이동과 비밀보호 정책으로 동남아 인근국가들의 화교 자본이 집중되고 있다. OCBC(Overseas Chinese Bank Corporation, 화교은행)는 1933년 설립된 싱가포르 최대의 민간은행이다.

UOB(United Overseas Bank, 대화은행)는 싱가포르 2위의 민간은행이고, OUB(Overseas Union Bank, 화연은행)는 싱가포르 3위 민간은행이다.

▶ UOB 은행 (자료: http://uob.com/sg)

▶ OUB Centre

▶ OCBC 은행 (자료: http://ocbc.com/sg)

제2장 브루나이

VAIO

Dessert

1. 브루나이 이야기

동남아 국가중에서 한국사람들에게 가장 낯선 국가중에 하나가 브루나이다. 브루나이는 한국인이 한국보다 잘 산다고 생각하는 서양의 나라들 못지 않게 경제적으로 풍요로움이 듬뿍 묻어나는 나라이다. 석유가 준 선물이다.

그런데 석유의 고갈이 점점 가까이 다가오면서 브루나이의 고민도 하나, 둘 늘어가고 있다. 브루나이 수상촌을 걷다보면 브루나인들의 여유롭고 종교적인 삶의 모습을 느낄 수 있다. 수상촌엔 경찰서, 소방서, 학교 등 없는게 없다. 동남아 다른 국가들의 초라한 수상촌과는 다른 분위기이다. 이 또한 경제적 풍요가 가져다 준 브루나이의 모습이다.

브루나이는 아시아 동남부에 있는 왕국으로 말레이어, 영어, 중국어를 사용하고 5,765㎢의 면적으로 인구는 약 40만명이다. 브루나이 경제는 석유 및 천연가스 산업이 주도하고 있다. 브루나이는 이슬람국가이지만, 영연방국가이다.

그림 | 1995-2010 브루나이 GNI/GDP 성장률 (단위: %)

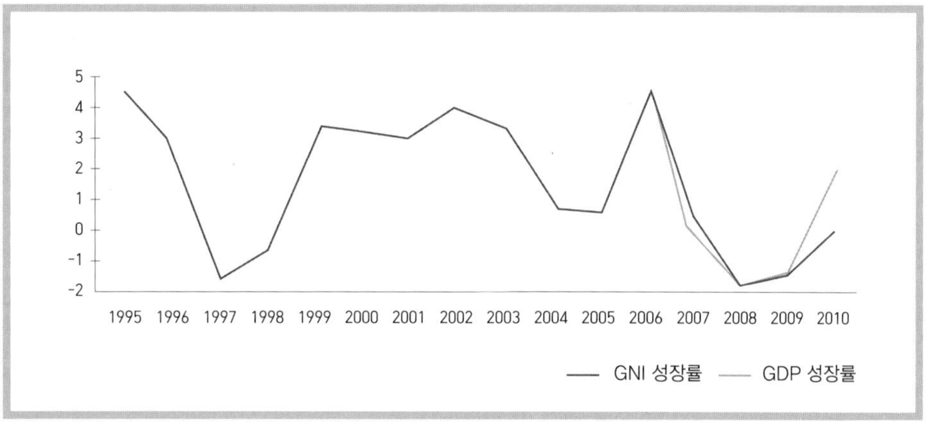

자료: world bank(2010)

그림 | 브루나이 연도별 수출입 상품 및 서비스 현황

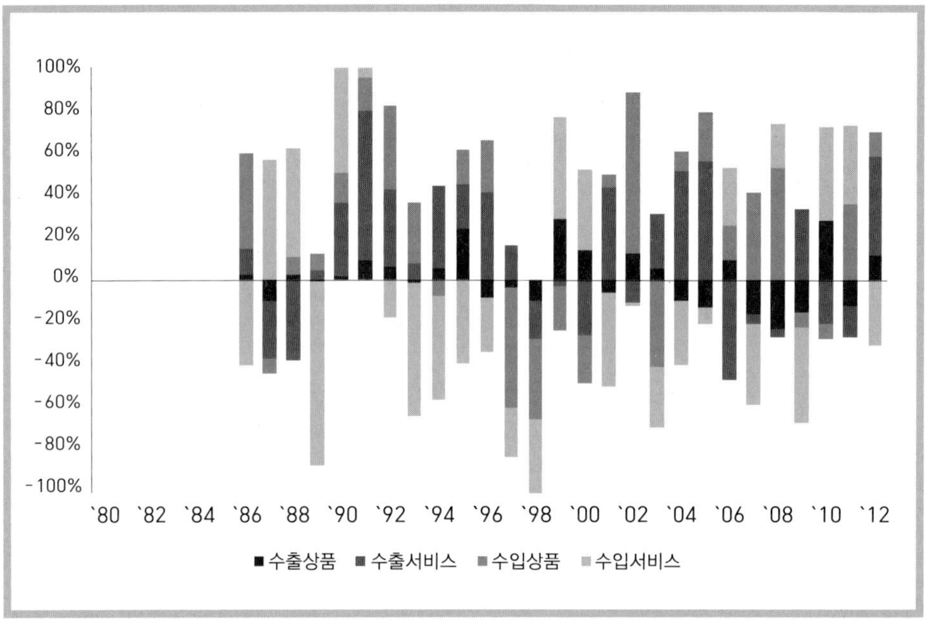

자료: International Monetary Fund(2012)

2. 화교의 브루나이 이주이유

15~16세기 브루나이는 후추생산과 무역이 활성화되면서 노동인력이 필요하여 대규모 중국인들의 이주를 받아들였다. 1922년에는 많은 화교들이 석유개발에 고용되면서 브루나이 화교 수는 급증하였다(Aseam, 2013).

▶▶▷ Check Point | 칼리만탄의 금과 화교

1740년에서 1745년 사이 칼리만탄의 술탄은 브루나이에서 화교를 모집하여 금 채취에 나서 대규모 금을 생산하였고, 칼리만탄섬에는 화교가 직접 운영하는 채광 사업체가 많았다(홍원선, 2000).

3. 브루나이 화교는 시민권이 없다

브루나이 정부는 1961년에 화교들을 통제하는 법령을 제정하여 화교들이 시민권을 취득하는 것을 제한하였다. 브루나이 화교들의 약 90%는 시민권이 없어 의료 및 교육의 무료혜택을 받을 수 없고 부동산 매입도 할 수가 없었다.

브루나이 화교들은 상당수가 브루나이 시민권이 없다. 브루나이 화교들은 브루나이 시민권이 없기 때문에 상업과 무역 등의 비공공부문에 종사하고 있다.

4. 화교가 시민권을 얻으려면

화교들이 브루나이 시민권을 얻으려면 20년 이상 브루나이에 거주해야 하고 브루나이 정부가 시행하는 말레이어 시험에 합격해야 한다. 이러한 이유로 인해 브루나이에서 경제적으로 성공한 화교들은 자녀들의 장래를 위해 호주나 캐나다 등지로 투자이민을 떠나고 있다(Clark D. Neher, 1994: 155-159).

제3장 말레이시아

CHRIST CHURCH MELAKA
1753

KL MONORAIL

1. 말레이시아 이야기

말레이시아는 초등학교 시절에 메르데카컵 축구로 기억되었던 나라이다. 말레이시아의 랜드마크는 트윈타워빌딩이다. 하늘 높이 세련되게 높이 솟구친 이 빌딩은 말레이시아의 비전과 염원이 담겨 있다. 말레이시아는 2020년에 선진국으로 도약하는 꿈을 갖고 있다.

말레이시아는 동남아에서 자원이 풍부하면서 공업화에도 성공한 선발 아세안 국가이다. 또한 말레이시아는 이슬람국가이지만, 동남아의 다른 이슬람국가에 비해 종교적 엄숙함뿐만 아니라 자유로움도 넘쳐나는 국가이다. 말레이시아는 동남아의 대표적인 다문화, 복합사회로 다양한 문화가 공존하고 있는 다채로운 국가이다. 말레이시아는 아시아 동남부에 있는 입헌군주국으로 지역적으로 서부지역과 동부지역으로 구분된다.

그림 | 1995-2011 말레이시아 GNI/GDP 성장률 (단위: %)

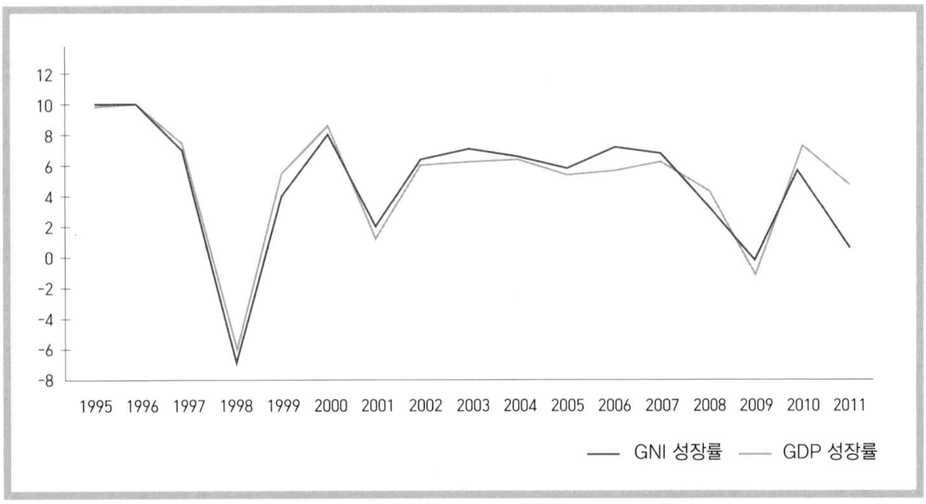

자료: world bank(2011)

그림 | 말레이시아 연도별 수출입 상품 및 서비스 현황

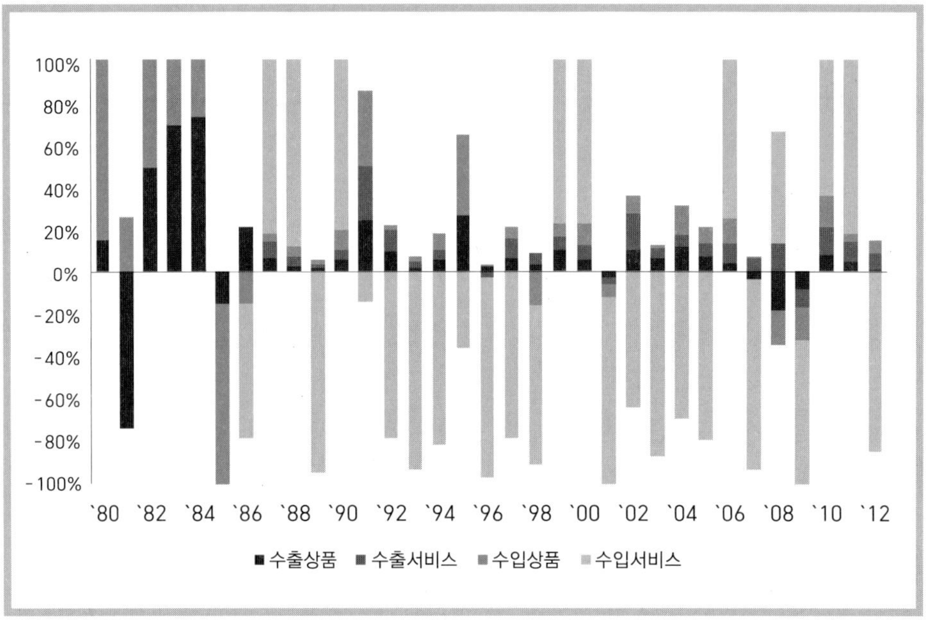

자료: International Monetary Fund(2012)

2. 말레이시아의 건국과정

1957년 말레이반도는 영국으로부터 독립하여 말라야 연방이 출범하였다. 1963년에는 말라야 연방에 사바, 사라왁, 싱가포르가 참여하여 말레이시아연방이 성립되었다. 그러나 1965년에 싱가포르가 말레이시아연방으로부터 독립하면서 현재의 말레이시아가 되었다.

3. 인종간 상이한 산업구조

말레이시아는 대표적인 다민족 국가이다. 말레이시아는 영국 식민지 유산으로 복합인종사회가 되었다. 말레이인이 총인구의 60% 이상이다. 화교는 약 23%를 차지하고 있고 인교는 약 7%이다. 말레이인들은 1차 산업에 집중되어 있고 화교들은 3차산업에 집중되어 있다.

표 | 말레이시아의 인종간 산업구조

산업 \ 민족	말레이인	화교	인교	기타	계
1차산업 종사비율	67.6	21.4	10.1	0.9	100.0
2차산업 종사비율	30.8	59.5	9.2	0.5	100.0
3차산업 종사비율	37.0	48.3	12.6	1.2	100.0

주:1970년대 산업별 민족 집단 간의 고용구조 비율(%)
자료: Mid-term Review of the Third Malaysia Plan, 1976-1980; 소병국 1994.

4. 말레이시아 화교는 소수민족이 아니다

말레이시아에서 화교는 소수민족인가?

말레이시아 화교들은 다른 동남아 국가들의 화교사회에 비해 현지 토착사회로의 문화적 동화가 가장 낮다(조흥국, 2000). 말레이시아에서 화교는 소수민족이라기보다는 주류민족인 말레이인과 함께 말레이시아를 구성하는 가장 핵심적인 종족집단중의 하나이다. 이러한 이유로 말레이시아의 화교들은 동남아 다른 지역의 화교들에 비해 상대적으로 중국의 고유한 문화적 전통과 중국혈통으로서의 정체성을 강하게 유지하고 있다. 또한 상대적으로 정치에 참여할 수 있는 제도적 장치도 마련해 놓고 있다(박사명외,2000).

5. 말레이시아 화교의 특징

말레이시아 화교사회는 성씨협회가 큰 구심적 역할을 하고 있다. 말레이시아 북부 페낭시에는 구씨, 임씨, 담씨 등 대규모 성씨협회(kongsi)가 있다(최덕경, 1999: 홍재현, 2012). 말레이시아내에서 화교의 지위는 말레이시아 정부의 중국에 대한 정책변화에 따라 지대한 영향을 받았다(양승윤, 1998).

말레이시아 화교는 동남아 다른 나라의 화교에 비해 현지사회에 동화가 낮고, 혼혈도 낮은 수준이고 동남아에서 유일하게 화교정당을 구성하여 말레이계 정당과 연립정부를 형성하고 있다. 또한 동남아의 다른 화교들은 특정방언집단이 그 나라 화교사회에서 다수를 차지하고 있지만, 말레이시아는 화교사회가 방언집단별로 균등하게 분포되어 있다(오명석, 2000).

6. 말레이시아 화교의 경제력

화교는 말레이시아 총인구의 약 30% 정도인데 말레이시아 상장주식의 61%를 소유하고 있고, 경영분야의 전문인력 중 60%를 점유하고 있다(이성준, 2000: 587).

7. 화교의 정치참여와 화교정당

말레이시아 화교들은 MCA(중국인연합)라고 불리는 말레이시아에서 두번째로 큰 화교정당을 통해 정치에 적극적으로 참여하고 있다. MCA(중국인연합)는 여당연합에 참가하고 있다. 화교들의 투표율은 60~70% 이상으로 화교들의 정치에대한 관심과 참여가 높다. 말레이시아 정부에서 화교출신의 부장과 부부장이 다수 배출되었다. 또한 말레이시아 국회에는 수십명의 화교출신 의원이 있다(왕왕버, 2012).

8. 중국인, 인도인이 말레이시아에 이주한 이유

19세기 말 영국은 식민지배지역인 말레이시아의 주석광산과 고무농장에서 일할 값싼 대규모 노동력이 필요했다. 말레이시아 현지의 토착민 노동력은 부족했고, 식민지 개발에 적합하지 않았다. 영국은 부족한 노동력을 충원하기 위해 중국인과 인도인을 말레이시아로 이주시켰다(김종윤, 1994: 55).

9. 말레이시아 화교의 구성

1860년부터 1940년까지 영국의 말레이시아 식민통치 시기에 말레이시아로 이주한 중국인들은 중국 남부로부터 이주한 가난한 노동자와 농부들이 대부분이었다.

이들은 주석 광산뿐만 아니라 토착민인 말레이인들이 기피하는 일들을 도맡아했다(Clark D. Neher, 1994: 117). 현재 말레이시아에 거주하는 화교들은 대부분은 영국의 식민통치시기에 이주한 사람들의 후손이다. 나머지 화교들은 말레이시아에 수백년 전에 이주해 온 중국인의 후손들이다(Heidi Munan, 2005: 69).

10. 화교는 도시, 말레이인은 농촌

말레이시아에서 땅의 자손들(bumiputra)인 말레이인은 대부분 무슬림으로 주로 농촌지역에 거주하면서 농업에 종사하고 있다. 이에 비해 화교들은 비무슬림들로 주로 도시에 거주하면서 비즈니스에 종사하고 있다(홍석준, 2000: 97). 쿠알라룸푸

르의 인구의 70%는 화교이다. 말레이인의 비율은 20%에 불과하고 나머지 10%도 인도계이다.

▶▶▷ Check Point | 화교가 도시에 집중된 이유

19세기 초반 말레이시아로 이주해 온 중국인들은 주석 광산, 고무 농장, 항만과 도로 건설 사업장 등의 도시건설 인부로 일을 했다.

화교들은 영국이 추진하는 각종 도시개발 사업장을 옮겨다니며 일을 했다.이런 과정에 도시에 정착한 경우가 많았다. 이에비해 말레이시아 토착민은 농사를 지으며 그들이 본래 살고 있는 농촌을 떠나지 않았다.

또한 1948년부터 영국 식민정부는 말레이시아의 열대림을 근거지로 활약하는 화교 중심의 공산당 게릴라를 소탕하기 위해 농촌에 거주하고 있던 일부 화교를 도시 근교로 대거 이주시켰다(김종윤, 1994: 51-54).

11. 말레이시아 화교의 방언집단별 거주지역

영국의 식민지배 초창기인 18세기까지 말라카의 화교는 주로 복건인이었지만, 해협식민지 시기에는 새로운 화교의 방언 집단별 구성이 훨씬 다채로워졌다.

복건인은 해협식민지에 주로 거주했고, 광동인과 객가인은 해협식민지와 말레이 반도의 광산지역에 거주했다. 또한 조주인은 조호르와 페낭 인근의 프로빈스 웨슬리의 상업적 농업지역에 거주했다(박사명 외, 2000).

12. 화교의 방언집단별 직업

화교들은 일반적으로 교육과 출세를 강조했다(Clark D. Nether, 1991: 117). 말레이시아 화교는 자신의 중국 출신지역별 방언을 사용하는 방언집단별로 분리되고 이러한 방언집단은 특정직업과 연계되었다. 예를들어 호끼엔(Hokkiens, 福建) 출신의 화교는 고무자영업자, 하카(Hakkiens)는 음식업, 금은 보석상, 하이난 섬(Hainanese, 海南) 출신의 화교는 소매업과 도매업에 주로 종사했다(Yen Ching-hwang, 1986).

그러나 이러한 화교사회의 방언집단별 분할과 경제적 특화는 최근들어 모든 경제 분야에서 화교들간의 경쟁이 치열해지면서 와해되고 있다(홍석준, 2000: 90).

▶▶▷ Check Point | 영어는 방언집단별 공통언어

말레이시아 화교들은 중국의 다양한 지역에서 이주해 온 사람들이 많다 이로인해 상호간에 잘 통하지 않는 방언을 사용하는 화교가 많다. 광동어를 하는 화교와 객가어를 하는 화교사이에는 말레이시아에서 영어가 유일한 공통어가 된다. 이처럼 영어는 말레이시아의 화교를 통합하는 역할을 하고 있다(Terri Morrison. 1994: 282).

▶▶▷ Check Point | 화교는 일시적 체류자에서 영구적인 정착인으로

영국 식민지 초기 화교사회는 일시적 체류자의 사회였으나 화교들이 말라야에 정착하면서 중국문화도 동시에 동남아에 정착되기 시작했다. 화교사회가 초기 이민사회에서 거주사회로 변모되었다.

13. 해협식민지 재정, 조세구조와 화교

화교의 노동력 → 식민지 개발
화교 인구 증가 → 식민정부의 세입증대

19세기 영국의 말레이반도 해협식민지는 동남아에서 가장 분주한 중계무역항이 되었고, 국제비즈니스 도시로 발전했다. 해협식민지는 영국이 지배했지만 초기부터 화교를 포함한 다양한 종족들의 이민자들의 사회가 형성되었다. 특히 화교들은 인구구성에서 주요 종족을 차지하였다.

영국은 해협식민지(페낭, 말라카, 싱가포르)에 사람과 물자가 넘쳐나길 바랬다. 그래서 영국은 해협식민지는 관세와 소득세를 부가하지 않았다. 해협식민 정부의 재정은 소비세로 충당했는데 그 당시 소비세의 주요 종목은 아편과 술이였다(Turnbull, 1972).

소비세의 상당부분을 차지한 아편과 술의 최대 소비자는 화교였다. 따라서 해협식민지에 화교의 유입 증가는 해협식민지 소비세 증가로 이어졌다. 또한 아편과 주류에 대한 세금징수권도 해협식민지 정부를 대신하여 화교에게 도급되어 화교들이 세금징수를 하였다. 이 과정에서 일부 화교들은 아편과 술의 독점판매권을 얻기도 했다(Asean, 2012).

▶▶▷ Check Point | Straits Settlement란 무엇인가

해협식민지(Straits Settlement)는 페낭, 싱가포르, 말라카 세도시를 묶어서 지칭하는 것으로 세도시 모두 말라카 해협에 입지한 국제무역항이다. 영국 동인도회사는 중국과의 무역 확대를 위한 교역항로의 거점도시를 확보하기 위해 1786년 페낭섬, 1819년 싱가포르를 각각 끄다(kedah)왕국과 조호르(Johor) 왕국의 술탄으로부터 조차받았다. 또한 1824년에는 네덜란드로부터 이양받았다.

영국 동인도회사는 이 세도시를 단일 행정체계로 운영하였고 1870년 이전까지 영국의 말레이반도 식민지배는 해협식민지에 국한되었기 때문에 해협식민지라고 부른다. 해협식민지는 1867년 영국 왕실식민지(Crown Colony)가 되기 전까지 영국 동인도 회사의 관장하에 있는 인도 식민정부에 소속되어 있었다(오명석, 2000).

▶▶▷ Check Point | 페낭개발과 화교

말레이반도의 중앙부 페낭을 점령한 영국은 이 섬을 개발하기 위하여 대량의 노동자를 필요로했고, 이러한 필요에 의해 말레이반도로 대규모의 중국인 이주가 발생했다(이덕훈, 1998: 9).

영국인들이 페낭에 관심을 가진 이유는 페낭이 중국과 인도의 중간지대로 선박수리와 선박의 운항에 필요한 선용품 등을 공급받기 좋았고, 향신료집산기지로도 적합했기 때문이다.

그러나 페낭에 식민거점을 마련한 영국인들은 페낭지역에 만족하지 못하고, 싱가포르를 자유항으로 개발하여 화교들이 싱가포르로 이주하여 장사를 하도록 하였다(홍원선, 2012).

▶▶▷ Check Point | 까삐딴 차이나와 사법권

까삐딴 = 우두머리

말라카를 지배했던 포르투갈, 네덜란드, 영국 모두 화교를 직접 관리하지 않았다. 식민정부는 화교 지도자에게 까삐딴(甲必丹) 차이나의 직위를 주고 이들로 하여금 화교사회를 관리하는 간접통치를 하였다. 이러한 까삐딴 차이나제도는 해협식민지에 사법권이 구축되면서 폐지되었다(Freedman, 1979).

말레이 지배계급도 광산개발권, 징세도급권 등을 화교지도자에게 부여하고 이들

중에서 화교사회의 추천을 받아 까삐딴 차이나를 임명했다(오명석, 2000). 스페인이 통치하였던 필리핀에서는 화인공회의 선출을 거쳐 스페인 국왕이 까삐딴을 임명하였다(박사명, 2000).

▶▶▷ Check Point | 주석광산, 고무농원과 화교

제국주의 시대 주석광산과 고무는 말레이시아 경제의 양대지주였다. 말레이시아를 식민통치하던 영국 식민당국은 말레이반도에서 대량의 주석광산이 발견되면서 말레이시아 주석광산에서 일할 대규모 노동자가 필요했다. 영국 식민당국은 대규모 노동자를 중국에서 찾았다. 영국 식민당국은 중국인 노동자들을 말레이시아에 대거 유입시켰다(양승윤, 2003).

1891년 말레이 반도에서 주석을 채굴하는 화교가 10만명 이상이었다. 이렇게 중국인은 주석광산과 고무농원의 노동자로 유입되었지만, 1920년대 말에는 말레이시아 전체 고무농원의 1/3을 중국인이 소유하였다(홍재현, 2012). 19세기말에는 주석광산의 대부분을 화교가 운영하였다. 특히 20세기 초 구미의 자동차공업이 발달되면서 고무에 대한 수요가 급증하여 화교의 고무사업은 번창하였다(홍원선, 2012).

14. 해협식민지의 통치방식과 화교의 지위

영국은 말레이반도를 분할통치하였다. 해협식민지는 왕실직영 식민지로 지정하여 자유무역주의체제로 영국이 직접 통치하였다. 영국은 해협식민지 이외의 말레이반도 지역은 9개주의 술탄들이 영국 식민당국과 협정을 맺어 통치하게 하였다.

영국의 식민지배 시기 말레이반도의 화교들은 정치, 행정을 제외한 모든 분야에서 자유롭게 활동할 수 있었다. 화교들은 영국의 해협식민지 건설과정에서 자유로운 상업활동을 통해 부를 축적하였다(오동훈, 1998).

생각해봅시다 화교들의 상행위는 매판적 상업활동이었는가

생각해봅시다 말레이시아에서 화교는 도시에 집중 거주하였고, 말레이인은 농촌에 주로 거주하였는데 이러한 현상이 경제에 미친 영향은 무엇인가

15. 고리대금업 말레이인 NO, 화교 YES

동일한 말레이시아 하늘아래 살았던 과거 말레이인과 화교는 돈에 대한 시각이 달랐다. 무슬림에게 고리대금업은 종교적으로 금지되어 있다. 고리대금업은 이슬람 정신에 위배되는 것이다. 이에비해 화교들에게 고리대금업은 생존수단이었고, 부를 축적하는 토대가 되었다.

▶▶▷ Check Point | 화교와 말레이인의 역사적 다른 경험의 결과

말레이인들은 천혜의 자연환경 속에서 배고픔을 뼈저리게 느끼지 못하고 살아 왔다. 또한 전쟁과 배고픔을 절박하게 경험하지 못했다. 이에 비해 중국에서 전쟁과 배고품의 고통을 경험한 화교들은 수단, 방법가리지 않고 부를 축적했다.

▶▶▷ Check Point | 해협식민지 화교와 말레이반도 화교의 차이점

무역항인 해협식민지 화교는 무역과 유통 등의 상업에 종사하였다. 이에비해 상업적 농업지역과 광산지역인 말레이반도의 화교는 대규모 상업작물 재배와 주석광산 개발에 종사하였다(오명석, 2000).

16. 영국과 일본의 상이한 식민통치와 화교

영국의 식민지배하에서 화교는 영국 식민지배자와 우호적인 비즈니스 관계를 형성하여 자본을 축적하였다. 이에 비해 일본의 말레이시아 점령 시에 일본 식민지배자들은 말레이인을 중용(重用)하고 화교를 차별하는 반화교정책을 실시하였다. 1941년 말레이시아를 점령한 일본군은 말레이인들에게 말레이 민족주의를 쇠뇌시켜 일본의 침략에 대한 정당성을 확보하면서 화교를 차별하고 억압하였다.

▶▶▷ Check Point | 일제강점기 화교와 말레이인의 갈등

일본이 말레이시아를 침공하자 말레이시아의 화교들은 말레이인 공산당과 함께 항일 무장투쟁을 하였다. 그러나 일본군이 말레이 우대정책을 추진하자 말레이인 중에 친일본적인 사람이 증가하였고 이로인해 화교와 말레이인과의 갈등이 발생하였다(Sterling Seagrave, 2004).

▶▶▷ Check Point | 화교의 모아 둔 돈이 말레이시아 경제정책과 만남

1966년부터 본격적으로 시작된 말레이시아의 경제개발 정책에 화교들은 노동과 상업으로 모아 둔 자본을 바탕으로 적극적으로 참여하여 말레이시아 경제를 장악하게 되었다(김종윤, 1994: 51-54).

▶▶▷ Check Point | 말레이시아, 중국관계와 화교

독립 이후 말레이시아와 공산화된 중국의 관계는 호의적이지 않았다. 이로 인해 말레이시아 화교도 입지가 좁아졌는데 1985년 마하티르 총리의 중국방문과 말레이시아인의 중국방문 여행규제가 해제되면서 양국간의 상호교류가 확대되었다(이성준, 2000: 587).

17. 반화교 인종폭동과 말레이인 우대정책

1969년 말레이시아에서 발생한 반화교 인종폭동은 독립 후 말레이시아 사회에서 말레이인과 화교간의 민족문제의 분수령이 된 사건이다(홍석준, 2000: 96). 반화교 인종폭동 후 말레이시아 정부는 반화교 인종폭동의 원인이 화교의 경제력 장악에 의한 말레이인의 경제적 박탈감에 있다고 파악하고 말레이시아 정부는 말레이인을 우대하는 부미부트라(抑華扶馬)정책을 도입하였다. 부미푸트라 정책으로 말레이시아의 화교는 경제적으로 차별을 받게 된다.

말레이시아 정부는 전체 인구의 약 30%인 화교가 말레이시아 경제력을 장악하고 있는 현상을 개선하기 위하여 부미푸트라(Bumiputra)정책을 실시하였다.

신경제정책의 목표는 공업과 상업의 각 영역에서 토착민이 주식의 30%, 비토착민이 40%, 외국인이 30%를 갖도록 하여 빈곤을 없애고 사회를 다시 구축하는 것이다(홍원선, 2012).

말레이인 우대조치의 주요내용은 다음과 같다. 말레이인들의 자산지분율(equity ownership)의 확대를 위해 말레이인들에게 민영화 기업 매입의 우선권을 부여하고, 특정 개발지역 토지매입, 주택매입, 신규주식 매각 등의 경제활동에 특혜를 부여하였다(김종윤, 2003). 말레이시아 정부의 부미푸트라 정책 시행 이후 말레이시아의 2대 상업은행 중의 하나인 말라야 은행 등 화교소유의 은행이 국유화되거나 말레이화되었다.

또한 화교의 주식 취득과 자본 소유도 제한되었다. 말레이시아 제조업체중에서 25명이상의 사업체가 사업면허를 받으려면 주식의 30%를 말레이인에게 할당해야 했다(Jesudason, 1989).

18. 부미푸트라 정책에 대한 화교의 대응전략

화교기업은 새로운 경제여건의 변화에 대한 적응력을 발휘하여 비즈니스 영역을 오히려 확장하였다. 화교기업들은 말레이시아내의 경제적 차별 대우를 피해 인근 동남아 지역 국가로 진출을 하였고, 1992년 말부터는 중국 진출을 확대하고 있다.

말레이시아 정부의 신경제정책에 대해 화교들은 말레이인 정치인들과 사업을 합작하여 경제 기회를 확보하는 적극적인 대응을 하기도 하고 말레이시아에서 투자를 회피하는 소극적인 대응을 보이기도 했다.

말레이시아의 일부 화교는 신경제정책을 적극적으로 수용하여 신경제정책에서 명시한대로 기업의 지분과 고용에 말레이인을 참가시켰다. 특히 말레이인중에서 정치권력을 갖고 있는 사람들을 화교기업의 경영에 참가시켜 적극적으로 말레이시아 정책사업에 참가하였다.

이에 비해 일부 화교기업들은 기업의 분할 소유을 통한 기업규모의 축소로 신경제정책의 법망을 피했다. 또한 일부 화교기업들은 화교들에게 제한이 많은 말레이시아 국내에 투자하지 않고 해외에 투자하는 경우도 발생하였다. 화교 경제단체는 신경제정책이 말레이시아 경제의 위축을 가져와 결국에는 말레이인에게도 좋지 않은 영향을 미친다는 신경제정책의 반박논리를 펼치면서 말레이인들을 설득하기도 했다(노영순, 2010).

▶▶▷ Check Point I 말레이시아에서 화교의 알리 바바 사업

알리바바(Ali Baba)사업은 말레이시아 정부의 말레이인 우대, 화교 차별의 부미푸트라 정책에대한 대응전략으로 나온 사업방식이다. 알리는 말레이인에게만 제공되는 특혜를 화교가 받을 수 있도록 자격요건을 도와주는 말레이인을 의미하고, 바바는 실제로 기업을 경영하는 화교이다(Murray Weidenbaum, 1996).

표 | 말레이시아 민족별 인구구성 및 소유비중 추이

(단위: %)

구 분	인구구성비	1970	1990	1999
부미푸트라	58.1	1.5	19.3	19.1
비부미푸트라	41.9	36.4	55.3	48.2
- 중국계	24.3	22.8	45.5	37.9
- 인도계	6.9	0.9	1.0	1.5
- 기타	3.2	12.7	8.8	8.8
외국인	7.5	62.1	25.4	32.7
계	100.0	100.0	100.0	100.0

자료: 정영규(2003)

표 | 신경제정책에 대한 화교의 대응

태도	화인	
	개인차원	집단차원
적극적 대안	경제 환경의 틈 내지는 기회를 조작하여 이윤확대와 개인 기업 확대	화교 사회 집단과 정치집단의 법인화 운동
소극적 대안	국내 투자를 기피하고 자본을 해외로 유출하거나 기업을 소규모화해서 법의 적용 공간을 탈피	기업가의 압력 집단이 신경제 정책의 철회 내지는 수정을 요구하거나 대안이 되는 정책 제시

자료: 노영순(2010)

19. 말레이시아의 화교기업

표 | 말레이시아의 주요 화교 기업 (단위: 백만달러)

순위	그룹명	총수명	사업 분야	총매출액
1	Perlis Plantations Bhb.	로버트 곽 Hoch Nien	플랜테이션, 제분, 호텔, 소매업	982
2	Tan Chon Motor Holdings Bhd.	Ta Kim Hor	자동차, 부동산, 화장품	773
3	UMW Holdings Bhd.	Eric Chia	자동차, 농업기기, 건설, 금융	740
4	Lion Corporation Bhd.	Wifam Cheng Heng Jem	금속제품, 자동차, 타이어	529
5	Kamunting Corporation Bhd.	Lim Bok Yeong	부동산, 오토바이제품	510
6	Hong Leong Company(M)Bhd.	쿠엑렁찬	섬유 · 의류, 부동산	456
7	Oriental Holdings Bhd.	Loh Boon Siew	자동차, 플라스틱 제품	443
8	Berjaya Group Bhd.	Vincent Tan Chee Yion	섬유 · 의류, 부동산	430
9	IGB Corporation Bhd.	Tan Chin Nam	건설, 부동산, 채석	426
10	Genting Bhd.	Lim Goh Tong	리조트, 부동산, 플랜테이션	346

주: 타이, 인도네시아와 달리 상기 기업명은 그룹 단위가 아니고 개별 기업 이름임
자료: Klse Annual Companies Handbook, 1993년: 이문봉, 1994.

1) 곽그룹

말레이시아 곽그룹은 말레이시아의 대표적인 화교기업으로 궈허녠(郭鶴年)이 총수이다. 말레이시아의 조호르주에서 무역업을 시작 CEO 궈허낸이 설탕왕, 호텔왕이라는 호칭을 듣고 있을 정도로 곽그룹은 제당과 호텔이 주력 업종이며, 사탕수수는 세계 거래량의 약 10%, 말레이시아 국내 거래량의 약 80%를 장악하고 있다.

호텔은 샹그릴라 호텔 체인이 유명하다. 샹그릴라 호텔은 전 세계 70개여 곳에 호텔을 소유하고 있다. 1989년에 설립한 트레이더스 호텔(Traders Hotel)은 곽그룹 계열의 호텔이다. 곽그룹의 산하에는 200개의 계열사가 있는데 제당, 호텔뿐만 아니라 해운, 금융 등 다양한 분야에 진출한 복합기업이다. 곽(Kuok) 그룹은 말레이시아뿐만 아니라 싱가포르, 홍콩, 태국, 필리핀 등에도 상장되어 있다(정성호, 2004).

▶ 샹 그릴라 호텔 (자료: http://www.shangri-la.com)

2) 겐팅그룹

겐팅그룹(Genting Group)은 1964년에 화교인 림고통에 의해 설립되었다. 겐팅 그룹의 주요 사업은 카지노와 놀이공원이다. 말레이시아 최대의 리조트인 겐팅 하일랜드가 대표적이다.

겐팅은 카지노를 통해서 사업을 확장하였다. 겐팅은 1960년 중반 말레이시아의 고원지역인 겐팅 하일랜드에 대규모 카지노를 설립하였다.

▶ 겐팅그룹 (자료: http://www.shangri-la.com)

제4장 인도네시아

4

PERINGATAN
HARI KOPERASI NASIONAL KE - 65
Koperasi Mandiri
Rakyat Makmur

1. 인도네시아 이야기

인도네시아는 동남아에서 인구, 국토면적, GDP 등에서 가장 규모가 큰 국가이지만, 아직 가난의 그림자를 떨쳐버리지는 못했다. 그러나 인도네시아는 동남아에서 천연자원이 풍부한 국가중에 하나로 넥스트 차이나로 주목받고 있다.

인도네시아는 수 많은 섬에, 수 많은 인종이 어우러져 사는 국가이다. 이러한 인도네시아의 태생적 특성으로 인도네시아는 경제력에 비해 항공산업이 발달되어 있는 나라이다. 수 많은 섬과 섬을 이어주는 교통수단으로 항공산업이 각광받고 있다. 인도네시아는 수 많은 섬만큼 다양한 삶의 이야기를 담고 있다.

인도네시아는 1만 7천개가 섬으로 구성된 세계 최대의 도서국가이고 인구는 약 2억 5천만으로 세계 4위이다. 민족도 100여개의 민족으로 다양하게 구성되어 있다. 대표적인 종족은 자바인으로 전체 인구의 약 50%를 차지하고 있다.

그림 | 1995-2011 인도네시아 GNI/GDP 성장률 (단위: %)

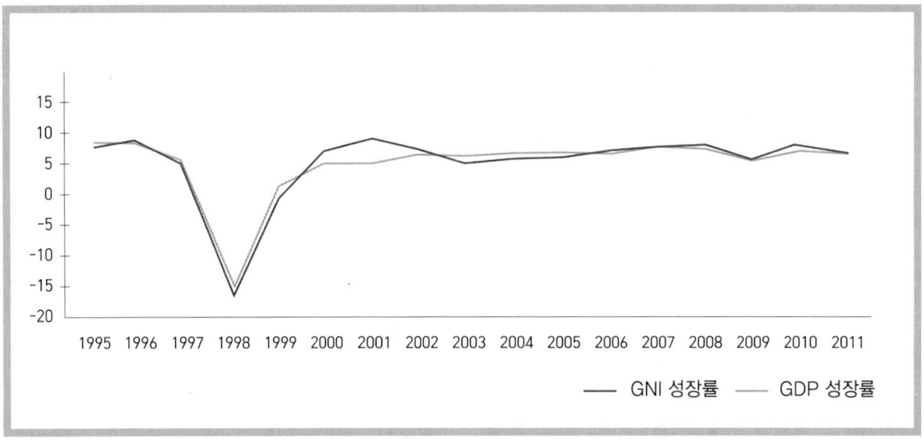

자료: world bank(2011)

그림 | 인도네시아 연도별 수출입 상품 및 서비스 현황

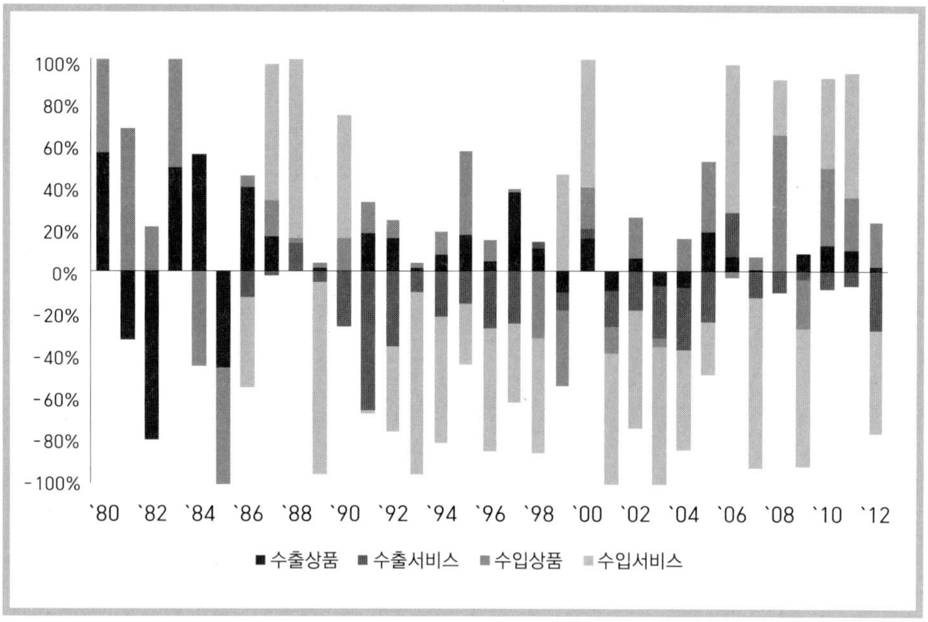

자료: International Monetary Fund(2012)

2. 인도네시아 화교의 특징

인도네시아 화교는 약 1,000만 명으로 인도네시아 총 인구의 약 4.1%를 차지하고 있다. 인도네시아의 화교인구는 다른 동남아 국가보다 상대적으로 많지만, 인도네시아 내의 총인구의 비율에 비하면 적다.

인도네시아 화교들은 주로 자카르타 및 자바의 수라바야에 주로 거주하고 있다. 특히 수마트라의 메단시에는 약 45만명의 화교가 집단 거주하고 있다(이성준, 2000: 588).

▶▶▷ Check Point | 인도네시아 화교의 분파기준

동남아 각국에서 화교들의 분파기준은 일반적으로 출신지역과 방언에 따른 구분이 가장 중요하다. 이에 비해 인도네시아 화교들의 가장 중요한 분파기준은 순수중국 혈통이냐, 혼혈 혈통이냐의 구분이다(홍원선, 2012).

3. 인도네시아 초기화교

인도네시아에서 식민지배를 했던 네덜란드 식민정부는 19세기 후반에 농장이나 광산에서 일할 외국 노동자가 필요했다. 네덜란드 식민정부는 주로 하카어와 푸젠어를 사용하는 중국인 미혼 남성들을 채용했고, 그들을 상업과 재정을 담당하는 중간 관리자로 승진시켰다(Cathie Draine, 2005. 27).

▶▶▷ Check Point | 식민지 이전의 화교와 토착민의 공존관계

네덜란드 식민정권 이전 화교와 인도네시아 토착민의 관계는 나쁘지 않았다. 화교의 경제활동이 토착민과 중첩되지 않았고, 화교들은 대부분 독신 남성들이어서 토착민 여성과 결혼하여 인도네시아의 이슬람 문화에 동화되었다(왕왕버, 2012).

4. 식민지 시기 화교

네덜란드의 식민통치 정책에 따라 인도네시아에서 화교의 지위가 변하였다. 네덜란드 식민당국은 인도네시아에 거주하는 화교와 아랍인을 동양의 외국인으로 명명하고 인도네시아 토착민보다 더 나은 대접을 해주었다. 화교는 부여된 자율권을 통해 토착민보다 더욱 큰 이권을 확보할 수 있었다(길선희, 2007).

화교는 식민지경제에서 네덜란드 식민당국과 토착민을 연결해 주는 중개인이었다(Mary F. Somers Heidhues, 1993). 화교들은 네덜란드 식민당국을 대신하여 선박들의 기항세와 물품관세 징수권한을 부여받아 재산을 축적했다(Sterling Seagrave, 2002). 식민지 시기 이전에 토착민과 공존의 관계였던 인도네시아 화교는 식민지배시기 네덜란드 식민정책에 개입하여 이권을 챙기면서 토착민과 멀어져 갔고 이는 갈등의 씨앗을 낳았다(왕왕버, 2012).

▶▶▷ Check Point | 네덜란드 식민정책에 의한 화교와 말레이인간의 갈등

네덜란드의 식민통치 이전에 인도네시아 화교들은 주로 무역에 종사하였기 때문에 소규모 농업을 하고 있던 말레이인들과 갈등이 발생하지 않았다. 그러나 네덜란드가 인도네시아를 식민통치하면서 화교들의 무역업을 금지시키고, 화교들에게 사탕수수, 후추 등의 환금작물의 생산과 구매에 종사하게 하고, 징세도급제도를 통해 화교들을 인도네시아 농촌에 투입하면서 갈등이 증폭되기 시작하였다. 징세도급제도로 인해 화교들은 인도네시아 토착민들에게 착취자로 취급되었다(신윤환, 2000).

▶▶▷ Check Point | 까삐딴 제도에 의한 화교자치

네덜란드 식민당국은 화교사이에서 지도력이 있고 존경을 받는 장로격인 인물을 화교집단의 까삐딴(지도자)으로 임명하여 화교 사회의 내부 문제를 해결할 수 있는 자치권을 부여하였다. 네덜란드 식민당국은 화교 이주를 장려하였고 화교 인구가 증가함에 따라 까삐딴제도는 확산되었다.

▶▶▷ Check Point | 네덜란드 식민정부의 화교탄압

네덜란드 식민정부는 화교들과 공존적인 비즈니스 관계를 유지하였지만, 탄압도 자행하였다. 1740년 네덜란드 식민정부는 불성실한 일부 화교들을 스리랑카로 보내 노예로 삼으려는 결정을 하였다. 이에대해 화교들이 반발하면서 무력충돌이 발생하였는데 약 10,000명의 화교가 희생당했다(신윤환, 2000).

5. 촌락청부제도, 징세제도, 고리대금업

인도네시아를 식민지배했던 네덜란드는 화교와 청부계약(請負契約)을 맺고 촌락의 행정권을 화교에게 부여하였다. 화교는 이를통해 촌락의 화교뿐만 아니라 토착민에 대한 행정도 장악하여 토착민에 비해 경제적 우위를 점했다. 이러한 청부제도 때문에 토착민이 화교에 대한 채무담보로 노예화되는 경우도 발생하였다(김영국, 1983).

특히 화교는 토착민으로부터 농산물과 광산물을 집산하고 수입품을 토착민에게 유통하면서 신용을 대부하는 고리대금업도 했다(이유선, 2002). 화교들은 토착민들에게 고리로 돈을 빌려주고 토착민들이 돈을 갚지 못하면 수확물과 촌락기업들의 경영권을 빼앗았다. 화교들은 이처럼 유통업뿐만 아니라 고리대금업, 도박장, 아편굴 운영 등으로 부를 축적하였다(Sterling Seagrave, 2002).

▶▶▷ Check Point | 네덜란드가 화교의 현지사회 동화를 꺼린 이유

18-19세기 네덜란드 식민통치자들은 화교들의 인도네시아 현지화를 제한하였다. 1717년에는 화교는 중국인외에는 결혼할 수 없다는 금지령을 내렸고, 화교를 외국동양인(foreign oriental)으로 분류하였다. 화교는 중국 전통의상만 입도록 강요되었다. 가장 큰 이유는 화교가 토착민화될 경우 세수입이 줄어드는 것을 우려해서 였다(Mary F. Somers Heidhues, 1974).

▶▶▷ Check Point | 세계대공황, 인도네시아 화교유입 제한과 중국송환

화교는 동남아에서 힘들게 번돈을 중국본토로 개인휴대와 소규모 송금기관을 통해 송금하였다(Mary F. Somers Heidhues, 1974). 세계 대공황의 영향으로 인도네시아 경제가 악화되고 실업이 증가하자 네덜란드 식민당국은 화교유입을 규제하기 위하여 1933년 인도네시아 입국규정을 개정하여 한해 입국가능 인원을 1개국당 800명으로 제한하였다. 또한 대공황 발생이후 1936년까지 5만명의 화교를 중국으로 송환하였다(今川映一, 1999).

6. 인도네시아의 독립 이후 화교

인도네시아의 독립 이후 수하르토 집권 시기에 인도네시아 정부는 경제영역 이외에 화교들의 활동을 제한했다. 화교들의 정치 참여와 사회단체 결성이 금지되었다. 인도네시아 정부는 화교들의 일상을 통제하였다. 화교들은 한자를 사용할 수 없었다. 이로인해 화교기업이나 중화요리점은 한자를 사용할 수 없었다. 또한 화교들은 단체활동도 활발히 하지 않았다. 화교들은 중국어를 사용할 수 없었고, 중국 성씨도 개명해야 했다. 중국어로 된 간행물도 수입이 금지되었다(왕왕버, 2012). 이러한 인도네시아 정부의 반화교정책으로 인해 인도네시아 화교들은 중국어능력이 상실되었고, 중국의 전통적인 종교에서 기독교로 개종하는 사례가 증가하였다(신윤환, 2000).

7. 반화교 정책이 토착자본을 육성하였는가

수하르토 정권의 국가자본주의와 관료자본주의는 화교들의 경제활동을 제한하여 인도네시아 토착자본을 육성하려고 했다. 그러나 20여 년간 지속된 수하르토의 반화교(反華僑) 정책은 본래의 목적을 달성하지 못했다.

인도네시아 정부의 토착자본 육성을 위한 정책은 화교들의 경쟁 상대였던 서양 자본을 퇴출시키고 국유화하였다. 그러나 국유화된 기업들의 경영성과가 좋지 않아 인도네시아 정부는 화교들에게 경영을 위탁하였다. 결국 수하르토 정권은 토착자본을 육성하는데 실패했다(왕왕버, 2012). 인도네시아 화교는 인도네시아 정부로부터 인권과 자유에 큰 제약을 받으면서도 인도네시아 경제를 장악하고 있다(박사명, 2000).

▶▶▷ Check Point | 인도네시아의 반화교 정서

화교 = 불신과 배척의 존재인가?

화교는 네덜란드 식민지 시기에 식민지 정부를 대신해 토착민으로부터 조세징수를 대행하였다. 화교들은 이렇게 식민정부의 정책에 협조하는 대가로 도박 등의 독점권을 획득하여 이권을 장악하였다. 인도네시아 토착민들은 이권만 챙기는 화교를 불신하고 배척하기 시작했다.

1959년 인도네시아 정부는 농촌지역에서 화교를 포함한 외국인의 소매업을 금하였고, 1959~1960년 사이에 서자바에서는 15,000명의 화교를 농촌에서 축출하였다(Mary F. Somers Heidhues, 1974). 한자와 중국어의 사용까지도 금지하였다(박정동, 2009).

인도네시아에서는 1965년 공산주의자들이 쿠테타를 시도하는 과정에서 수만명의 화교들이 희생당했다. 또한 1994년에는 인도네시아 메단시에서 반화교 폭동이 발생하여 도시가 마비되었다. 임금인상을 요구하는 토착민들에 의해 화교의 사업장과 상점들이 약탈당했다(Murray Weidenbaum, 1996).

8. 수하르토 정권 이후 화교

1998년 5월 인도네시아에서 민주화 혁명이 발생하여 수하르토 정권이 퇴진하면서 화교들의 정치참여 및 사회단체 결성이 가능해졌다. 안둘라흐만 와히드 대통령은 다문화 정책을 추진하여 수하르토 정권에서 제정한 화교들에 대한 차별법률 10개를 폐지하고 화교들의 정치 참여 및 사회단체 결성을 인정하였다.

1999년 6월 류치완다오 등의 화교는 융합당을 창립했다(왕왕버, 2012). 화교들은 융합당이외에도 중화개혁당, 대동당을 만들어 의회선거에 참여하였다(리단, 2009). 또한 화교들의 다양한 동향회, 연합회, 동문회 등의 단체들도 활성화되고 있다. 화교사회는 공개적으로 춘절, 중추절 등의 행사를 할 수 있었다. 특히 2006년 인도네시아 국적법이 원주민과 비원주민으로 국민을 구분하던 제도를 폐지하였다(홍원선, 2012).

9. 인도네시아 화교의 경제력

인도네시아 슈퍼리치(Super Rich) = 화교

인도네시아 화교는 인도네시아 인구의 약 4% 정도 밖에 안되지만, 인도네시아 경제의 80%를 장악하고 있다. 특히 화교기업인 사림그룹의 매출액이 인도네시아 GDP의 약 10%를 점유하고 있다(이성준, 2000: 588).

인도네시아 총인구의 약 4% 밖에 안되는 화교가 인도네시아 경제의 80%를 장악하고 있다. 인도네시아 100대 부자 중 80%가 화교이고 10대 부자중에서도 9명이 화교이다.

현재 인도네시아 화교중 대기업 총수는 170명 이상이고, 중소기업 대표는 5,000명, 소매상 등 개인사업자는 25만명 이상이다(왕왕버, 2012). 이처럼 인도네시아 경제는 대기업부터 소상공인까지 화교들이 장악하고 있다.

인도네시아 화교기업들은 초창기에 주로 외국제품을 국내에서 판매하는 유통에 주로 종사하였다. 인도네시아에서 유통은 지금도 화교가 장악하고 있다. 인도네시아 최대의 백화점업체는 화교인 하리다마완가 소유하고 있는 마타하리 기업이다.

화교기업들은 외국기업과 합작하여 기업의 규모를 키웠고, 인도네시아 정부, 군부, 관료들과도 합작기업을 설립하여 사업영역을 다양하게 확대하였다. 인도네시아의 벌목과 목재가공업도 대부분 화교들이 장악하고 있다.

표 | 인도네시아의 종족별 제조기업소유 현황(1990년) (단위: 개)

	국영 또는 puribumi계	인도네시아 국적 화인계	중국 국적 화교계	대만 화인계	기 타	계
대 기 업	290	2,170	-	290	194	2,944
중 기 업	151	756	100	51	50	1,108
소 기 업	29,440	58,689	-	-	-	88,129
가내공업	1,408,000	14,593	-	-	-	1,422,593
계	1,437,881	76,208	100	341	244	1,514,774

자료: 渡邊利夫, 今井理之(1994). KIET(1995)

10. 인도네시아의 화교정책

인도네시아 정부는 인도네시아 내에서 중국문화의 표현을 불허하였다. 이러한 반화교 정서로 이해 인도네시아 군부의 고위층이나 행정부에 화교는 거의 없다(이성준, 2000: 588). 인도네시아는 화교를 말레이시아와 마찬가지로 중국인을 공무원이나 국영 기업 직원으로 고용하지 않았다(김종윤, 1994: 87).

11. 화교기업의 정경유착

인도네시아 화교 대기업의 중국 출신지역은 대부분이 복건성이며 그들의 화교 2세가 경영하는 회사가 많다. 인도네시아 화교기업은 동남아 다른 국가의 기업들에 비해 상대적으로 인도네시아 정부의 눈치를 많이 보는 편이다. 이처럼 인도네시아 화교기업들은 인도네시아 정부와 마찰을 피하기 위하여 현지화, 토착화의 노력을 많이 하였다(김종윤, 1994: 87).

▶▶▷ Check Point | 추콩

인도네시아의 화교는 인도네시아 군부의 경제자문 역할을 했다. 인도네시아 군부는 화교들의 경영능력과 글로벌 네트워크를 통해 부를 축적할 수 있었다. 인도네시아 군부에서는 자신들을 부자로 만들어 주는 유익한 화교를 추콩(cukong)이라고 부른다.(박형기, 2007)

12. 아시아 외환위기와 반화교폭동

인도네시아 화교들은 1997년 태국에서 발생한 외환위기가 동남아지역에 확산되자 인도네시아의 자산을 해외로 이전하였다. 이에 격분한 인도네시아인들의 화교를 상대로한 폭동이 발생하였다. 이 폭동과정에서 화교들은 자신들의 후견인이었던 수하르토 정부와 군부가 폭동을 방관하는 것을 보고 대규모로 인도네시아를 떠났다.

▶ 인도네시아 반화교폭동

▶▶▷ Check Point | 유도요노 정부의 화교 포용정책

현재 유도요노 정부는 화교들에 대한 다양한 유화정책을 마련하였다. 이슬람국가인 인도네시아에서 유교를 공식적인 종교로 허용하고, Chinese New Year를 공식휴일로 지정하였다(KOTRA, 2007).

13. 인도네시아 화교경영의 특징

많은 인도네시아 화교들은 도매업과 소매업 등의 유통업에 종사하고 있다. 화교기업들은 백화점뿐만 아니라 쇼핑센터, 연쇄점 등의 다양한 유통업태에 투자하고 있다. 화교 유통업체들은 외국유통업체들과 치열한 경쟁을 벌이고 있다.

화교들은 금융산업에서도 중추적인 역할을 하고 있으며 대부분의 화교 기업들이 계열사에 모두 자신의 은행을 소유하고 있다(Mary F. Somers Heidhues, 2000: 113-115).

인도네시아의 20대 기업 가운데 화교 기업은 80%나 차지하고 있다. 100대 기업의 60%도 이처럼 화교가 인도네시아 대기업, 중견기업의 대부분을 차지하고 있어 인도네시아 정부도 화교와 제휴를 하지 않으면 경제정책 추진이 곤란할 정도다. 외국기업이 인도네시아에서 민간 기업과 거래를 한다면 중요한 비즈니스 파트너는 대부분 화교일 것이다(김종윤, 1994: 87).

표 | 인도네시아 주요 화교기업 (단위: 백만달러)

기업명	그룹	업종	1996	2010	현재 대주주
Astra International	아스트라	지주회사 겸 자동차	4,966	14,427	자딘 사이클 앤캐리지
Gudang Garam	구당가람	지주회사 겸 담배	2,776	4,183	
Indocement Tunggal	사림	시멘트	1,808	1,236	하이델베르크 시멘트
Indofood	사림	지주회사 겸 식품	1,196	4,262	
Bank Danamon Indonesia	다나몬	은행	1,180	2,041	싱가포르 테마섹 지주회사
Sinar MAS Multiartha	시나르마스	금융	1,086	1,532	–
HM Sampoerna	삼포르나	지주회사 겸 담배	1,002	4,815	필립모리스
Bank International Indonesia	시나르마스	은행	987	943	말레이시아 메이뱅크
Bank Dagang Nasional Indonesia	가자뚱갈	은행	931	청산	–
United Tractors	아스트라		838	4,142	자딘 마치슨

자료: 자료: seri(2013)

▶ 마타하리 유통센터

14. 화교기업의 중국투자

인도네시아 화교기업들은 1980년 이후 유통관련 무역업에서 제조업으로 사업영역을 확대하였다. 특히 인도네시아 화교들은 1978년 중국이 개혁개방을 하자 대규모 투자를 하였다. 특히 사린그룹의 대중국 투자는 제조업, 호텔 등의 다양한 분야에서 이루어지고 있다.

표 | 인도네시아 주요 화교기업의 대(對) 중국투자

CEO / 기업	지역 및 프로젝트
린소량 / 사린그룹	푸칭: 칭화사탕공장, 룽치오개발구, 룽치오대주점, 룽치오부두, 위안훙투자구, 위안훙부두, 장인반도, 장인부두, 국제컨벤션센터, 관왕(冠旺)화학섬유 복주: 위안훙청부동산, 푸젠아주은행, 샤먼: 샹루디룬, 샹루청부동산 우한: 컨벤션센터, 시멘트 텐진: 상업주택부동산 충칭: 룽치오반도부동산 난창: 장시국제경제무역프라자 장먼: 푸파유리공장 수저우: 수저우공업단지부동산개발, 종합상업빌딩
황이충 / 진광그룹	상하이: 진광와이탄즈디(置地), 융제(永吉)무역 닝버: 닝버국제은행, 닝버중화즈예 전장: 진둥(장수)즈예 수저우: 진훙예즈예, 진화성즈예 난퉁: 장즈일체화연합공장 하이난: 진화임업, 진하이(金海)장즈예 친저우: 진구이(金桂)장즈예, 진친저우임업 원산(文山): 수성평찬린기지 광둥: 수성평찬린기지
리원정 / 리바오그룹	푸저우: 푸젠기업유한공사, 공업구개발, 부동산, 인프라건설 푸텐: 메이저우다오관광시설, 화력발전소,공업구개발 베이징: 시멘트제조, 중국국제투자집단공사 푸순: 석탄광산 개조 상하이: 노후기업개조, 리바오빌딩

자료: 왕왕버(2012)

15. 인도네시아 화교기업

표 | 인도네시아 주요 화인기업의 변화 (단위: 백만달러)

순위	그룹명	총수명	사업 분야	총매출액
1	Salim	Soedono Salim	시멘트, 식품, 자동차, 화학, 금융, 부동산	9.699
2	Sinar Mas	Eka Tjipta Widjaja	펄프, 팜오일, 화학, 금융, 부동산	3.249
3	Astra International	prasetiya Mulya	자동차, 중기, 사무기기, 농가공업	2.226
4	Lippo	Mochtar Riady	금융, 부동산, 자동차부품	2.057
5	Gudang Garam	Rachman Hlim	담배	1.596
6	Djarumu	Robert Bu야 Hartono	담배, 전자 · 전기	1.261
7	Dharmala	Suhargo Gondokusumo	부동산, 농가공업, 무역, 금융	1.115
8	Bob Hasan	Mohamad Hasan	임업, 플랜테이션	1,064
9	Barito pacific	Prajo해 Pangestu	임업, 종이펄프, 석유화학	994
10	Argo Manunggal	The Ning King	섬유, 금속	989

자료: 이문봉(1994)

1) 사림그룹

사림그룹(三林集團)은 인도네시아 최대 그룹이다. 총수는 린샤오량(林紹良)이다. 사림그룹은 농업, 임업, 금융업, 제조업 등의 다양한 분야에서 사업을 전개하여 총매출액이 인도네시아 GDP의 10%에 상당한다(정성호, 2004).

린샤오량(林紹龍: Liem Sioe Liong)은 인도네시아 최고의 사업가다. 린샤오량은 수도노 사림(Sudono Salim)이라는 인도네시아 이름도 갖고 있다. 린샤오량은 22세 때 중국 복건성에서 인도네시아로 건너 왔다. 인도네시아에 온 후 임소룡은 식품 가게 점원, 일용품 행상 등을 하였다. 린샤오량은 수하르토 집권 이 후 사업을 대규모로 확대할 수 있었다(김종윤, 1994: 87).

린샤오량은 대표적인 추콩이다. 인도네시아 군부와 화교의 전략적 관계를 가장 잘 상징하는 인물이 린샤오량과 수하르토 전대통령이다. 이들은 1940년대에 처음 만났다. 린샤오량은 재계의 거물이었고 수하르토는 네덜란드로부터 인도네시아의 독립운동을 주도해 온 육군 대령이었다. 수하르토는 독립군의 물자를 담당하는 군수장교였다. 수하르토와 린샤오량은 군수 물자를 매개로 전략적 동반자 관계가 되었다(박형기, 2007: 65-66).

린샤오량과 그의 가족이 소유하고 있는 기업은 500개 이상이다. 인도네시아 재계 1위인 사림(Salim)그룹, 6위인 퍼스트 퍼식픽(First Pacific) 그룹과 18위인 인도시멘트(Indo-cement) 그룹 등이 주요 기업이다(김종윤, 1994: 87)

표 | 사림 그룹의 참여업종과 인도네시아내 선도분야

<table>
<tr><th colspan="2">분 류</th><th>업종 및 품목</th></tr>
<tr><td colspan="2">참여산업</td><td>농수산가공, 컴퓨터 및 정보통신, 소매업, 자동차 및 선박, 건축자재, 은행 및 금융, 에너지 및 조림, 부동산개발 및 레저, 화학, 식품 및 소비재, 서비스</td></tr>
<tr><td>선
도
분
야</td><td>국내 시장 독점
시장점유율 50% 이상
점유율 20% 미만, 국내 최대
생산능력 50% 이상</td><td>소맥분, 소맥분 포대, 알코올벤젠, 타이어코드, 인스턴트 면, 스낵, 시멘트, 상업은행, 공단개발, 마카로니, 카본브록, STPP, 지방산, 폴리플렌 필름</td></tr>
</table>

자료: An Overvies of The Salim Group, 이문봉(1994)

제5장 필리핀

RAMON MAGSAYSAY AWARD

JUSTICE for the MASSACRE
needs GLORIA OUT of POWER!

BENIGNO S. AQUINO Jr.
"NINOY"

UNIVERSITAS·PONTIFICIA
SANCTI·THOMAE·AQUINATIS

1. 필리핀 이야기

필리핀은 과거 아시아에서 잘 사는 나라 중의 하나였다. 그러나 지금은 선발아세안 국가 중에서 가장 경제발전이 뒤쳐진 국가 중의 하나이다. 필리핀은 국민들로부터 존경을 받아 세계 위인전에도 나오는 막사이사이 대통령부터 필리핀 민주화 운동의 계기를 제공한 독재자 마르코스 대통령까지 다양한 정치적 스펙트럼을 갖고 있다. 필리핀은 식민지배의 영향으로 스페인 문화와 미국문화가 혼합된 필리핀만의 독특한 문화를 갖고 있다.

필리핀은 7,000여개의 섬으로 구성된 도서국가이다. 필리핀은 1950-60년대 아시아에서 경제, 교육 등이 선진화된 국가 중의 하나였으나, 정치적 불안정 등으로 경제가 추락하였다.

그림 | 1995-2011 필리핀 GNI/GDP 성장률 (단위: %)

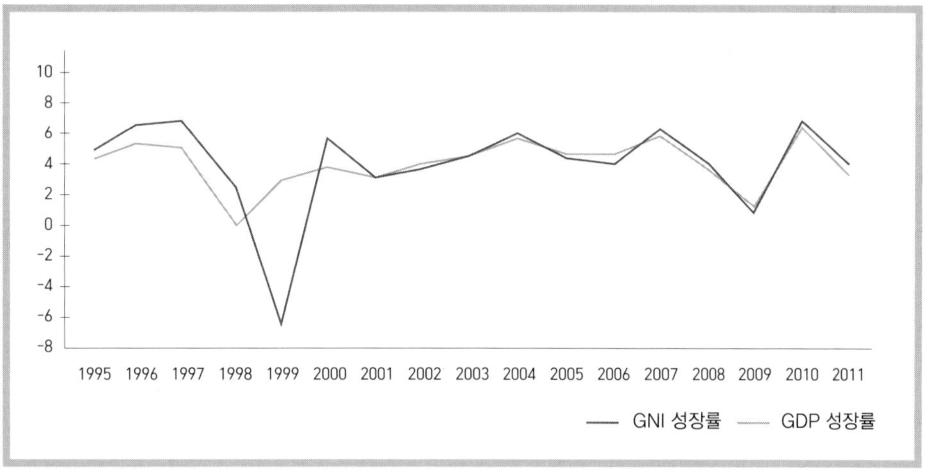

자료: world bank(2011)

그림 | 필리핀 연도별 수출입 상품 및 서비스 현황

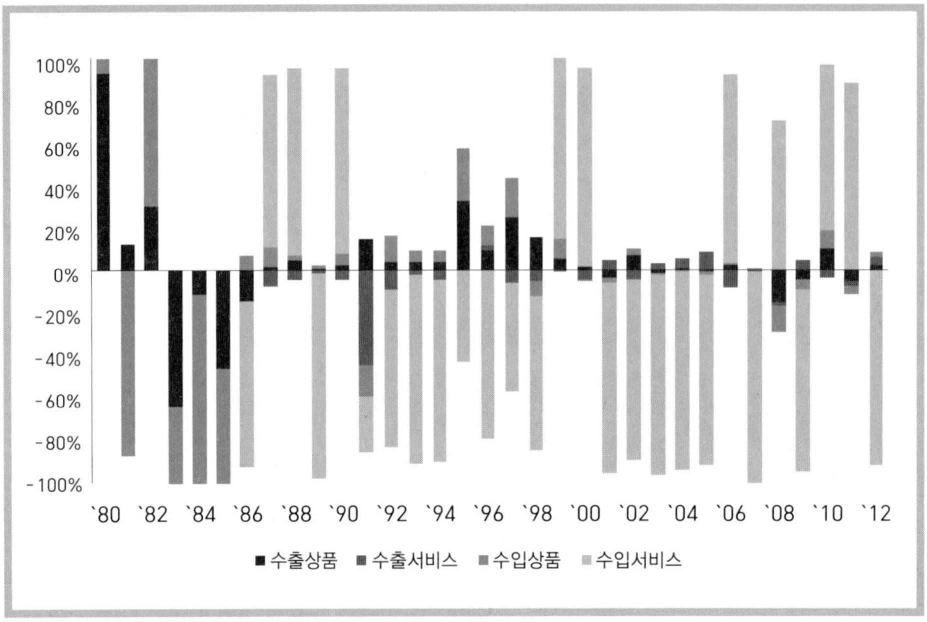

자료: International Monetary Fund(2012)

2. 필리핀 화교의 특징

필리핀과 중국은 고대부터 해상무역을 하였고, 해상무역을 지속하는 사이에 필리핀에 거주하는 중국인도 점차늘어 났다(Terri Morrison, 1994. 365). 스페인이 본격적으로 필리핀을 식민화하면서 계절풍을 이용한 중국과 멕시코간의 범선무역이 발전하였다. 이러한 가운데 중계항인 마닐라에 화교들이 모여들기 시작했다(박사명, 2000). 필리핀의 화교는 총 인구의 3%선으로 인도네시아, 태국, 말레이시아, 싱가포르보다 인구대비 낮은 비율이다. 현재 필리핀 화교는 상업과 금융업의 50%를 장악하고 있다(Terri Morrison, 1994. 365).

필리핀 화교의 90%는 복건성 출신이다. 필리핀 화교는 스페인과 미국 식민지배의 영향이 크다. 19세기까지 필리핀의 화교는 1만명 정도였으나 미국의 식민통치 시기에 10만명으로 증가했고 1940년대에는 20만명으로 증가했다(정성호, 2004).

초기 필리핀 화교들은 주로 도시에 거주하면서 무역과 유통에 종사하였다. 스페인의 화교와 필리핀인간의 통혼을 장려하는 정책으로 필리핀 화교 중에는 혼혈이 많다. 스페인은 화교와 필리핀 여성이 모두 천주교 신도이면 국적에 상관없이 결혼을 장려하였다. 필리핀 국민 5명 중에서 1명이 화교와의 혼혈이라고 할 정도이다(이덕훈, 2004).

필리핀 화교사회는 동남아 다른 국가들의 화교에 비해 화교들의 중국 출신지역 못지 않게 종친회의 중요성이 크다(박명섭, 2000).

▶▶▷ Check Point | 필리핀 화교는 범선무역의 주역

필리핀 화교는 스페인이 필리핀을 점령하기 이전부터 중국과 필리핀간의 범선무역을 장악하였다(홍원선, 2012).

3. 화교경제의 태동과 필리핀 화교의 경제력

필리핀의 화교경제는 식민지배 시기 필리핀 토착사회의 농산품을 구매하고, 서양사회의 공산품을 토착민에게 판매함으로써 토착경제와 서양경제를 중개하였다. 또한 화교는 스페인 식민정부에 다양한 용역을 공급하고, 중국과 필리핀간의 무역을 독점했다(박사명, 2000).

필리핀 화교기업은 유통·금융 분야에 집중되어 있다. 산업별로는 제조업의 1/3, 금융분야의 1/4을 화교가 장악하고 있다. 필리핀의 민간은행 중 30개 이상이 화교 소유이다(김영래, 2012).

▶▶▷ Check Point | 필리핀 화교자본의 토대는 쌀 수입

스페인 식민정부는 농업생산을 증대시키려고 화교를 이주시켰으나 화교들은 농업에 종사하는 것을 싫어하고 소규모 유통에 종사하였다. 1855년에 필리핀은 스페인 식민정부의 경제작물의 편중의 농업정책으로 인해 곡물생산이 부족하여 쌀을 수입해야 했다. 쌀 수입은 경험이 있는 화교들이 전적으로 하였고, 화교들은 쌀 수입을 통해 부를 축적하여 화교자본의 토대를 마련하였다(홍원선, 2012).

▶▶▷ Check Point | 필리핀 정부의 화교의 쌀 유통 제한 전략

필리핀 정부는 국립미곡옥수수 회사를 설립하여 필리핀 쌀거래의 85%를 점하고 화교의 비율을 60%로 낮추었다(今川映一, 1999).

4. 스페인계 필리피노와 화교간의 경쟁

1960-70년대까지 필리핀의 대표적인 재벌은 소리아노, 아야라, 에리살데 등 스페인계 기업들이 대부분이었으나 1980년대부터 화교기업이 괄목할만한 성장을 이루고 있다(김종윤, 1994: 140).

5. 필리핀의 혼혈화교

화교 = 부계사회
필리피노 = 모계중심의 쌍계사회

필리핀에 이주한 중국인들은 필리피노와 결혼했다. 중국인은 가부장적인 부계 혈통과 더불어 모계주의도 수용해야 했다. 중국은 유교사상에 의해 전통적으로 부계사회인 반면, 필리핀은 쌍계사회였다. 외국에서 핵가족을 꾸린 화교는 필리피노 아내의 처갓집안 문화를 무시할 수 없었다. 필리핀에서 부를 축적한 화교들은 식민지배 계층과 결혼하여 사회의 엘리트로 활동할 토대를 마련하였다. 필리핀 사회에서 성공한 대표적인 혼혈화교는 필리핀 국민영웅 호세 리잘, 코라손 아키노 등이 있다(Alfredo Roches, 2005: 141).

▶▶▷ Check Point | 스페인과 화교의 관계

스페인이 필리핀을 점령했을 때 이미 수십명의 화교가 필리핀에 거주하고 있었다. 스페인 식민당국은 초창기에는 화교들을 수도인 마닐라에 거주하는 것을 허락하였다. 그러나 경제력이 전적으로 화교에게로 넘어가자 화교들을 탄압하였다.

명말 동남아에서 화교가 가장 많았던 곳이 필리핀이다. 1603년에는 필리핀의 화교가 2만5천명에 달했다. 스페인 식민당국은 급증하는 화교세력에 불안을 느껴 화교를 대학살 하였다. 그러나 그후 화교 숫자의 감소가 필리핀 식민지 통치에 곤란을 주자 화교를 다시 이주시켰다(홍원선, 2012).

6. 필리핀 화교의 경제장악이 낮은 이유

동화와 융합
필리핀 화교 독점 NO 융화 YES

필리핀 화교의 인구와 자본소유 비율은 다른 동남아 국가에 비해 상대적으로 낮은 편이다. 가장 큰 이유는 필리핀을 식민통치했던 스페인계의 필리핀 현지기업이 필리핀 경제를 일정 부분 장악하고 있기 때문이다.

필리핀 경제의 자본 점유는 스페인계 필리피노, 화교, 순수필리피노의 3개 집단에 의해 분산되어 있다. 필리핀은 현재도 식민종주국이었던 스페인계의 자본이 필리핀 총 자본의 약 17%를 차지하고 있다. 대표적인 스페인계 기업으로 아얄라그룹, 소리아노 그룹이 있다(이덕훈, 2004). 이처럼 필리핀 화교는 다른 동남아 국가의 화교에 비해 경제를 독점하고 있지 않아 토착민들과 갈등이 적다.

▶▶▷ Check Point | 스페인과 미국의 식민지배시기 필리핀의 경제구조

스페인이 필리핀을 식민지배할 때 필리핀에는 3개의 경제가 존재하였다. 하나는 스페인 중심의 소비경제로서 서양경제가 존재하였고, 또 하나는 필리핀 토착민 중심의 농업경제가 있었다. 화교경제는 토착 농업경제와 서양경제를 중개하면서 필리핀과 중국의 무역을 독점하였다.

식민종주국이 스페인에서 미국으로 바뀌면서 화교사회는 더욱 활력을 찾게 된다. 미국 식민정부는 화교에 대한 영업제한과 차별적 관세를 폐지하였다. 미국의 자유무역정책으로 미국공업 제품의 필리핀 수입과 필리핀 농산품의 미국 수출이 증가하였다(박사명, 2000).

7. 필리핀 화교의 적응과정

일반적으로 중국 귀속적이었던 필리핀 화교사회는 중국이 공산화되자 필리핀 현지지향적 화교사회로 변모하였다. 특히 1975년 마르코스정권의 화교들의 귀화조치 이후 화교들은 필리핀 국민사회로 편입되었다. 이처럼 화교들은 필리핀 현지지향적인 성향으로 변하여 필리핀 현지사회에 귀속되어가고 있다(박사명, 2000). 그러나 필리핀 화교들도 동남아 다른 화교들과 마찬가지로 필리핀의 다양한 화교단체를 통해 상조와 비즈니스를 하고 있다.

8. 독립 이후 필리핀 정부의 화교정책

1946년 7월 4일 필리핀 공화국이 탄생하였다. 필리핀 정부(1945-65)는 민족주의에 기초한 필리핀화 운동으로 국가 경제정책에서 화교기업을 제한하거나 화교를 축출하거나 배척하였다.

그러나 필리핀 정부는 1966년 이후 화교의 자본력과 기술력을 필리핀 경제에 활용하고자 하였다. 특히 1974년 마르코스 대통령은 중국과의 관계정상화를 앞두고 화교의 필리핀 시민권 획득을 용이하게 하는 법령을 제정하였다. 이를 통해 화교의 필리핀 국민화가 가속화 되었다.

▶▶▷ Check Point | 국유화법이 화교에 미친 영향

필리핀 정부는 1954년 필리핀 비시민권자들의 소매업 철수를 명시한 소매업 국유화법을 실시하였다. 국유화법으로 인해 소매업에 종사하던 화교들은 큰 타격을 받았는데 화교들은 이를 계기로 섬유산업 등으로 사업역역을 확대하였다. 1960년에는 외국인이 창고업 · 수출부문 등에서 철수할 것을 규정한 공화국법이 제정되자 화교들은 금융업 등으로 다시 이동하였다(양승윤, 2003).

▶▶▷ Check Point | 화교의 소매무역 제한

1951년 필리핀 인구의 2%에 불과한 화교가 필리핀 소매업의 13%를 소유했고, 총재산의 36%와 총매출의 46%를 차지하고 있었다(Mary F. Somers Heidhues, 1974).

필리핀 정부는 이러한 화교의 소매업 장악을 시정하려고 1954년 소매무역을 국영화하였다. 가장 큰 목적은 소매무역을 장악하고 있는 화교들의 영향력을 약화시키기 위해서다(Alfredo Roches, 2005. 120).

9. 메스티조와 화교

필리핀으로 이주한 화교들은 대부분 남성이었다. 화교들은 필리핀 현지 여성들과 결혼을 하였고 이들사이에서 태어난 혼혈을 메스티조(Mestizo)라고 부른다. 이러한 메스티조들중에는 경제적으로 성공한 자들이 많았는데 이들 메스티조들중에 일부는 신흥지주 계급과 도시중산계급으로 부상하면서 자신을 중국계가 아닌 식민종주국인 스페인인과 동일시하며 순수화교와 대립각을 세우는 경우도 발생하였다(이덕훈, 2004). 1810년 필리핀에서 메스티조는 총인구의 5%를 차지하였다. 필리핀의 양원의원중 75% 정도가 메스티조이다. 메스티죠중에는 필리핀 역사에 이름을 남긴 사람들이 많다. 독립운동가 호세 리잘, 마르코스 전 대통령, 아키노 전 대통령 등이 메스티조 출신이다(이덕훈, 2004).

▶▶▷ Check Point | 페라나칸과 메스티조의 차이점

페라나칸과 메스티조 모두 중국계 혼혈이라는 공통점이 있다. 페라나칸은 중국문화와 페라나칸 특유의 문화를 공유하고 있지만, 메스티조는 영어와 카톨릭으로 필리핀 사회에 동화되었다.

▶▶▷ Check Point | 필리핀의 Indio

필리핀에서 인디오(Indio)란 필리핀의 토착민을 의미한다. 현재 필리핀인을 의미하는 필리피노(Filipino)의 명칭이 쓰여지기 전에 사용했다(Mary F. Somers Heidhues, 1974).

▶▶▷ Check Point | 파리안(parian)

필리핀 화교들은 마닐라의 파리안(parian)에 집중 거주하였다. 1797년 파리안에는 3,000명의 화교가 거주하고 있었다. 파리안은 본래 마닐라에 거주하고 있는 스페인들에게 일용품을 공급하는 상업과 수공업 중심의 사회였다. 파리안은 남성일색의 사회로 스페인은 파리안을 이교도 사회로 규정하였다. 파리안은 필리핀과 중국간의 직접무역과 중국과 멕시코간의 간접무역의 흥망성쇠에 따라 지대한 영향을 받았다.

스페인 식민정부는 파리안을 통하여 화교를 필리핀 토착사회로부터 격리시키려고 하였다(박사명, 2000). 스페인 식민당국은 파리안의 화교 대표자인 까삐딴을 선발하여 파리안의 일상업무를 위임하고 스페인 식민당국은 까삐딴을 감독하였다(홍원선, 2012).

스페인이 화교들은 필리핀의 주요 도시에만 거주하면서 상업에 종사할 수 있다는 제한을 없애자 화교들은 필리핀의 농촌으로 이주하기 시작했다(Mary F. Somers Heidhues, 1974).

10. 정치적 혼란기, 정권교체기, 화교는 사업기회

최근 필리핀 화교는 경제, 정치활동에서 필리핀 정부의 특별한 규제를 받지 않고 있다. 필리핀에서 화교들은 정치적 혼란기와 정권교체기에 비즈니스를 확대하였다.

1986년 마르코스 대통령이 미국으로 망명한 뒤에 코라손 아키노 대통령이 전직 부패권력층의 토지를 몰수했는데 몰수된 토지의 대부분을 화교들이 구매하였다.

화교들은 아키노정권의 토지개혁으로 부동산 값이 하락할 때 부동산을 대량 매입하였다(김종윤, 1994: 140-141).

▶▶▷ Check Point | 필리핀 화교기업의 두갈래 길

필리핀 화교기업은 식민지배 시기부터 농장경영에서 출발하여 다양한 분야로 사업을 확대한 코파콘 일족과 같은 화교기업과 아키노 정권 하에서 부동산 개발 등으로 급성장한 탄유 고콘웨이와 같은 화교기업이 있다(정성호, 2004). 필리핀 최대의 화교그룹은 루시오 탄(Lucio Tan)그룹이다. 루시오 탄 그룹에는 필리핀 항공(Philippine Airlines), 필리핀 내셔널 뱅크(Philippine National Bank) 등이 계열사로 있다.

▶▶▷ Check Point | Crony Capitalism

필리핀의 화교기업들중에는 필리핀 정권과의 전략적 제휴관계를 통해 성장한 기업들이 많다. 예를들어 마르코스 정권 때는 루시오탄 그룹, 아키노 정권 때는 대통령의 동생인 호세 코안코 등의 기업이 성장하였다(이문봉, 1994).

11. 필리핀 화교기업

표 | 필리핀의 주요 화교 기업

(단위: 백만달러)

순위	기업명	총수명	사업 분야	총매출액
1	Philippine Airlines Inc	Lucio Tan	항공운수	794
2	Philippine Long Distance Telephone Co	Alfonso Yuchengco	전화통신	662
3	Metropolitan Bank and Trust Co.	George S. K. TY	금융	328
4	Mercury Drug Corporation	Mariano Que	통신	313
5	Far East Bank and Trust Co.	John Gokongwei, Jr.	금융	252
6	General Milling Corporation	Wilfred Uytengsu	식품가공	226
7	Philippine Commercial Banking Corporation	John Gokongwei, Jr.	금융	196
8	Dole Philippines Inc.	Alfonso Yuchengco	식품가공	163
9	Rizal Commercial Banking Corporation	Alfonso Yuchengco	금융	161
10	Equitable Bonking Corporation	Peter Co Pailian	금융	109

주: 기업명은 그룹명이 아님.

자료: Philippine Business Profile, 이문봉(1994)

제14부

대륙부 동남아 화교비즈니스

제1장 베트남

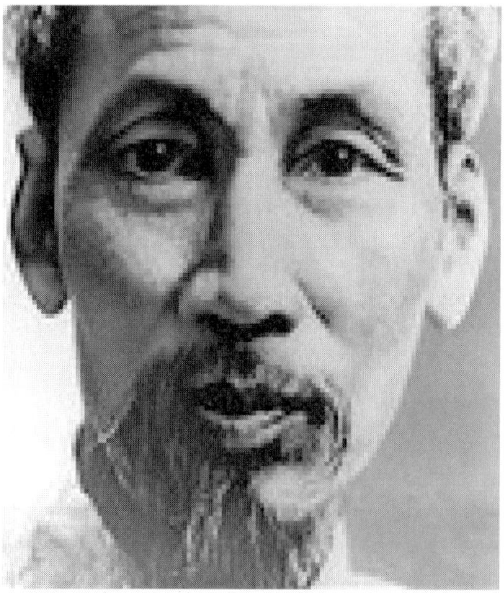

Cafe

NHẬN LẠI MÁY ẢNH, CAMERA VÀ CÁC THIẾT BỊ ĐIỆN TỬ
RETURN: PHOTO, CAMERA AND OTHER ELECTRONIC EQUIPMENTS
照相机，摄像机，电子设备取处

CẢM TỬ
CHO TỔ QUỐC

CSGT
HAPHARCO

1. 베트남 이야기

역사적으로 베트남만큼 외세의 침략을 온몸으로 맞서 당당히 물리친 국가는 많지 않다. 베트남인은 중국, 프랑스, 미국과의 전쟁에서 스스로의 힘으로 조국을 지켰다. 베트남은 동북아의 유교적 전통과 동남아의 열대문화가 뒤섞여 있다. 베트남은 동남아 국가 중에서 가장 동북아적 색채를 띠고 있다.

도이머이 정책 이후 베트남은 경제적으로 비상하고 있다. 기나긴 전쟁의 상처는 오랜시간 지났지만, 베트남의 구석구석 남아 있다. 그러나 베트남인들은 과거속에 현재와 미래를 가두어 두지 않는다.

베트남의 공식명칭은 베트남 사회주의 공화국(Socialist Republic of Vietnam)이다. 베트남의 정치체제는 사회주의 공화제로써 공산당이 유일정당이다. 베트남의 인종은 비엣족이 약 90%를 차지하고 있지만 54개의 산악소수민족이 있다.

베트남은 북부지역과 남부지역의 문화가 차이가 있다. 북부지역 출신들은 근면하고 엄격한 성향이 있고, 남부지역 사람들은 개방적이며 낙천적인 성향이 강하다.

그림 | 1995-2011 베트남 GNI/GDP 성장률 (단위: %)

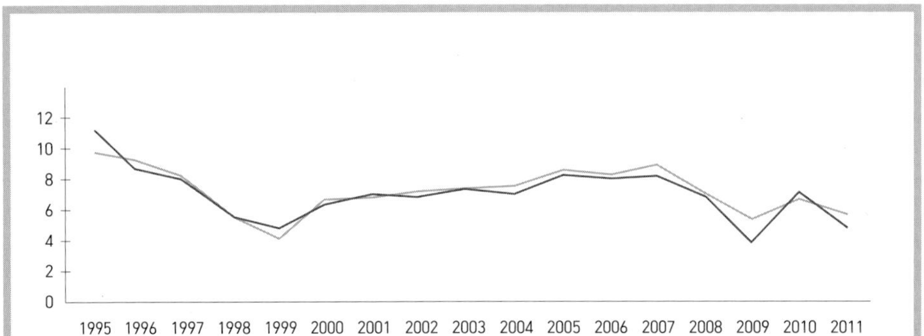

자료: world bank(2011)

그림 | 베트남 연도별 수출입 상품 및 서비스 현황

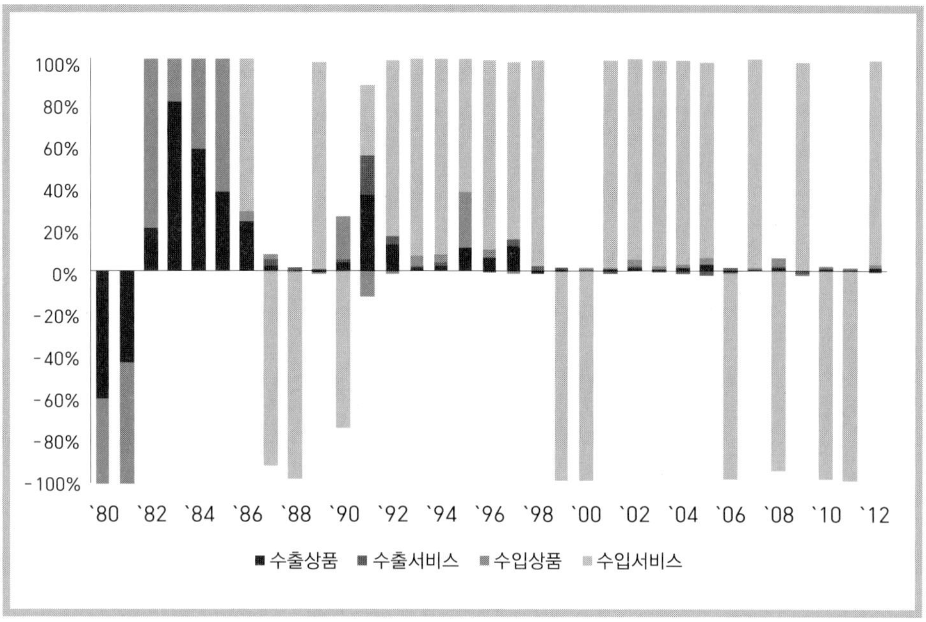

자료: International Monetary Fund(2012)

2. 베트남 화교의 특징

베트남 화교의 80%는 남부지역에 거주하고 있다. 화교의 1% 미만이 북부에 거주하고 있다. 호치민시에 거주하는 화교들은 주로 중소규모의 운송업, 제조업, 무역업, 금융업 등에 종사하고 있다. 화교들은 호치민시 총생산액의 약 30%를 차지하고 있다(Tran Hong Lien, 2007: 10-12).

프랑스의 베트남 식민지배 시기 화교는 전체 인구의 1%에 불과했지만, 베트남 상업의 2/3를 장악했다. 화교들은 쌀장사와 농민들을 대상으로 한 고리대금업으로 상업과 금융을 장악했다.

3. 베트남 쌀 수출과 화교

고리대금업, 운송업까지 장악

베트남 화교는 쌀 상인으로 베트남에서 경제적 토대를 마련하였다. 화교는 쌀의 최종 판매뿐만 아니라 수집 · 분산까지 쌀의 유통경로를 독점하였다. 화교는 정미공장까지 소유하였다. 베트남 쌀의 대부분은 사이공(현재 호치민)주변에서 생산되었기 때문에 정미공장과 수출업자가 베트남 쌀의 집산지인 사이공의 촐롱(Solon)에 모여 있었다. 촐롱엔 지금도 대규모 차이나타운이 형성되어 있다.

특히 베트남에서 나락은 화교의 유통경로를 통하지 않고서는 매도도 매입도 불가능할 정도 였다. 베트남 농민도 화교를 통하지 않고는 촐롱에 있는 정미공장에 나락을 매도할 수 없었고, 식민종주국인 프랑스인이 직접 운영하는 대규모의 정미공장은 화교를 통하지 않고는 정미할 나락을 구입할 수 없을 정도였다.

화교들은 이처럼 쌀의 유통경로를 완전히 장악했을 뿐만 아니라 쌀의 유통과정에서 베트남 농민들에게 현금을 높은 이자에 빌려주는 고리대금업도 하였다. 또한 베트남 화교는 쌀의 국내 유통경로뿐만 아니라 나락의 수집에서 쌀의 수출에 이르는 물류까지 장악했다. 이를 위해 화교들은 나락을 운송하는 배까지 운영하였다.(Asean, 2012)

▶▶▷ Check Point | Min-huong = 베트남인이다

화교와 베트남의 혼혈을 밍후옹(Min-huong)이라고 한다. 프랑스 식민정부는 밍후옹을 베트남인으로 취급하였으나 1916년 밍후옹중 일부가 중국국적을 취득하는 것을 허락하였다(Mary F. Somers Heidhues, 1974).

1830년 응우엔왕조는 중국인과 베트남인간의 사이에서 태어난 혼혈 아이들은 모두 베트남인이라고 공표하였고, 베트남인들과 동일한 옷을 입도록 요구되었다. 응우엔 왕조의 이러한 조치는 베트남 화교들의 세력을 약화시켜 베트남사회에 동화시키려는 의도였다(전경수, 2000).

▶▶▷ Check Point | 베트남 차이나타운 쩌런

쩌런은 현재 베트남의 차이나타운이 있는 곳이다. 쩌런은 큰시장이란 의미를 가지고 있다. 쩌가 시장을 뜻하고 런이 큰을 뜻한다. 쩌런은 1778년에 중국 이민자들이 설립한 시장이다. 쩌런은 처음에는 몇 개 마을의 집합으로 시작되었다. 중국인은 쩌런을 타이뇬이라고 불렀다.

쩌런은 1778년 떠이선 반란을 피해서 온 비엔호아에 거주하고 있던 화교들에게 베트남 후에 왕조가 이주 정착을 허락했던 곳이다. 19세기 말에 프랑스가 베트남을 식민통치하려고 했을 때 베트남 상업의 중심지는 이미 호이안으로부터 쩌런으로 이

동해 있었다. 쩌런에는 큰 화교기업이 없다. 소기업들이 대를 이어 운영되고 있다(전경수, 2000).

4. 중국과 베트남의 관계와 화교

베트남은 1,000년 넘게 중국의 지배를 받았는데 이 시기 중국은 통치자로써 베트남에 중국인들을 이주시켰다. 베트남이 중국으로부터 독립한 베트남 왕조시기 화교들을 베트남 중부지방인 호이안(Hoian)으로 이주시켰다. 화교들은 호인안을 베트남 최대의 상업지역으로 만들었다(김현재, 2010: Nguyen Van Huy, 2007).

베트남은 1,000년 이상 중국의 지배를 받은 것뿐만 아니라 중국과 자주 전쟁을 하였다(kyongi, 2012, 7, 25). 현대에 들어서도 1979년에 베트남과 중국간에는 중국이 5개사단 10만명의 병력을 베트남에 침공하면서 전쟁이 벌어졌다. 당시 구소련과 노선 차이로 갈등이 있던 중국은 베트남이 구소련과 밀월관계를 강화하자 베트남에 대한 감정이 악화되어 있었다(khan, 2009, 2, 16).

▶▶▷ Check Point | 식민지 시대 호이안은 화교와 일본인간의 상권경쟁이 벌어졌다

호이안에는 1768년 약 6,000명의 화교들이 상업에 종사하고 있었다. 당시 호이안은 두개의 지역으로 분류되어 있었다. 한 구역은 화교 거주지역이었고, 또 다른 구역은 일본인 거주지역이었다. 유럽상인들은 호이안에 있는 화교 구역과 일본인 구역을 통해서 무역을 했다. 현지 베트남인들은 무역에서 역할을 하지 못했다(전경수, 2000).

▶▶▷ Check Point | 베트남의 반화교 정서 이면엔 중국이 있다

중국과 베트남의 잦은 전쟁은 베트남 사회에서 반화교 정서를 일으키는 단초를 제공하였다. 화교들이 많이 거주하고 있는 동남아 국가들 중에서 화교의 모국인 중국과 직접적인 갈등과 전쟁 등의 무력충돌을 한 나라는 베트남이 유일하다. 이러한 중국과 베트남의 전쟁과 무력충돌은 베트남 사람들의 마음속에 반화교정서를 심어주었다.

5. 베트남 정부의 반화교 정책

베트남 정부는 1960년에 방을 중심으로 한 베트남 화교들의 조직적 활동을 전면 금지했으며, 화교들의 애국주의적 성향의 단체들도 불법화했다(전경수, 2000).

베트남이 1975년 공산된 후 통일 베트남 정부는 화교의 상점과 기업들을 국유화하고, 통화개혁을 하여 현금을 많이 보유하고 있던 화교들에게 막대한 피해가 발생하였다. 이러한 과정을 거치면서 베트남은 동남아 국가들중에서 화교들의 경제활동이 가장 약한 나라중에 하나가 됐다(kyongi, 2012, 7, 25).

▶▶▷ Check Point | 베트남에서 화교와 다른 소수민족의 차이점은?

베트남에는 많은 소수민족이 있다. 원래 베트남의 국토내에서 토착민의 자격으로 살아 온 소수민족은 원주소수민족(原住少數民族)이고, 베트남의 화교들은 중국남부지역에서 베트남으로 이주한 월경소수민족(越境少數民族)이다(전경수, 2000).

일반적으로 화교도 베트남 내의 소수민족 중에 하나로 취급하는 경향이 있다. 그러나 화교들은 베트남과 중국과의 관계 때문에 베트남 내의 다른 소수민족들과는 상이한 특별한 지위를 누리기도 하고 억압을 받기도 했다. 베트남은 중국과 인접한 인도차이나 반도 국가 중에서 캄보디아, 라오스, 미얀마에 비해 중국의 영향을 많이 받았다.

▶▶▷ Check Point | 화교는 매판부르주아 계급인가?

1970년대 초반까지 하노이 정부는 모든 개인기업들을 집단화하였고 화교중심의 시장 구조를 와해시켰다. 베트남 통일 이후 통일베트남 정부가 가장 먼저 한 것은 매판부르주아 계급을 제거하는 것이었는데 대표적인 매판부르주아 계급은 화교였다.

▶▶▷ Check Point | 베트남 화폐개혁과 화교

하노이 정부는 1975년 9월 21일 1차 화폐개혁을 실시했는데 그 당시 베트남 화폐를 금이나 외화로 교환해 놓지 않은 화교들이 막대한 손실을 입었다(전경수, 2000).

6. 베트남 정부의 국유화 정책과 화교

통일베트남 정부는 1975년 이후 베트남 남부지역의 자본주의 경제를 사회주의 경제로 전환시키는 정책을 추진하였다. 이 과정에서 베트남 남부에서 대표적인 자본가 및 상인계층이었던 화교들의 재산은 국유화정책에 의해 대부분 몰수되었다. 특히 통일 베트남정부는 자본가 계급인 화교들의 경제력을 와해시키려 했고 이러한 화교 탄압으로 화교들은 베트남을 탈출하였다(Tran, 1993: 82-97).

▶▶▷ Check Point | boat people과 화교

공산 베트남 정부의 사유재산의 국유화와 통화개혁은 베트남 경제를 장악하고 있던 화교들의 생존권을 위협하여 10만명 이상의 화교들이 베트남을 떠났다(kyongi, 2012.7.25). 1975년부터 1980년까지 화교들이 중국국경을 넘어 탈출하거나 보트피플(boat people)이 되어 베트남을 탈출함으로써 베트남 화교사회는 큰 타격을 보게 된다.

▶▶▷ Check Point | 호치민시와 화교

베트남에 거주하고 있는 화교는 약 100만명으로 추산하고 있으며 베트남 총 인구의 약 15%에 해당된다. 대부분의 베트남 화교들은 베트남 남부지역 특히 호치민시에 집중 거주하고 있다. 베트남 화교들은 주로 가공업과 쌀유통업 등을 장악하고 있으며 조선, 해운업 등에 종사하고 있다(이성준, 2000: 589).

7. 도이머이 정책과 화교

통일베트남 정부의 베트남 남부지역의 사회주의체제로의 전환정책은 실패로 끝났고, 통일베트남 정부는 1986년부터 베트남판 개혁·개방정책인 도이머이 정책을 실시하였다. 도이머이 정책은 새로운 형태의 화교 결속을 가져왔다. 베트남 화교들은 해외에 거주하고 있는 화교 친척들과 베트남에서의 사업관계를 맺고, 해외화교들의 베트남 투자의 중개자 역할을 했다(Tran, 1993: 82-97).

▶▶▷ Check Point | 베트남 화교는 해외화교의 베트남 투자의 징검다리

화교는 베트남 정부의 도이머이정책 시행 초기에 경제적 도움을 주었고, 싱가포르, 대만, 홍콩 등의 동아시아 화교자본을 베트남에 유치하는데 적극적인 공헌을 한다. 해외 화교들이 베트남에 투자를 할 때 베트남 화교를 통해 베트남에 진출함으로써 베트남 화교들에게 비즈니스 기회가 많아졌고, 베트남 화교들은 경제적 지위가 향상되었다(Tran Hong Lien, 2007: 10-12).

제2장 라오스

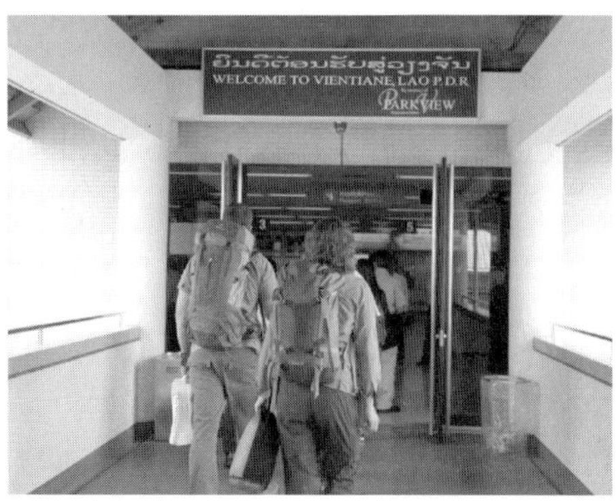

WELCOME TO
SMOKE-FREE VIENTIANE
CAPITAL

1. 라오스 이야기

라오스는 동남아에서 가장 순박한 사람들이 자연과 인생에 순응하며 살고 있는 곳이다. 라오스는 가난하지만 깨끗하고, 흙먼지 날리지만 매캐하지 않은 황토빛의 나라이다.

라오스의 아침은 불심과 자비의 나눔으로 시작된다. 평온한 아침에 끝도 없이 펼쳐지는 탁발행렬이 장관을 이룬다. 라오스는 요란하지 않은 소소한 일상이 편안함과 차분함을 선물한다.

라오스는 인도차이나반도 중앙에 입지하고 있는 내륙국가이고 국토의 80%가 산악인 산악국가이다. 라오스는 식민세력 뿐만아니라 주변 국가들로부터도 간섭과 침략을 많이 받은 국가이다. 세상으로부터 잊혀졌던 라오스가 역설적으로 고요함과 숨겨둠으로 인해 세상으로부터 관심을 받고 있다.

그림 | 1995-2011 라오스 GNI/GDP 성장률 (단위: %)

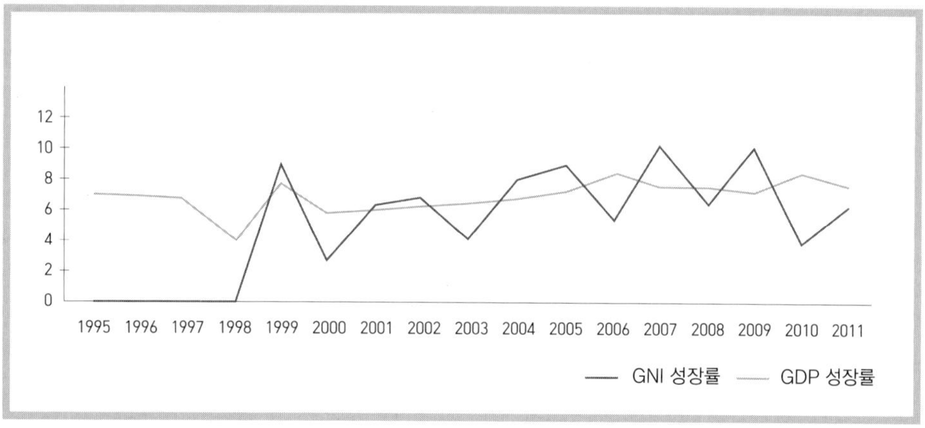

자료: world bank(2011)

그림 | 라오스 연도별 수출입 상품 및 서비스 현황

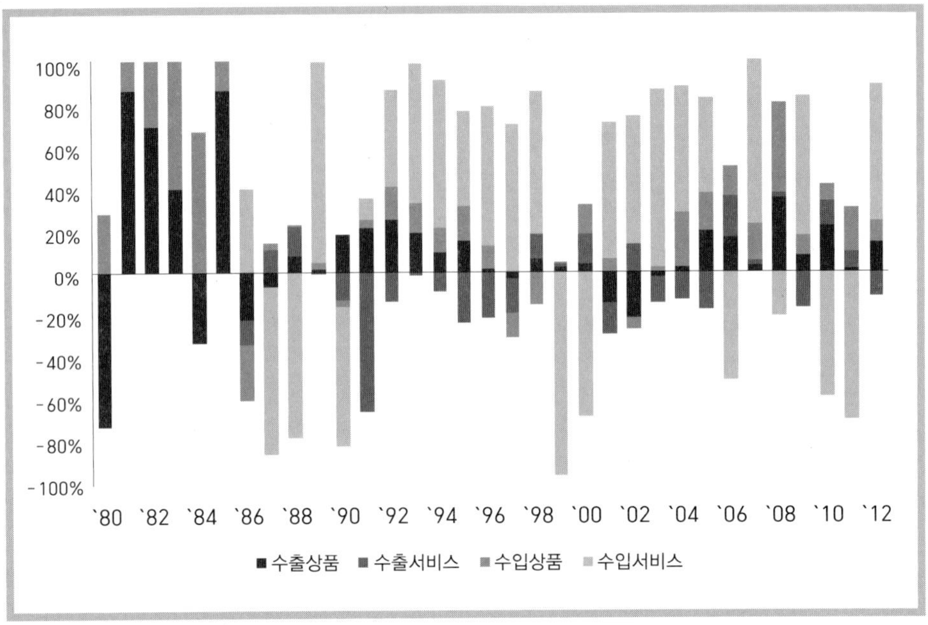

자료: International Monetary Fund(2012)

2. 라오스의 꿈

라오스는 중국, 미얀마, 베트남, 캄보디아, 태국에 둘러 쌓여 있는 내륙국이다.

라오스는 UN이 지정한 세계 최빈국(LDC: Least Developed Country)중 하나이다. 라오스 정부는 이러한 빈곤문제를 해결하기 위해 1986년 신경제제도(NEM: New Economic Mechanism)를 도입하여 경제시스템을 시장경제체제로 전환하여 국영기업을 민영화하고 외국인 투자 유치법을 제정하여 외국인 투자유치를 확대하고 있다. 라오스 정부는 이러한 시장경제체제 전환으로 2020년까지 최빈국 탈출을 목표로 하고 있다.

3. 라오스의 한계

라오스는 금, 석탄 등의 천연자원이 풍부하지만 자원개발을 위한 철도, 도로 등의 물류인프라가 절대적으로 부족하다. 라오스는 재정수입이 좋지 않아 이러한 사회간접자본을 확충할 수 없어 외국인 투자유치를 적극 추진하고 있다. 라오스 경제의 가장큰 문제점중의 하나는 외국의 원조에 지나치게 의존하고 있는 점이다.

4. 라오스 산업의 특징

라오스의 산업의 가장 큰 특징은 농업이 차지하는 비중이 절대적이라는 점이다. 농업은 라오스 GDP의 50%를 차지하고 있고 취업인구도 80%나 점하고 있다. 국토면적의 47%가 산림인 지역적 특징으로 임업도 발달하였다.

5. 라오스 화교는 어디에서 왔는가

라오스의 화교는 과거 중국인 후손과 최근 신이민자로 구분된다. 라오스 화교는 지리적인 근접성으로 인해 중국의 운남성과 광서성에서 주로 라오스로 이주하였다(kiep, 2012).

6. 프랑스로부터 독립 이후 화교가 증가한 이유

중국인들이 본격적으로 라오스에 정착한 시기는 라오스가 프랑스로부터 독립한 이후이다. 동남아 국가들은 서구 열강으로부터 독립한 이후 민족주의가 고조되어 중국인의 이민을 제한하였다.

그러나 라오스 정부의 화교정책은 동남아 인근국가들의 중국인 이주 제한조치보다 느슨하였고 이로인해 중국인의 라오스 이주가 증가하였다(kiep, 2012).

7. 과거 러시아 의존경제와 화교

라오스는 과거 1970~80년대 폐쇄적인 공산주의 시기에도 인근 공산주의 국가인 중국과는 교류가 많지 않았다. 라오스는 동시기 대외무역의 90%를 러시아에 전적으로 의존했다. 이처럼 라오스의 친러시아적인 경제협력관계로 인해 2003년까지도 라오스에 거주하는 화교는 5만명정도에 불과했다(hankyung, 2009.2.8).

▶▶▷ Check Point | 라오스의 화교가 급감한 이유

라오스 정부는 1976년 화교 재산을 몰수하는 정책을 시행하였고 이로인해 라오스의 화교인구는 1/10로 크게 급감하였다(kiep, 2012).

8. 중국제품과 화교

중국 화교들이 본격적으로 상권을 장악하기 시작한 것은 불과 5~6년 전부터 최근의 일이다. 특히 화교들이 상권을 장악할 수 있었던 계기는 라오스에 범람하고 있는 중국제품의 유통경로를 화교가 장악하였기 때문이다.

▶▶▷ Check Point | 라오스의 중국 국경무역과 화교

라오스와 중국 대륙의 변경 무역이 성행하면서 운남에서 라오스로 건너가 경제활동을 벌이는 중국인의 수도 급증하고 있다.

▶▶▷ Check Point | 라오스 화교는 비엔티엔에 집중

많은 화교들이 수도인 비엔티엔에 거주하고 있는데 총 화교인구 수의 40% 정도가 이곳에 거주하고 있다.

9. 대외개방과 태국화교의 라오스 진출

라오스 정부가 대외개방 정책을 추진하면서 태국의 많은 화교들이 라오스에 진출하고 있다. 특히 태국에서 전문기술을 갖고 있는 태국화교들은 라오스로부터 초빙되고 있다. 태국의 화교 금융기관인 태국의 농민은행과 방콕은행은 라오스의 금융산업에 진출하였다. 태국화교들은 라오스의 천연자원 개발에도 투자하고 있다.(Asean, 2012)

ဗိုလ်ချုပ်အောင်ဆန်းမွေးနေ့

13
2
2013
General
Aung San

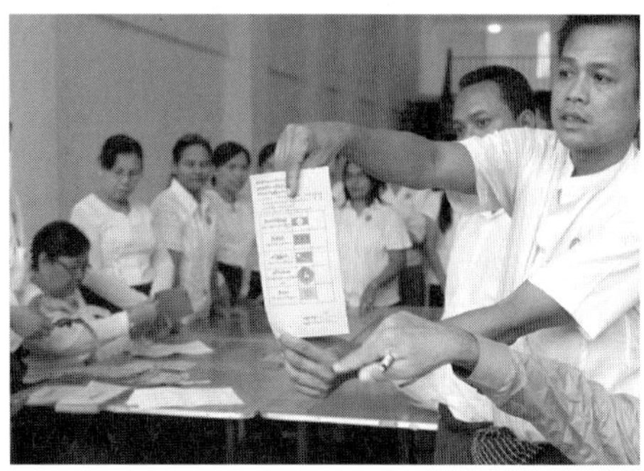

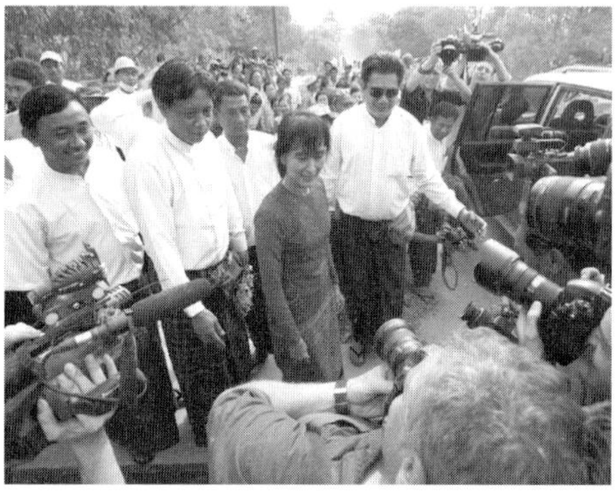

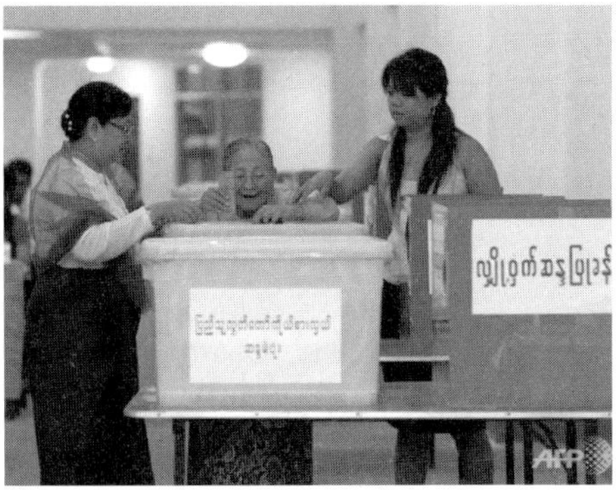

1. 미얀마 이야기

한국인에게 아웅산 테러로 강하게 각인된 버마가 오늘날 미얀마이다. 미얀마는 남자들이 론지라는 치마를 입고 다니고 여자들은 타나카라는 하얀분을 얼굴에 바르고 다닌다. 민주화의 상징 아웅산 수치여사의 조국 미얀마가 오랜 어둠속에서 이제 막 깨어나고 있다. 2011년 신정부 출범 이후 세계 각국으로부터 미얀마에 투자가 몰려 들고 있다. 미얀마인들의 수줍은 웃음이 함박웃음로 변할 날이 다가오고 있다.

미얀마의 정식 명칭은 미얀마 연방공화국(The Republic of the Union of Myanmar)이다. 미얀마의 국가명칭은 1989년 6월 기존 버마(Burma)에서 바뀌었다. 미얀마는 인도차이나 반도 서북부에 위치하고 있다. 면적은 67만 8528㎢이다.

미얀마의 수도는 양곤(Yangon)이었으나 신행정수도 네피도(Nay Phi Daw)로 수도가 이전되었다. 미얀마는 미얀마족이 약 70%를 차지하고 있지만, 카렌족(Karen), 카친족(Kachin) 등 다양한 소수 민족으로 구성되어 있다. 또한 미얀마는 쌀, 목재, 원유, 주석, 석탄 등 자원이 풍부한 국가이다.

그림 | 1995-2004 미얀마 GNI/GDP 성장률 (단위: %)

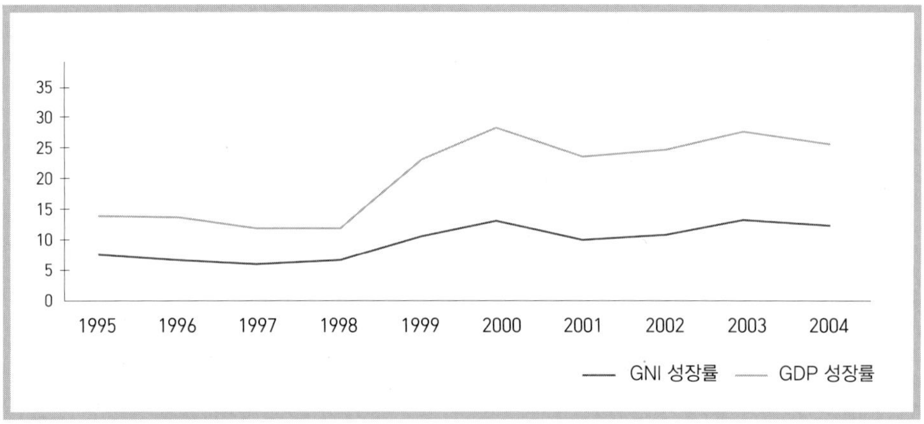

자료: world bank(2004)

그림 | 미얀마의 한국 수출입 실적 및 무역 수지 현황 (단위: 백만 달러)

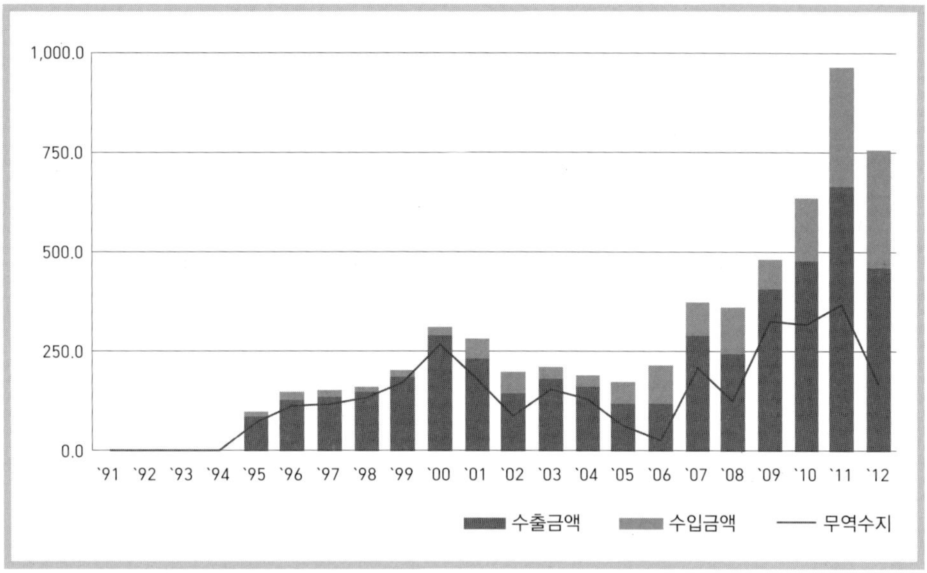

자료: KOREA CUSTOMS SERVICE(2012)

2. 미얀마는 동남아의 블루오션

최근 시장개방으로 동남아의 블루오션으로 부각되고 있는 미얀마는 그동안 은둔의 나라로 인식되었다. 동남아 서쪽 끝에 있는 미얀마는 역사적 소용돌이를 겪으면서 군사정권에 의해 스스로 폐쇄주의 정책을 지속하였다.

특히 군사정부의 독재체제에 의한 반민주적인 국가운영으로 영국, 미국 등의 서방세계와 대립각을 세워 경제제재 조치를 받으며 국제사회로부터 고립되었다. 이러한 서방세계의 경제제재조치로 인해 미얀마의 경제는 곤두박질하였다.

미얀마는 서방세계와 경제교류를 하지 않은 대신 1980년대 말부터 중국과 밀접한 통상관계를 지속하고 있다. 미얀마는 1997년에 아세안(ASEAN)에 가입하여 동남아 국가들과 경제교류를 확대하고 있다. 최근에는 미얀마 정부의 대외개방정책으로 서방의 경제제재조치가 철회되면서 미얀마에 해외투자가 급증하고 있다.

3. 해로화교, 육로화교

미얀마 화교는 바다를 통해 미얀마에 들어와 정착한 해로화교(海路華僑)와 중국 운남성(雲南省)을 통해 이주해 온 육로화교(陸路華僑)로 구성되어 있다.

미얀마는 육로화교의 역할이 크다. 미얀마 상부지역은 주로 중국 운남성을 경유하여 미얀마에 이주한 육로화교가 많다. 이에 비해 미얀마 하부지역은 다른 동남아 국가들의 화교사회와 마찬가지로 주로 해상루트를 통해 미얀마에 이주해 온 화교들이 정착하여 살고 있다. 미얀마 상부지역의 화교사회는 전반적으로 중국 운난성 출신의 화교들이 많다(조흥국, 2002). 이처럼 미얀마 화교의 특징은 다른 동남아 국가들과 달리 운남성 출신이 많다는 점이다.

▶▶▷ Check Point | 미얀마 화교혼혈의 선택

중국인과 버마인의 혼혈 후손은 딸들은 버마인으로 성장하였고, 아들들은 중국인으로 키웠다(Mary F. Somers Heidhues, 1974).

▶▶▷ Check Point | 미얀마 정부의 화교탄압

미얀마의 네윈정권은 미얀마 민족주의와 사회주의 정책을 추진하면서 미얀마내에서 화교의 경제활동을 원척적으로 봉쇄했다.

4. 중국인과 태국화교들의 미얀마 진출

중국정부가 중국에서 미얀마로 건너 갈 수 있는 출국제한을 완화한 후 20여년 동안 중국 운남성에서 미얀마로 건너가는 중국인의 수가 많아졌다. 또한 최근에는 태국의 화교들도 미얀마 소수민족의 신분증을 받아 장기적으로 미얀마에 거주하면서 비즈니스를 확대하고 있다(kotra, 2013).

5. 미얀마 화교와 중국

미얀마의 화교는 1990년대 이미 100만명 이상으로 조사되었다. 화교들은 미얀마의 주요 도시뿐만 아니라 미얀마 여러지역에 거주하고 있어 중국은 미얀마 진출시 미얀마 각지에 거주하고 있는 화교를 적극 활용하고 있다. 양곤시의 외곽 신주택지는 화교 자본이 대부분 투자하고 있다. 중국은 미얀마 천연가스를 중국 운남성으로 실어올 수 있는 파이프라인 건설 계획을 세우는 등 미얀마에 대한 투자를 늘리고 있는데 중국은 미얀마 투자시 현지 화교들의 네트워크를 활용하고 있다(hani, 2010.12.21).

▶▶▷ Check Point I 캄보디아에서 베트남인과 화교, 미얀마에서 인도인과 화교

캄보디아의 베트남인은 화교에 비해 캄보디아 사회에 비동화적이었다. 미얀마에서는 인도인에 대한 반감으로 인해 화교에 대한 반감은 상대적으로 줄었다.

이처럼 캄보디아와 미얀마에서 화교는 동일한 이방인인 베트남인과 인도인의 현지사회에 대한 비동화적 태도로 상대적으로 현지인으로부터 반감을 덜 받았다 (Mary F. Somers Heidhues, 1974).

제4장 캄보디아

SELL BUS TICKETS
Siem Reap → Phnom Penh
Siem Reap → Battambang
Siem Reap → Kampong Cham
Siem Reap → Poi Pet
Siem Reap → Bang Kok
Taxi:Siem Reap Phnom Penh Siem Reap Poi Pet Tel: 012 90 37 98

1. 캄보디아 이야기

캄보디아의 국기엔 앙코르와트가 들어 있다. 캄보디아인이 가장 자랑스러워하는 국가적 상징이 앙코르와트이다. 그런데 많은 사람들은 앙코르와트뿐만 아니라 킬링필드도 함께 떠올린다. 순박한 사람들이 아무런 죄없이 이데올로기의 시험무대에서 희생되었던 아픈상처가 아직 아물지 않았다. 그러나 그 킬링필드에 화합과 용서가 물들고 있다.

캄보디아는 앙코르와트의 영광을 뒤로하고 덧없는 이데올로기 다툼에 긴 시간 경제가 멈추어 버린 듯 침체되었지만 정치가 안정되고 대외개방을 시작하면서 경제적으로 활기를 찾고 있다.

그림 | 1995-2011 캄보디아 GNI/GDP 성장률 (단위: %)

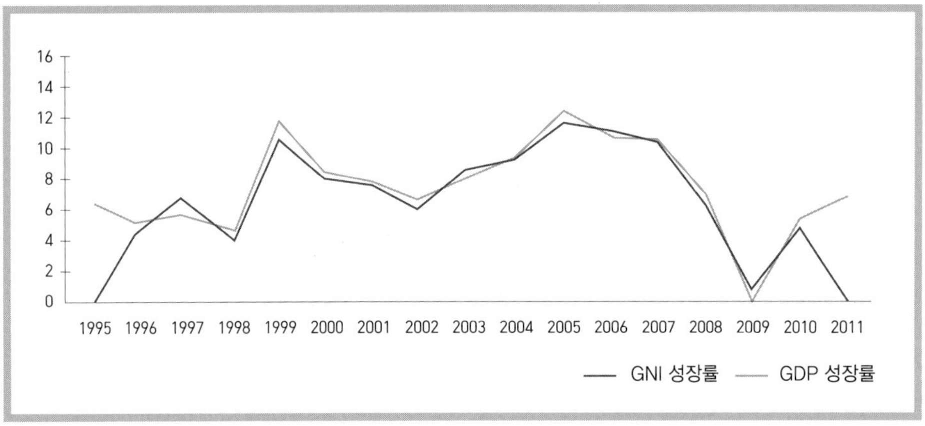

자료: world bank(2011)

그림 | 캄보디아 연도별 수출입 상품 및 서비스 현황

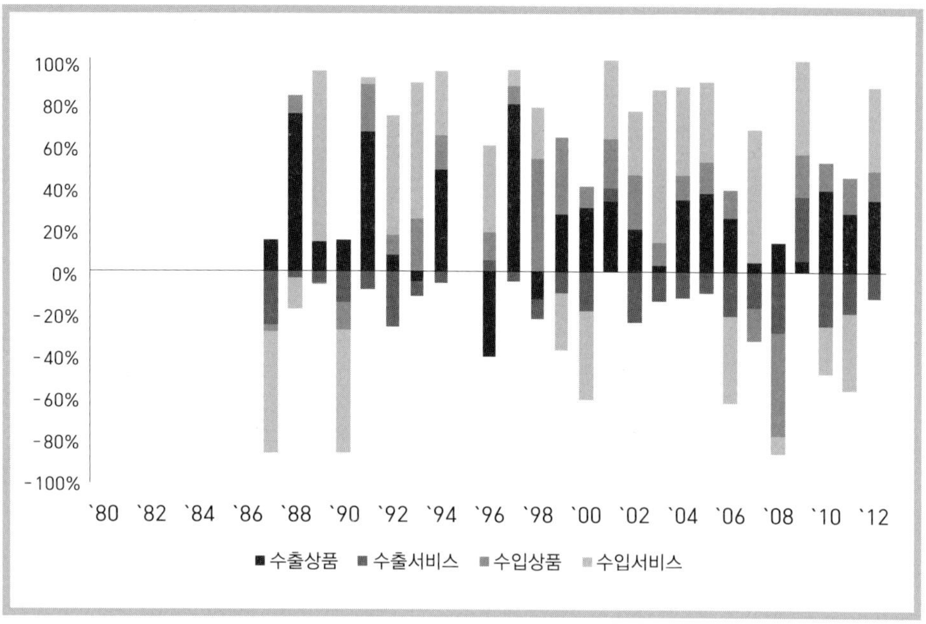

자료: International Monetary Fund(2012)

2. 캄보디아 화교의 태동

캄보디아 화교는 태국과 베트남의 해양을 통해 동남아에 진입한 후에 육로로 캄보디아에 진입한 경우가 대부분이며 유민의 형태로 들어와 캄보디아에 정착하였다.

초기의 캄보디아 화교들은 대부분 홀홀단신 남성들이었고, 캄보디아 크메르족의 여성들과 결혼하는 경우가 많았다.

3. 캄보디아 화교의 규모가 작은 이유

캄보디아는 동남아 주변국가에 비해 상대적으로 해상무역을 활발히 할 수 있는 대규모 항구도시가 발달되어 있지 않았다. 과거 동남아 화교들은 주로 해상무역을 토대로 상업을 했는데 캄보디아는 상업적 항구도시가 발달되어 있지 않아 동남아 다른 지역에 비해 상대적으로 캄보디아엔 화교들의 이주가 적었다.

▶▶▷ Check Point | 프랑스의 화교 통치방식

프랑스 식민당국은 캄보디아의 화교들을 직접 관리하지 않고 각각의 방언집단인 방에 소속시키고 방의 지도자로 하여금 방의 자체 관리와 세금징수 등을 하게 하였다.

4. 프랑스 식민 시기 화교는 무엇을 하였나

캄보디아는 프랑스의 식민지배를 받았는데 화교들은 프랑스 식민정부를 대신하여 세금수취 업무를 하였다. 또한 서민들을 상대로 고리 대금업도 하면서 상업을 장악했다. 캄보디아 화교의 60% 는 도시에 살면서 상업에 종사했다(조흥국, 1999).

5. 캄보디아 화교단체의 역할

캄보디아 정부는 캄보디아 중국인연합회라는 새로운 중국단체의 설립을 인가했다. 이 화교단체는 다양한 분야에서 화교를 지원하고 프놈펜과 캄보디아의 다른 지역의 화교연합회가 공동으로 소유한 재산을 관리하고 캄보디아인과 화교의 우호증진을 도모함을 목적으로 하고 있다(chosun, 2005).

캄보디아 화교들은 캄보디아 총상공회, 캄보디아 중국상회, 캄보디아 홍콩·마카오화교상회, 캄보디아 대만상회 등의 화교단체를 설립하여 캄보디아 정부의 경제정책에 협력하고 있다. 또한 이러한 화교단체를 통해 해외화교와 네트워크가 활성화되어 캄보디아 화교의 수가 1970년대보다 1.5배 증가했다(정미경, 2008).

6. 캄보디아 화교의 이중고

반중국 정책
반자본주의 정책

캄보디아 화교들은 프랑스 식민정부 시기와 시하누크(Sihanouk) 정부의 체제하에서 캄보디아내에서 경제활동을 비교적 자유스럽게 할 수 있었다. 그러나 캄보디아에서도 화교를 포함한 외국인이 특정직업에 종사할 수 없게 하고 은행도 국유화하였다(Mary F. Somers Heidhues, 1974).

캄보디아 화교들은 1970년부터 1980년 말까지 약 20년간 반중공·반중국인적인 론놀(Lon Nol) 정권에서 탄압을 받았고, 반자본주의·반도시중산층적인 크메르루즈의 억압도 받았다. 그리고 반중국 · 반자본주의적인 캄푸치아인민공화국에서도 경제적 제제를 받아야 했다(조흥국, 1999).

7. 공산화 이전 화교의 경제력과 현재

캄보디아 화교는 1960년대 국내 상거래에서 농산물 매매의 40%를 거래하였고, 캄보디아 무역의 80%를 장악하였다. 최근 캄보디아의 5대기업중 4명이 화교이다. 캄보디아의 제조업과 서비스업의 80% 이상이 화교와 화교자본에 의하여 운영되고 있다(정미경, 2008). 캄보디아인들은 대부분 전통산업인 농업에 종사하고 있고 대부분 화교들이 운영하고 있는 제조업과 서비스업에서 피고용인으로 종사하고 있다.

▶▶▷ Check Point | 캄보디아의 3개 저울

캄보디아 화교들에게는 저울이 3개 있다. 하나는 화교들끼리 거래하는 저울, 또 하나는 캄보디아 사람들에게 물건을 팔 때 사용하는 저울, 또 다른 하나는 한국인을 포함한 외국인을 상대할 때만 쓰는 저울이다.

8. 공산화와 캄보디아 화교의 시련

캄보디아 화교는 공산화 되기전인 1975년까지 캄보디아의 소수민족 중에서 가장 영향력이 있는 민족으로 캄보디아 경제활동을 장악했으나, 공산화 이후 재산몰수와 추방 등으로 인구가 감소하였다(cambodia information center, 2007).

9. 크메르루즈의 화교탄압, 베트남의 캄보디아 지배와 화교

캄보디아를 크메르루즈가 장악하면서 캄보디아의 화교사회는 큰 곤란을 겪기 시작했다. 무엇보다 캄보디아의 시장기능이 붕괴되어 상업에 종사하는 화교의 생계수단이 악화되었다. 또한 이 시기 많은 캄보디아 화교들이 학살되거나 해외로 도피하였다. 크메르루즈는 화교학교를 폐교하였고, 중국어 신문 발행도 금지하였다. 심지어 가정에서 중국어사용도 금지하였다. 베트남군이 크메루즈군을 몰아내고 캄보디아를 지배한 이후에도 그 당시 베트남과 중국의 관계가 좋지 않아 1989년 베트남군이 캄보디아에서 철수할 때까지 화교들의 상황은 크게 나아지지 않았다(chosun, 2005).

▶▶▷ Check Point | 캄보디아 화교가 감소한 이유

캄보디아 화교는 1960년대 후반에 캄보디아인 다음으로 캄보디아에서 인구가 많았다. 1960년대 후반 캄보디아 화교는 약 425,000명이었다. 그런데 1984년에 캄보디아 화교는 61,400명으로 급감하였다. 가장 큰 이유는 크메르루주에 의한 화교 탄압과 그 이후 캄보디아를 지배한 베트남의 박해 때문이었다(조흥국, 1999).

▶▶▷ Check Point | 시노크메르(Meti)

시노크메르는 캄보디아인과 중국인의 혼혈을 의미한다. 메티(Meti)라고도 한다. 캄보디아인과 중국인 혼혈인 시노크메르 엘리트들은 캄보디아의 독립 이후 크메르 공화국까지 캄보디아의 상업을 장악했다(chosun, 2005).

시노크메르는 캄보디아에서 외국인으로 취급되었지만, 다른 외국인에게 주어지지 않은 특권을 누릴수 있었다. 시노크메르는 크메르인으로 살 것인가 중국인으로 살 것인가를 선택할 수 있었다. 크메르 복식과 풍습을 따르기만 하면 캄보디아 백성으로 인정받았다. 시노크메르인 중에서 부자들은 중국문화를 선호했고, 가난한 시노크메르인은 캄보디아 문화를 선호하였다(Mary F. Somers Heidhues, 1974).

캄보디아에서 화교와 크메르 민족간의 관계는 일반적으로 좋은 편이었다. 화교와 크메르인간에는 통혼도 많이 이루어졌다. 양민족간의 혼혈인 중국계 크메르인은 최근 캄보디아의 재계와 정계에서 두각을 나타내고 있다.

10. 1993년 총선 이후 캄보디아 화교의 부흥

1993년 총선 이후 캄보디아가 그동안 정치적, 사회적 불안 요소를 잠재우고 안정화되면서 그동안 중단되었던 국제사회의 지원과 외국인 투자가 증가되었다. 이를 계기로 화교들의 경제활동이 다시 활발해지기 시작했다(chosun, 2005).

최근들어 캄보디아가 민주화되면서 해외에 거주하고 있는 화교들의 캄보디아 투자가 활발해지고 있다. 이로인해 캄보디아 화교들은 캄보디아 경제 재건의 주도 세력으로 부상하고 있다. 캄보디아에는 공식적으로는 5만명, 비공식적으로는 약 40만명의 화교가 거주하고 있는 것으로 조사되고 있는데 최근 화교 인구가 급증하고 있다(cmbp, 2007). 길고도 길었던 캄보디아의 내전이 종식되고 시장경제 지향적 경제정책이 시작된 1990년부터 캄보디아 화교들의 경제활동은 다시 활기를 띠기 시작했다(조흥국, 1999).

11. 중국의 남진정책과 화교

2000년 장저민 주석 방문, 2002년 주룽지 총리 방문, 2004년 우이 중국 부총리

방문 그리고 최근 원자바오 총리의 방문으로 중국과 캄보디아의 정치적 유대관계는 계속 발전되어 왔다(chosun, 2005).

중국은 인도차이나반도에서 외교뿐만 아니라, 경제적 측면에서도 중요성이 커지고 있는 캄보디아에 투자를 확대하고 있다. 중국은 캄보디아를 중국의 동남아 남진 정책의 전초기지로 삼고 있다. 중국은 캄보디아에 대한 유무상원조와 투자를 확대하면서 중국의 영향력을 강화하고 있다. 특히 중국은 캄보디아의 미개발 자원개발에 대한 투자를 확대하고 있다(kotra, 2011).

RAJAMANGA
OF TECHNOLOGY UTH

我們要和平

เขตคันนายาว

1. 태국 이야기

태국은 시끌벅적함속에 고요함이 있고, 무질서속에 정돈됨이 있는 공존의 나라이다. 태국은 어딜가나 국왕에 대한 존경심이 가득하고, 불국정토의 향기가 가득하다.

태국은 타이족과 화교, 가진 자와 가난한 자가 사이 좋게 공존하는 나라이다. 태국은 동남아에서 유일하게 식민통치를 받지 않은 국가이다. 태국이 제국주의시대에 서구열강으로부터 나라를 지킬 수 있었던 힘은 강력한 군사력이 아니다. 국왕의 지혜와 국왕을 믿고 따르는 태국인이 있었기 때문이다. 태국의 정식 국명은 타이 왕국(Kingdom of Thailand)이다. 태국은 한반도 넓이의 약 2.3배에 약 6,500만명이 살고 있다. 태국 국민의 약 95%는 불교신자이다.

그림 | 1995-2011 태국 GNI/GDP 성장률 (단위: %)

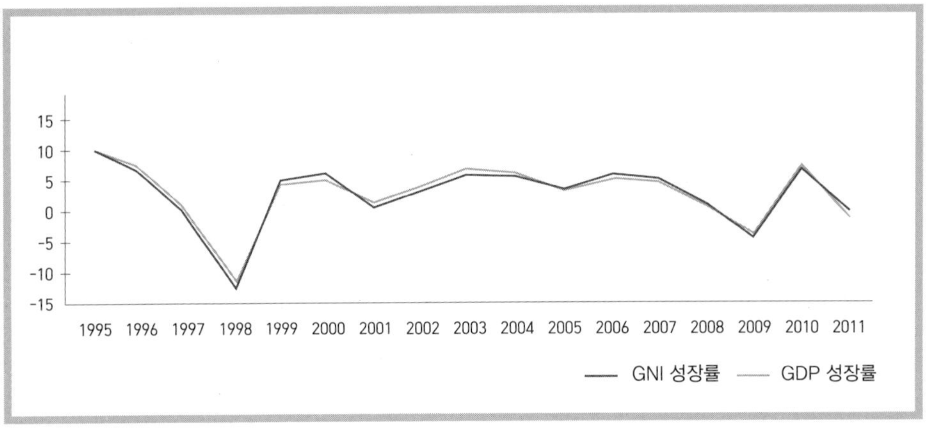

자료: world bank(2011)

그림 | 태국 연도별 수출입 상품 및 서비스 현황

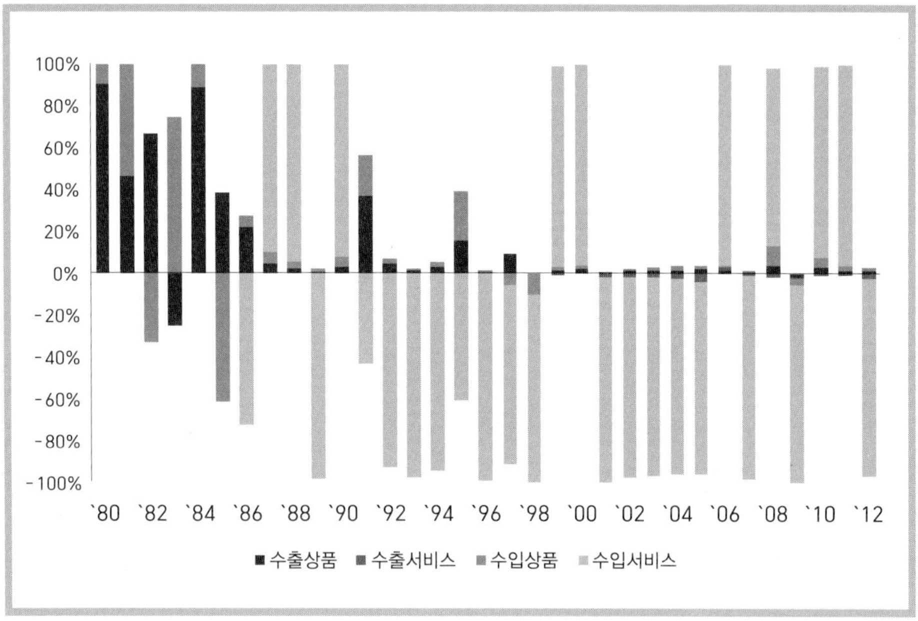

자료: International Monetary Fund(2012)

2. 태국 화교의 특징

태국 화교의 가장 큰 특징은 동남아 이주방식이 말레이시아, 인도네시아 등과 다르다는 점이다. 인도네시아, 말레이시아로 이주한 화교들은 대부분 꾸리형태로 이주하였다. 그러나 태국의 화교는 자유이민이거나 친족들에게 돈을 빌려 이주하고, 이주자는 빚을 갚아가는 방식이 많았다(Skinner, 1957).

태국화교는 태국 쌀의 중국에대한 수출이 지속적으로 확대되면서 증가하였다(홍원선, 2012). 태국의 화교는 약 700만 명으로 동남아에서 인도네시아, 말레이시아에 이어 화교가 가장 많이 거주하고 있는 3국 중 하나이다. 태국 화교들은 방콕, 치앙마이 등 도시에 주로 거주하고 있다. 근대화 이전에도 화교의 약 50%는 수도 방콕에서 50마일 이내에 거주하고 있었다(Skinner, 1957).

3. 태국 화교의 현지사회 동화

태국 화교는 태국 총인구의 약 10% 이상을 차지하고 있다. 태국화교는 동남아 다른 국가들에 이주한 화교들에 비해 현지사회에 동화가 잘 이루어졌다. 화교들은

태국인의 95%가 믿는 불교를 적극적으로 수용하였고, 태국어를 사용하고 태국식으로 이름도 개명하면서 현지사회에 자연스럽게 동화되었다. 의식주를 태국문화로 변화시켰다. 태국 화교들은 이주의 역사가 긴 만큼 현지사회에 동화되어 다른 동남아 국가에 비해 중화민족으로서의 정체성이 약해져 있다(Skinner, 1957: 34).

화교의 태국사회 동화과정이 민주적으로만 진행된 것은 아니었다. 태국정부는 화교들에게 정부가 만들어 놓은 목록에서 태국이름을 하나씩 선택하여 이름을 고치도록 하였다(Murray Weidenbaum, 1996).

4. 태국 화교의 경제력

태국 총인구의 약 10%인 화교 들은 태국의 상업, 제조업 자본의 약 80%를 차지하고 있다 태국에서 왕실재산 관리국 소유의 기업을 제외한 모든 상위 기업들이 화교 기업이다(박정동, 2008). 태국화교들은 상업은행의 100%와 주요 대기업의 대부분을 소유하고 있다(이성준, 2000: 8).

5. 태국 정부의 배려적인 화교정책

태국정부의 적극적이고 개방적인 화교정책은 태국 화교들에게 정치, 경제, 사회 등 모든 측면에서 태국인과 동일한 권리를 부여해 주었다. 또한 태국정부는 화교들에게 교육문호도 개방하여 화교들이 태국사회에 성공적으로 적응할 수 있게 해주었다. 태국에서 화교들이 태국사회에 성공적으로 동화될 수 있었던 것은 무엇보다도 태국정부의 화교에 대한 정책적인 배려때문이었다(하순, 2000: 68).

6. 태국 화교의 정치참여

태국 정부는 동남아의 다른 국가들에 비해 더욱 친밀한 화교 동화정책을 추진하였다. 무엇보다 태국정부는 화교들의 태국 국적 취득을 용이하게 해주었다. 태국정부는 화교들에게 정치, 경제, 사회 모든 분야에서 태국인과 동등한 권리를 주었다. 이러한 태국정부의 정책으로 화교는 경제영역뿐만 아니라 정치에도 적극적으로 참여하고 있다.

1932년에서 1990년까지 태국에서는 화교 출신 총리가 8명이었다. 1990년 이후에도 화교 총리는 6명이다. 최근 3명의 총리인 탁신, 아피싯, 잉락도 모두가 화교들이다.

1991년에는 태국 의원 357명 중 화교가 100명 정도였고 내각에도 화교가 반이상을 차지했다. 2005년 탁신 총리의 내각도 70%가 화교였다(왕왕버, 2012).

▶ 화교출신 태국 잉럭총리

7. 화교들의 정치참여 배경

전통적으로 태국에서 화교는 태국경제를 장악하고, 태국인들은 정치를 장악하였다. 그러나 1980년 이후 근본적인 변화가 태국 정치에서 발생하였다. 화교들이 정치에 참여하기 시작했다. 가장 큰 이유는 화교들의 태국사회에 대한 높은 동화력, 태국정부의 전문관료에 대한 중요성의 인식, 태국정부의 정책에서 경제에 대한 중요성이 증가하여 기업의 이익이 정치에 참여하게 되었다(Clark D. Neher, 1994: 41-45).

1980년대 이전까지 태국 화교들은 정치문제에 잘 관여하지 않았었다. 그러나 화교와 태국인간에 혼인이 늘어나고 화교들의 태국사회 동화가 확산되어 태국인(정치)과 화교(경제)간에 상호 영역을 분리한다는 것이 무의미해졌다(Clark D. Neher, 1994: 54).

일반적으로 동남아에서 화교국가로 불리는 싱가포르를 제외하고 대부분의 동남아 화교들은 경제에만 집중하고 정치에는 참여하지 않는 경우가 많다. 그런데 태국의 화교들중에는 동남아 다른국가 화교들과 달리 정계와 관계에 진출한 사람들이 많았다. 화교출신의 대표적인 태국 정계인사는 찻차이 전 수상, 잠롱 전 방콕 시장 등이 있다(김종윤, 1994: 123).

8. 태국 왕실과 화교의 관계

태국 고대왕조의 이야기속엔 중국인이 자주 등장한다. 태국의 고대왕국 아유타야 왕국은 태국 여성과 결혼한 중국인 상인 우통에 의해 건국되었다. 톤부리 왕조의 탁신도 중국계였다. 현재 태국의 왕실인 차크리 왕조의 라마 1세도 태국인 아버지와 중국인 어머니 사이에서 태어났다(박형기, 2007: 63).

라마 1세는 수도 방콕건설과 버마와의 지속된 전쟁으로 많은 비용이 필요했다. 라마 1세는 막대한 비용을 마련하기 위해 화교가 장악하고 있는 태국과 중국간의 무역을 확대하였고, 이 과정에서 화교의 역할이 커졌다(조흥국, 2000).

중국의 차오저우로부터 태국으로 이주한 화교들은 황실화교란 별칭이 붙을 만큼 태국사회에서 지위가 높았고, 지속적으로 중국으로부터 이주를 증대하여 세력을 공고히 하였다(홍원선, 2012).

▶▶▷ Check Point | 관료화상

과거 타이왕실은 태국에서 거주하고 있는 화교들을 중국과의 조공무역에 조공사신으로 파견하였는데 이러한 화교들은 자신의 국제 비즈니스 능력을 기반으로 아유타야 왕실의 관료까지 역임한 사람들도 있다. 이처럼 태국의 화상중에서 관료에 진출한 사람들을 관료화상이라고 한다(Skinner, 1957). 태국 화교중에서 관료화상이 있었다는 것은 그 만큼 태국 화교가 태국 왕실과 관계가 좋았고, 태국 왕실이 태국 화교를 신뢰하였다는 것을 말해 주고 있다.

▶▶▷ Check Point | 톤부리 왕조의 탁신시대와 화교

탁신시대(1767-1782)는 화교의 시대라고 할 만큼 태국에서 화교의 위상이 높아졌던 시기이다. 탁신왕조는 중국계 타이인인 탁신에 의해 건국되었다. 탁신은 건국과정에서 화교들의 도움을 받았고 탁신은 화교들의 중국과의 무역을 적극 지원하였다. 이처럼 탁신의 화교를 통한 중국과의 무역확대 정책은 중국인의 태국 이주를 확대시켰다.

▶▶▷ Check Point | 보우링조약이 화교에 미친 영향

1855년 태국정부는 태국 시장을 개방하는 내용을 담은 보우링조약을 영국과 체결하고 다른 서양국가들 하고도 태국시장 개방을 협약한 조약을 체결하였다. 이러한 일련의 태국시장 개방조치는 그동안 태국왕실의 후원하에 거의 독점되었던 화교의 해외무역 기득권의 상실을 가져왔다.

화교는 해외무역에서 독점적 이윤을 상실하였지만, 태국 정부로부터 징세도급권(아편, 도박장, 복권, 술 등)을 획득하여 태국사회에서 경제적 지위를 유지하고 역할을 담당하였다. 태국정부 세입의 약 50%는 직접 또는 간접적으로 화교사회로부터 나왔다(조흥국, 2000: Skinner, 1957).

또한 보우링조약으로 태국시장이 세계자본주의 시장체계로 편입되면서 태국의 경제사회적인 개혁이 추진되었다. 이 과정에서 운하, 철도, 도로 등 사회간접자본에 대한 투자가 증가되었고 화교 노동력에 대한 수요가 증가하였다. 또한 1890~1910년사이에 방콕의 수상도시가 육상도시로 전환되면서 정부청사, 도로 등의 건설에 화교가 동원되었다(홍원선, 2012).

▶▶▷ Check Point | 태국정부의 화교 입국제한 전략 = 문맹

태국정부는 세계 대공황의 영향으로 실업율이 높아지자 1933년 화교의 태국 입국을 제한하였는데 화교들이 대부분 문맹이라는 점을 감안하여 태국어를 읽고 쓰지 못하는 화교의 입국을 제한하였다(今川映一, 1999).

9. 태국 화교와 타이족의 친선관계

태국은 화교의 역사가 오래된 나라이다. 1660년에 1만명의 화교가 태국에 거주했고, 1885년엔 화교 수가 20만명에 달했다(이성준, 2000: 8). 1930년대 40만 방콕시민 중 20만 정도가 화교였다(홍원선, 2012).

태국은 동남아에서 화교와 토착민이 가장 잘 어우러져 살고 있는 나라이다. 태국 화교는 차오저우계가 많다. 역사적으로 태국의 왕실과 정부, 군부 모두 차오저우 출신의 화교들의 후원을 많이 받았다. 화교와 태국인들이 관계가 원만한 이유는 화교와 타이족의 선조가 한 뿌리이기 때문이다. 태국의 타이족의 뿌리는 중국 남부지방인 월(越)지역인데 화교들의 중국고향 또한 대부분 중국의 남부지방이다(박형기,2007: 63).

▶▶▷ Check Point | Lukjin

룩진(Lukjin)이란 태국에서 화교와 태국인 여성 사이에서 태어난 혼혈을 의미한다. 일반적으로 룩진은 자신을 중국인이라고 생각한다. 그러나 룩진이 성장하여 태국여성이나 룩진여성과 결혼하여 낳은 자식은 자신을 태국인이라고 생각한다(홍원선, 2012).

룩진(Lukjin)은 태국이나 중국의 한쪽 사회를 선택할 자유가 있었다. 만약 룩진이 화교로 살려면 남자는 변발을 하고 중국인 세금을 내야 했다. 반대로 룩진이 태국인이 되려면 태국식으로 머리를 해야 했다. 여성 룩진은 흰 피부로 태국사회에서 선호하는 신부감이었다. 여성 룩진은 대부분 태국사람이 되었고, 남성룩진은 화교인 아버지의 영향을 받았지만, 손자대에는 태국사회에 동화되었다(Mary F. Somers Heidhues, 1974).

10. 중국 출신지역에 따라 상이한 직업

태국화교들은 역사적으로 태국의 경제발전에 중요한 역할을 해왔다. 태국 남부지방에 거주하는 화교들은 주석, 천연고무, 후추부분을 장악했고, 해안지역에 거주한 화교들은 무역에 종사하였다.

태국에서 중국의 동일지역 출신의 화교들은 일반적으로 동일업종에 종사했다. 미곡상인, 정미소, 은행인, 보석상인 중에는 차어저우 출신이 많다. 하이난 출신은 제제소, 얼음공장, 호텔에 많이 종사했다. 객가인중에는 은세공업자가 많았고, 광동인은 기계상점이나 자동차 수리소에 종사하는 사람이 많았다. 복건성 출신은 주로 고무수출업에 종사했다(이성준, 2000: 8, 592).

▶▶▷ Check Point | 제2차대전 전후 화교 금융기관의 차이점

제2차 대전 이전의 화교은행과 보험회사들은 대부분 쌀사업을 바탕으로 설립되었다. 그러나 제2차대전 이후 설립된 화교 금융기관들은 쌀사업을 토대로 두지 않고 설립된 경우가 많다.

또한 제2차대전 이전의 화교금융기관은 한 화교가문이 설립하였으나, 제2차 대전 이후에 설립된 화교 금융기관은 여러 화교 가문들의 자본을 합쳐 설립되었다.

또한 태국 화교기업들은 금융업을 토대로 하여 경영다각화를 추진하였고 이러한

경영다각화를 통해 일부 화교기업은 복합기업(conglomerate)이 되었다(Suechiro, 1985: 조흥국, 2000).

▶▶▷ Check Point | 화교의 중국투자에 대한 시각

태국정부는 국가 경쟁력 강화를 위해 외국기업의 투자유치와 함께 태국기업의 해외 진출도 강력하게 추진하고 있다. 이러한 태국정부의 적극적이고 개방적인 통상 정책으로 인해 태국에서는 화교기업의 중국 진출에 대한 반대 여론이 말레이시아나 인도네시아에 비해 적은 편이다(김종윤, 1994: 123).

11. 태국정부의 화교에 대한 경제적 자율성 부여가 미친 영향

태국정부는 태국민족주의가 일어나고, 정치체계가 변화되기 전인 1930년대 이전에는 화교의 경제활동에 관여하지 않았다(홍원선, 2012:154). 태국정부도 동남아 대부분의 국가들이 독립 이후 화교의 경제활동을 제한할 때 유사한 화교제한 정책을 추진하였으나, 동남아 다른 국가들에 비해 화교와 태국정부간의 관계는 좋은 편이다.

태국의 화교기업은 다른 동남아 국가의 화교기업에 비해 현지 정부와의 관계가 매우 좋다. 찻차이 전 수상은 태국중화총상회(泰國中華總商會)에 가입하여 화교기업인들과 정보도 교환하고 우의를 다졌다(김종윤, 1994: 123).

태국정부는 동남아 다른 국가들에 비해 화교들에게 경제적 차별보다는 경제적 자율권을 부여하였다. 그 결과 태국의 화교기업들은 화교들에게 부여된 자율성 때문에 그들의 기업활동 이익을 태국내에 재투자하는 경향을 보이고 있다(Clark D. Neher, 1994, 41-45).

▶▶▷ Check Point | 화교기업과 태국군부와의 관계

태국의 화교 4대 가문인 소폰파닛(sophonphanich), 람삼(lamsam), 테차파이분(techaphaibun), 라따나락(rattanarak)의 상업은행들은 1960년대와 1970년대 군부실세들과 밀월관계를 지속하면서 성장하였다(조흥국, 2000).

표 | 주요 화교기업 (단위: 억 달러)

기업명	글로벌기업순위	국적	업종	매출	순익	시총
카시콘뱅크	679	태국	금융	49	8	122
방콕뱅크	745	태국	금융	37	9	115
CP All	1,714	태국	편의점	49	3	95

자료: Forbes, 2012 The Global 2000 DB.

12. 태국의 화교기업

표 | 태국의 주요 화교기업 (단위: 백만달러)

순위	기업명	총수명	사업 분야	총매출액
1	CP Group	타닌 치와라논	사료, 식품가공,	2,743
2	Sophonpanich Ltd.	차트리 소폰파니	석유화학, 금융, 부동산, 금융, 보험	2,688
3	Chokwatana Group	Boonsithi Chokwatana	의료, 식품, 일용품, 가전	1,371
4	Bank of Ayudahya	Chuan Ratanarak	금융	799
5	Central Group	Samrit Chirathivai	소매유통업, 호텔	627
6	Kanjanapas Co., Ltd.	Mongul Kanjanapas	부동산, 컨설팅	509
7	SSP Group	Somsak Leeswadtrakul	강관, 금속 부품 수입 제조판매	196
8	Saraciriya Group	Prapa Viriyaprapaikit	건설, 컴퓨터 판매	149
9	Land & House, Quality House	Boonsonge Asavabhiokin	부동산	94

자료: 제트로 방콕사무소, 1993, 이문봉(1994)

1) 차룬포카판(Chroen Pokphand) 그룹

CP그룹(Charoen Pokphand Group)은 동남아시아 최대 농업가공기업(Agri-business Group)이다. 태국의 차룬포카판 그룹은 한국의 선경그룹이 SK로 불리우는 것처럼 일명 CP그룹 이라고 불리우고 있다. CP그룹은 태국의 전형적인 농업 관련 복합기업이다. CP그룹은 1921년 중국 산터우에서 이민 온 중국인 형제 씨에이추와 시소우누이라가 창업한 씨앗회사인 챠 타이(正大莊行)에서 시작되었다.

창업기업 챠 타이사의 핵심 사업은 태국에서 생산한 달걀을 본국인 중국에 수출하고 중국으로부터 씨앗과 비료를 수입하는 것이었다. 1950년대 초에는 사업이 확장되면서 현재의 차룬포카판사가 설립되었다. CP그룹의 전환점이 된 계기는 1970년대에 방콕은행으로부터 도산한 양계장을 인수하면서 부터이다. CP그룹은 태국 농민들로부터 닭을 구매하여 태국의 식품점 및 식당에 납품하면서 큰 성공을 거두었다.

차룬포카판은 태국어로(식품관련 상품개발)이라는 의미이다(Murray Weidenbaum, 1996). 태국인의 식탁에 오르는 거의 모든 식품은 CP그룹을 거친다해도 과언이 아닐정도로 태국내에서 CP의 위상은 한국에서 삼성그룹처럼 크다(김창도, 2011).

CP그룹은 태국 국내뿐만 아니라 해외기업과도 합작투자 회사를 설립하는 등 사업을 확장하여 CP그룹의 핵심사업인 농업 관련사업뿐만 아니라 석유화학 등의 사업까지 다각화하였다(김종식, 2004). 2013년 태국 통계청의 조사에 의하면 CP그룹 회장은 3년 연속 태국 최고의 부자로 조사되었다(농식품유통연구원, 2012).

▶ 화교출신 CP그룹 회장

3) 방콕은행

소폰파니치 그룹를 창립한 친 소폰파니치는 제2차 세계대전중에 금거래를 통하여 자본을 모았다. 친은 1952년에 방콕은행 총재로 임명되었다(김종식, 2004). 소폰파니치 그룹이 방콕은행의 1/3의 경영권을 갖고 있다.

방콕은행은 동남아시아의 최대 상업은행으로 총자산은 태국의 GDP 5분의 1에 이를 정도로 막강하다. 방콕은행의 계열사는 주로 보험 등의 금융관련회사가 많다(농식품유통연구원, 2012). 방콕은행은 화교네트워크의 주요 대출창구이다(Murray Weidenbaum, 1996).

그림 | 방콕은행 그룹의 설립과 발전 (단위: 억 달러)

사업분야	단계	경영 특징
무역, 금융, 보험	아주신탁그룹 성립 (1940-50년대)	화교공동경영 정부 유력인사 활용
농업분야 대출주력	방콕은행 경영 · 소유권 확보(1950년대)	유능한 인재 대폭 등용 업무전산화 및
제조업 분야 대출 및 직접 출자	방콕은행 그룹 발전 (1960-70년대)	온라인화, 국제화

자료: ADD(2012)

4) 람삼그룹

람삼그룹(Lamsam Group)은 방콕은행에 이어 태국의 제2위 은행인 농민은행을 소유하고 있다. 람삼은행은 티크나무 매매업에서 비즈니스를 시작하여, 정미, 고무, 주석 업종으로 사업을 다각화하여 1945년에 태국 최초의 상업은행인 태국 농민은행을 설립하였다(Asean, 2013).

SUPER JUNIOR

มหาวิทยาลัยเชียงใหม่
CHIANG MAI UNIVERSITY

에필로그

화교연구는
현재보다 역사적 배경이 더 중요하다.
화교의 성공보다 좌절의 이야기가 더 중요하다.
화교자본보다 화교의 삶이 더 중요하다.
화교자본의 규모보다 화교자본의 형성과정이 더 중요하다.

그러나

세상은 화교의 현재 모습에만 관심을 갖는다.
특히 화교자본에만 과도한 관심을 갖고 있다.
세상 사람들은 중국인들이 왜 조국을 떠나 낯선 타향에 정착하게 되었는지,
그리고 어떻게 경제적 성공을 이루었는지에 대해선 관심이 없다.
본책은 이러한 세상의 잘못된 화교에 대한 연구와 관심을 탈피하고자 했다.
결과보다는 과정을 통해 현재와 미래를 연결해 보려고 했다.
화교와 화교자본은 Stock 개념이 아니고, Flow 개념이다.
화교와 화교자본은 계속 변화하고 있다.
따라서 화교연구는 결과보다는 과정이 중요하다.

저자는 화교의 메카 동남아 10개국에서 다양한 계층의 화교들을 만났다.
그들과 이야기하면서 중국 본토의 중국인들과 다른점이 많다는 것을 느꼈다.
또한 한국에서도 많은 화교들을 만났다. 그들과 이야기 나누면서 전 세계 화교의 80% 이상인 동남아 화교와 다른 점이 많다는 것도 알게 되었다.
저자가 동남아에서 만난 화교들에게 만약 중국과 동남아 거주국이 축구경기를 할 경우 어느 나라를 응원할 것이냐고 질문했을 때 대부분의 화교들은 한치의 주저함도 없이 거주국을 응원하겠다고 대답을 했다.
저자는 문득 생각해 보았다. 만약 재일교포들에게 한국과 일본이 축구경기를 할 때 어느 나라를 응원하겠냐고 질문한다면...

분명 동남아화교는 본토 중국인과는 달랐다. 그리고 그들은 동남아 거주국의 국민임을 자각하고 있었다. 그러나 또한 자신의 혈통이 중국계임도 잊지 않고 있었다.

동남아 화교와 화교자본은 동남아의 토양에서 생겨났고,
동남아의 역사속에서 성장하였다.
화교를 이해하려면 동남아의 근대현대사와 동남아 각국의 문화, 경제정책에 대한 이해가 선행되어야 한다.
동남아 10개국이 십인십색이듯, 동남아 10개국 화교들도 십인십색이다. 동남아 화교들은 중화의 공통분모에 각국의 색채가 속속들이 배어 있다. 본책은 화교의 체계적인 이해를 돕기 위해 동남아 이야기를 담고 있다.

화교들의 살아온 이야기, 살아가는 이야기를 찬찬히 들여다 보면서 가슴이 짠하기도 했고, 놀랍기도 했다. 책 한권에 화교의 많은 이야기를 담으려고 노력했지만, 다 채우지는 못했다. 채우지 못한 부분은 독자들이 생각하고 상상할 수 있는 여백으로 남겨두었다.

참고문헌

| 국내문헌 |

강영문, 「e유통경영」, 우용출판사, 2010.

강영문, 「국제통상론」, 전남대학교출판부, 2009.

강대창 외, 「동남아시아 이슬람 경제의 이해: 말레이시아오 인도네시아를 중심으로」, 대외경책정책 연구원, 2011.

김경훈, 박번순, 「아시아 화교기업의 중국 진출」, 삼성경제연구소, 2012.

김경훈, 「부상하는 아세안경제 재조명」, 삼성경제연구소, 2013.

고삼원, "중국의 화교정책과 재외화교기업의 중국대륙 투자", 「중소연구」, 한양대중소연구소, 1996.

고승제, "화교 이민의 사회사적 연구", 백산학보,백산연구소, 1972.

김성용, "화인 경제권의 거대한 전개", 「월간조선」, 조선일보, 1994.12.

길선희, 「인도네시아화교를 통한 인도네시아 선교전략 연구」, 서울신학대학교, 2007.

김영민, "변신하는 화교자본", 「LG주간경제」, LG경제연구소. 1996.

김영국, "동남아의 화교자본에 대한 소고", 「경원논총」, 단국대학교 경영대학원, 1983.

김영태, 이재유, 「동남아 화교자본의 경영특성과 이들과의 제휴를 통한 중국시장 진출방안의 모색 – 일본기업의 사례를 중심으로– : 화교의 개념과 화교기업의 성장과정」, 텔코경영연구원, 1998.

김은경, "금융위기로 어려워지고 있는 華僑기업" FSB경제연구소, 2007.

김종식, 「동남아시아 화교기업의 국제화와 문화」, 한림대학교, 2005.

김재기, 「중화경제권 화교네트워크의부상과 조직적특성에관한연구」, 「대한정치학회보』 12집호, 대한정치학회, 2005.

김지연, 「말레이시아 신경제정책과 사회변동」, 연세대학교 대학원, 2002.

김현재, 「베트남 華人사회의 형성 과정, 그 역할과 특징에 대한 고찰」, 한국무역협회, 2011.

김창도, "자룬 포카판, 태국 최대 화인기업", 「CHINDIA Journal」 60권, 포스코경영연구소, 2011.

경기신문, "베트남 화교, 중국으로 피난", 2012. 7. 25.

경향신문, "1979년 중국의 베트남 침공", 2009. 2. 16.

남광규, "중화경제: 지역화(Regionalization)를 통한 중국경제의 확대 : 화남경제권과 동남아 화교 자본을 중심으로", 「국제지역연구」, 한국외국어대학교 외국학종합연구센터, 1998. 6.

남수동, 「화교민족네트워크와 국제무역–동남아시아 수출입중심으로」, 한국수출입은행, 2010.

노영순, 「말레이시아 국가정책과 화인자본」, 오름, 2010.

머레이와이덴바움,사뮤엘휴즈, 「화교네트워크」, 세종연구원, 1998.

박기철, 「화교네트워크의 정치적함의 연구」, 「중국학연구」 제20집, 한국중국학회,2009.
박경태, 「소수자와 한국사회」, 후마니타스, 2010.
박번순, 「한국 · 아세안 경제협력 현황과 확대방안」, 삼성경제연구소, 2009. 6.
박사명 외, 「동남아의 화인사회」, 전통과현대, 2000.
박재림, 「말레이시아 신경제정책과 새로운 딜레마」, 서강대 공공정책대학원, 1998.
박재봉, 「말레이시아 경제」, 한국외국어대학교 출판부, 1998.
박형기, 「중화경제의 리더들」, 살림출판사, 2008.
박형기, 「친디아의 비밀병기 화교&인교」, 교보문고, 2007.
배긍찬, 「동남아 화교자본과 대중화권경제의 정치사회적 연계가능성」, 외교안보연구원,1995.
부썬투이, 배양수, 「베트남, 베트남 사람들」, 대원사, 2002.
스털링 시그레이브, 「중국 그리고 화교」, 프리미엄북스, 2002.
오동훈, 「말레이시아 신경제정책과 종족갈등의 해결」, 고려대 국제대학원, 1998.
오영민, 「말레이시아 화교의 종족성변화에 관한 연구」, 고려대 국제대학원, 2001.
이광원, "중국의 고도성장 배경과 동남아 화교자본", 「토지연구」 제13권 제1호 통권 제62호, 한국토지공사, 2002.
이덕훈, 「화교 경제의 생성과 발전」, 한남대학교, 2004.
이문봉, 「동남아 화교기업」, 길벗, 1994.
이성준, 「화교기업의 특성과 전략적 제휴방안」, 우송대학교, 2000.
이성진, 「중소기업의 동남아 진출을 위한 정보와 전략」, 중소기업연구원, 2008.
이승신, 「화교기업의 중국사업전략과 시사점」, 한국무역협회, 2005.
이용주, 김덕영, 「신화가 되어 버린 싱가포르」, 학술정보사, 2005.
이요한, 「동아시아의 허브 ASEAN」, 2005, 두남.
이유선, "인도네시아의 민족관계연구", 고려대학교 대학원, 2002.
이정희, 「차이나 타운 없는 나라 : 한국」, 삼성경제연구소, 2004.
이재유, 허흥호, 「華僑企業의 發展과 經營特性」, 한양대학교 아태지역연구센터, 2006.
이재유, "대중화경제권과 동남아 화교자본", 「중소연구」 통권 73호, 한양대학교 중소연구소, 1997.
이종현, 「송도 화교투자지역 개발방안 연구」, 인천발전연구원, 1999.
이종우, 「한국화교의 현지화와 네트워크 구성」, 동아대 국제대학원, 2004.
이학규, 「화교경제권의 형성」, 고려대학교 평화연구소, 1999.
이마가와에이치, 「동남아시아 현대사」, 이체, 2011.
인민일보, "동남아 화교자본, 적극 활용해야 한다", 2012. 8. 2.
양승윤 외, 「바다의 실크로드」, 청아출판사, 2000.
양승윤, 「동남아와 아세안」, 한국외국어대학교출판부, 1997.

양승윤, 「필리핀」, 한국외국어대학교 출판부, 2003.
양승윤,황규희, 「동남아 중국관계론」, 한국외국어대학교 출판부, 2003.
위 애, "중국의 화교정책과 해외화인의 경제협력", 「중소연구」, 한양대중소연구소, 1996.
유인선, 「베트남사」, 믿음사, 1987.
왕경우, 「화교」, 다락원, 2003.
왕왕버, "현지인 대우받는 태국 화교 : 태국 정부, 중국어 교육에 적극 나서", 「CHINDIA Journal」 68권. 포스코경제연구소, 2012.
왕왕버, "현지사회와 잘 융합된 말레이시아 화교", 「CHINDIA Journal」 69권, 포스코경영연구소, 2012.
왕왕버, "주류지만 지배하지 않는 싱가포르 화교", 「CHINDIA Journal」 71권, 포스코경영연구소, 2012.
왕왕버, "차별을 넘어 부상하는 인도네시아의 화교", 「CHINDIA Journal」 70권, 포스코경영연구소, 2012.
왕 풍, "화교자본의 대중국투자 실태", 성균관대 무역대학원, 2009.
조덕구, "화교자본에 관한 연구", 「2000 사회과학논집」 제13집, 서강대학교 사회과학연구소, 2001.12.
조흥국, "캄보디아 화인사회의 형성과 발전". 「국제지역연구」, 국제지역학회, 1999.
조흥국, "영국 식민 진출 이후 미얀마 화인사회의 형성과 변화", 「동남아시아 연구」 17권 1호 ,한국동남아학회, 2007.
전경수, 「동남아의 화인사회」, 전통과 현대, 2000.
정구현, "동남아 화인기업의 전략과 구조에 관한 연구", 「경영학연구」, 한국경영학회, 2001.
정미경, 「캄보디아 화교사회에 사회 및 경제 네트워크」, 서울대학교 아시아연구소, 2012.
정성호, 「화교」, 살림출판사, 2004.
조흥국, 「동남아의 화인사회」, 전통과 현대, 2000.
홍석일, "동남아 화교자본의 대중국투자 확대와 그 의미", 「세계경제동향」, 산업연구원, 1992.
진벽생, 「세계화교사」, 이문대학출판사, 1991.
한겨레, "군부통제 · 국제제재에 갇힌 서민들만 이중고통", 2010. 12.21.
한국경제, "라오스에 부는 중국바람", 2009. 2. 8.
한국무역협회 북경지부, "화교기업의 對중국 투자현황과 시사점", KITA, 2007.
한낙현,김홍기, 「위험관리와 보험의 이해」, 우용출판사, 2003.
홍원선, 「화인경제론」, 북넷, 2013.
홍재현, 「말레이시아 화교의 특성」, 목포대학교, 2010.

| 국외문헌 |

Asiaweek (Hong Kong)(1999). The Asiaweek 1000: The Largest Companies in Asia. 23 November.

Alip, E.M.(1993). The Chinese in Manila, Manila: National Historical Institute.

Brown, R.A.(ed.)(1995). Chinese Business Enterprise in Asia, London: Routledge.

Amstrong, M. Jocelyn, et al., eds(2000). Chinese Population in Contemporary Southeast Asian Societies. Curzon(2001).

Clplen, B.and M.Levin(1992). 'The New Pacific Capitalism: Chinese Families are Changing Business on Both Sides of the Ocean'Asian Business 28(8).

Chan, W.K.K. (1992). 'Chinese Business Networking and the Pacific Rim: The Family Firm's Roles Past and Preset', Journal of American_East Asian Relations 1 (2).

Chan, K.B. and C.K.Tong (1995). 'Modelling Culture Contact and Chinese Ethnicity in Thailand', Southeast Asian Journal of Social Science 23 (1).

Chen Tianxi(2000). "Huaren feifa yimin de xianzhuang yu fashi", Shijie Jingji Luntan (Hong Kong), no.6.

Coppel, C. and H.Mabbett(1972). 'The Chinese in Indonesia, the Philippines and Malaysia', London Minority Rights Group Report No. 10.

Dirlik, A.(1997). Critical Reflections on "Chinese Capitalism" as a Paradigm, Identities 3(3).

Esman, M.(1985). The Chinese Diaspora in Southeast Asia;,in G.Sheffer(ed) Modern Diasporas in International Politics, London: Croom Helm.

Freedman, M.(ed.)(1970). Family and Kinship in Chinese Society, Stanford: Stanford University Press.

Fukuda S.(1995). With Sweat and Abacus: Economic Roles of Southeast Asian Chinese on the Eve of World War Ⅱ, Singapore: Select Books.

Gosling, L.A.P.(1983). 'Changing Chinese Identities in Southeast Asia: An Introductory Review', in Lim and Gosling(eds), The Chinese in Southeast Asia: Volume 2.

Hicks, G.L.(ed.)(1993). Overseas Chinese Remittances from Southeast Asia 1910-1940, Singapore: Select Books.

Heng. P.K.(1992). 'The Chinese Business Elite of Malaysia', in McVey(ed.) Southeast Asian Capitalists.

Ho Eng Seng(1985). Baba identity in Penang. Field report to the Department of Anthropology, Stanford University, 31 July 1985.

Kao, J.(1993). 'the Worldwide Web of Chinese Business', Harvard Business Review, March-April.

Landa, J.T.(1983). 'The Political Economy of the Ethnically Homogeneous Chinese Middleman Group in Southeast Asia: Ethnically and Entrepreneurship in a Plural Society',in Lim and Gosling(eds) The Chinese in Southeast Asia: Volume Ⅰ.

Lever-Tracy, C.,D.Ip and N.Tracy(1996). The Chinese Diaspora and Mainland China: An Emerging Economic Syenrgy, London: Macmillan.

Light, I. and P.Bhachu(eds)(1993). Immigration and Entrepreneurship: Culture, Capital and Ethnic Networks, New Brunswick: Transaction Publishers.

Lim, L.Y.C. and L.A.P. Gosling(eds)(1983). The Chinese in Southeast Asia, Volumes I and II, Singapore: Maruzen Asia.

Limlingan, V.S.(1986). The Overseas Chinese in ASEAN: Business Strategies and Management Practices, Manila: Vita Development Corporation.

Liu Hong(1998). 'Old Linkages, New Networks: The Globalization of Overseas Chinese Voluntary Associations and Its Implications', The China Quarterly September(155).

Mackie, J.A.C(1992). 'Changing Patterns of Chinese Big Business in Southeast Asia', in McVey(ed.) Southeast Asian Capitalists.

Myron Weiner(1967). "Political Integration and Political Development", in Claude E. Welch, ed. Political Modernization: A Reader in Comparative Political Cbange. Belmont, CA: Wadsworth.

Pan, L.(1990). Sons of the Yellow Emperor: The Story of the Overseas Chinese, London: Mandarin.

Purcell, Vitor(1965). The Chinese in Southeast Asia, second edition. London and Kuala Lumpur: Oxford University Press.

Redding, S.G. (1993). The Rise of Chinese Capitalism. New York: Walter de Gruyter.

Rowher, J.(1995). Asia Rising, Singapore: Butterworth-Heinemann Asia.

Skinner, G.W.(1996). Creolized Chinese Societies in Southeast Asia, in Reid(ed.)

Skinner, G.W.(1957). Chinese Society in Thailand: An Analytical History, Ithaca: Cornell University Press.

Skinner, G.W.(1958). Leadership and Power in the Chinese Community in Thailand, Ithaca: Cornell University Press.

Skinner, G.W.(1960). 'Change and Persistence in Chinese Culture Overseas: A Comparison of Thailand and Java', Journal of the South Seas Society 16.

Sojourners and Settlers: Histories of Southeast Asia and the Chinese.

Suryadinata, L.(1988). 'Chinese Economic Elites in Indonesia: A Preliminary Study', in.

Tanaka, Y.,M.Mori and Y.Mori(1992). 'Overseas Chinese Business Community in Southeast Asia: Present Conditions and Future Prospects', RIM: Pacific Business and Industries Ⅱ (16).

Tu Wei-ming (1984). Confucian Ethics Today: The Singapore Challenge. Singapore: Federal Publications.

UNCTAD(1998). Bilateral Investment Treaties in the Mid-1990s, UN.

UNCTAD(1999). Fair and Equitable Treatment - UNCTAD Series on Issuse in Interlational Investment Agreements, UN.

Wang Gungwu(1991). China and the Chinese Overseas, Singapore: Times Academic Press.

Wickberg, E.(1992). 'Chinese Organizations in Philippine Cities Since World War Ⅱ : The Case of Manila', unpublished paper Presented at the 'Luo Di Sheng Gen' Conference, University of Califonia, Berkeley, November.

Williams, M.(1991). 'China and Indonesia Make Up: Reflections On a Troubled Relationship', Indonesia.

World Bank(2012). The Role of International Business in Aid for Trade: Building Capacity for Trade in Developing Countries.

| 참고사이트 |

대만 정부 교무위원회 (http://www.ocac.gov.tw)
대외경제정책연구원 (www.kiep.go.kr)
대한상공회의소 (www.korcham.net)
대한무역투자진흥공사 (http://www.kotra.or.kr)
미얀마관광청 (http://www.kr.tourism-myanmar.org)
삼성경제연구소 (www.seri.org)
산업연구원 (www.kiet.re.kr)
세계은행 (http://www.worldbank.org)
베트남관광청 (http://www.travelvietnam.co.kr)
아시아뉴스통신 (http://www.anewsa.com)
아주주간 (http://www.yzzk.com)
일본경제신문 (http://www.nikkei.com)
외교통상부 (www.mofa.go.kr)
태국대사관 (http://www.thaiembassy.or.kr)
태국 관광청 (http://www.visitthailand.or.kr/
통계청 (www.kostat.go.kr)
한국개발연구원 (www.kdi.re.kr)
한국경제 (http://www.hankyung.com)
한국중화 총상회 (http://www.kccci.or.kr)
한국무역협회 (http://www.kita.net/)
한아세안센타 (http://www.aseankorea.org/)
한아세안 FTA 통합정보서비스 (www.akfta.net)
주한 라오스 대사관 (http://lao.mofa.go.kr/)
주한 베트남 대사관 (http://vnm-hanoi.mofa.go.kr)/
LG경제연구원 (www.lgeri.com)

찾아보기

강영문 (wto3@chonnam.ac.kr)

- 동국대학교 무역학과 졸업(상학사)
- 한국외국어대학교 대학원 무역학과 졸업(경영학석사)
- 동국대학교 대학원 무역학과 졸업(경영학박사)
- (주) 대신경제연구소 증권분석실 근무
- (주) 대신경제연구소 경제동향분석실 근무
- Visiting Scholar, Singapore Management University (한국학술진흥재단 해외방문교수)
- Visiting Scholar, Nanyang Technology University
- 한아세안학술교류학자 선정(2011년) (외교통상부 지원)
- 과학창의 앰배서더 (미래창조과학부 주최)
- 무등일보 경제칼럼니스트
- MBC 라디오 경제코너 해설자
- 한국공정무역학회 편집위원
- 국제 e-비즈니스학회 학술위원
- 한국국제통상학회 이사
- 한국협상학회 상임이사
- 관세청 이의신청 심의위원
- 중소기업중앙회 무역자문위원
- 전남대학교 창업보육센터장
- 전남대학교 경상학부장
- 전남대학교 국제통상학과 교수

주요 수상실적

- 전남대학교 교육우수교수 선정(2008년) (Best Teaching Professor)

주요 저서

- 동남아 경제의 그늘과 무지개 (전남대학교출판부, 2013)
- 국제협상과 문화간 커뮤니케이션 (전남대학교출판부, 2013, 제2판)
- 아세안 FTA(전남대학교출판부, 2012)
- 글로벌 물류경영(우용출판사, 2011, 전정판)
- 해상무역보험(전남대학교출판부, 2011)
- 강영문교수의 동남아 지역연구(두남, 2010)
- 무역과 매너의 만남(우용출판사, 2010, 전정판)
- e유통경영(우용출판사, 2010, 전정판)
- 국제통상론(전남대학교출판부, 2009)
- 온오프라인 유통관리(두남, 2008, 개정판)
- 전자물류와 물류관리(두남, 2005)
- 유통물류와 e비즈니스(두남, 2004, 개정판)
- e무역과 국제매너(학문사, 2004)

홈페이지: http://altair.chonnam.ac.kr/~wto

동남아 화교비즈니스

인　쇄 | 2014년 3월 3일
발　행 | 2014년 3월 10일

저　자 | 강영문
발행인 | 지병문
발행처 | 전남대학교출판부

등　록 | 1981. 5. 21. 제53호
주　소 | 500-757 광주광역시 북구 용봉로 77
전　화 | (062) 530-0571~2
마케팅 | (062) 530-0573
팩　스 | (062) 530-0579
이메일 | cnup0571@hanmail.net
홈페이지 | http://www.cnup.co.kr

값 27,000원

ISBN 978-89-6849-092-7 (93320)

이 도서의 국립중앙도서관 출판시도서목록(CIP)은 서지정보유통지원시스템 홈페이지(http://seoji.nl.go.kr)와 국가자료공동목록시스템(http://www.nl.go.kr/kolisnet)에서 이용하실 수 있습니다. **(CIP제어번호: CIP2014012310)**